本书出版得到首都师范大学美育研究中心资助

先秦生命哲学
与
中国艺术生命论

聂振斌 著

中国社会科学出版社

图书在版编目（CIP）数据

先秦生命哲学与中国艺术生命论/聂振斌著 . —北京：中国
社会科学出版社，2019.9
ISBN 978 - 7 - 5203 - 4993 - 2

Ⅰ. ①先…　Ⅱ. ①聂…　Ⅲ. ①先秦哲学—生命哲学—研究
Ⅳ. ①B220.5

中国版本图书馆 CIP 数据核字（2019）第 200506 号

出 版 人	赵剑英	
责任编辑	郭晓鸿	
特约编辑	孙　靓	
责任校对	夏慧萍	
责任印制	戴　宽	

出　　版	中国社会科学出版社	
社　　址	北京鼓楼西大街甲 158 号	
邮　　编	100720	
网　　址	http://www.csspw.cn	
发 行 部	010 - 84083685	
门 市 部	010 - 84029450	
经　　销	新华书店及其他书店	

印　　刷	北京明恒达印务有限公司	
装　　订	廊坊市广阳区广增装订厂	
版　　次	2019 年 9 月第 1 版	
印　　次	2019 年 9 月第 1 次印刷	

开　　本	710 × 1000　1/16	
印　　张	19	
插　　页	2	
字　　数	271 千字	
定　　价	99.00 元	

目　录

绪论：礼乐教化及其历史使命

本书的主要内容，是先秦生命哲学及其与中国艺术生命论的渊源关系。"生命"是这种关系的"纽结"：人的生命活动，既是先秦生命哲学论述的对象，又是中国艺术生命表现的现实根源。先秦生命哲学包含艺术生命论，是中国艺术民族特色形成的思想源泉。

"先秦生命哲学"是本书研究的新课题。什么是"生命哲学"？顾名思义，"生命哲学"就是研究生命尤其人的生命的哲学，是哲学门类中的特殊品种。从研究对象方面说，生命哲学不是对静态事物的研究，而是对生命活动进行研究，研究生命的起源、养育、进化，而主要是研究人的生命活动特征及其生命精神表现。从研究主体方面说，生命哲学的把握方式与表现方法，是中国古代所说的"仰观俯察"的直觉观照与体验，是生命整体把握方式，是"近取诸身，远取诸物"而"立象以尽意"的表现方法。这种把握方式与表现方法，不同于科学论的方式方法。美学家常说"艺术哲学""美的哲学"，很多人不赞成或不理解这种说法。其实，这两种哲学都是"生命哲学"。因为艺术与美都是有生命的，艺术活动、审美活动都是人的生命活动。从哲学角度研究人的艺术活动、审美活动，当然都属于生命哲学。

先秦生命哲学论述的主要对象，是人的生命活动与礼乐教化，论述个体生命与社会"大生命"——治国、民生的关系。礼乐教化作为人的高尚的生命活动，是调节个体生命活动与社会"大生命"活动的根本举措。礼乐教化追求"和"的境界，个体与社会、政治、民生都追求"和"的境界；"和"是社会各种关系的凝聚力。礼乐教化是古代华夏民族走向人类文明的主要举措，是中华民族健康发展的精神动力与长治久安的调节剂。

古"乐"是中国的"元艺术"：从"乐"开始，华夏民族的艺术有了定向发展，有了自己的历史源头。按说，中国艺术起源的源头很多，考古发掘多到十几处，甚至几十处，都是在石器时代。旧石器时代在公元前一万年之前，距今遥远，与中国艺术的发展是什么关系，不见头绪。新石器时代也发掘十几处，远的距今八九千年，近的也有五六千年。在这些考古发掘之起源地，都有属于艺术—审美的作品，如乐器、图画、雕刻以及与艺术美相关的器物，如铜器、金器、银器、玉器等各种工艺品、装饰品。但这些原始的艺术品、工艺品与中国艺术的历史发展是一种什么关系，却无法说清楚。唯有原始社会的历史传说中的五帝三王时代的"先王之乐"，才开始了中华民族艺术的定向发展，才使我们认清了中华民族艺术发展的历史源头。

一　关于三皇五帝的历史传说

三皇五帝的历史传说，是中华民族的历史源头。也是先秦生命哲学原创论产生的历史资源。先秦生命哲学原创论认为，生命起源于天地自然，人的生命是从万物生命中分化出来的，而不是上帝用泥土捏造的。我们的祖先，早在4000年前就认识到，人来自动物而又不同于动物。人有"夫妻"有"礼义"，是不同于动物的主要标志。人能制造工具、使用工具，从而便从动物中分化出来。人区别于动物的首要标志就是会用火，而三皇所做的第一件大事就是发明火。有火而有熟食而见光明；火与光明是人自己创造的，而不是"上帝的恩赐"。这些历史观点言之成理，持之有故，不同于宗教神话的谬说。三皇都是谁？主要有三种说法：一说是燧人、伏羲、神农；二说是伏羲、女娲、神农；三说是伏羲、神农、黄帝。《世本》（战国史官所撰）与《帝王世纪》（晋人皇甫谧撰）二书对于三皇五帝的发明创造多有记载：燧人氏钻木取火，教民熟食；伏羲氏结绳织网，教民驯养禽兽；神农氏尝百草，教民农耕稼穑。记载黄帝之事就更多了，说黄帝垂衣裳而治，驯养猛兽，修德化民，征战蚩尤，命仓颉造字等，不一而足。总之，发明各种技术、工具、生活用品，创作乐器、制作律吕、实施乐教等，都在三皇五帝时代。在这些历史传说中，所展现的是一个生动的人生世界，接近于历史真实，从而成为中国的"元历史"。恩格斯在《家庭、私有制和国家的起源》一文中，归纳摩尔根关于古代社会的三个历史分期（即蒙昧时代、野蛮时代、文明时代），并进一步指出这种分期的主要标志："蒙昧时代是以采集天然物为主的时期，人类的创造品主要是用作这种采集的辅助工具。野蛮时代是学会经营畜牧业和农业时期，是学会靠人类的活动增加天然产物生产的方法的时期。文明时代是学会对天然物进一步加工时期，是真正的工业和艺术产生的时期。"① 按照以上的分期法，远古时代的中国社会从野蛮跨入文明时期正是在三皇五帝时代。《世本》说，燧人氏没（殁），庖牺氏代之，"取牺牲以供庖厨，食天下，故号曰庖牺氏。"又说他"造书契以代结绳之政，画八卦以通神明之德"。说炎帝神农氏生长于长江流域，"作耒耜，始教民耕农"，"尝味草木，宣荣疗疾，救夭伤人命"。《易·系辞传》对三皇五帝时代"工业与艺术的产生"及其与《易》立象设卦的渊源关系，记载尤为系统："作结绳而为网罟，以佃以渔，盖取诸离。包牺氏没，神农氏作，斫木为耜，揉木为耒，耒耜之利以教天下，盖取诸益。日中为市，致天下之民，聚天下之货，交易而退，各得其所，盖取诸噬嗑。神农氏没，黄帝尧舜氏作，通其变，使民不倦，神而化之，使民宜之。易穷则变，变则通，是以自天祐之，吉无不利。黄帝尧舜垂衣裳而天下治，盖取之乾坤。刳木为舟，剡木为楫。舟楫之利，以济不通，致远以利天下，盖取诸涣。服牛乘马，引重致远以利天下，盖取诸随。重门击柝以代暴客，盖取诸豫。断木为杵，掘地为臼，臼杵之利，万民以济，盖取诸小过。弦木为弧，剡木为矢，弧矢之利，以威天下，盖取诸睽。上古穴居而野处，

---

① 《马克思恩格斯选集》第4卷，人民出版社1972年版，第23页。

后世圣人易之以宫室，上栋下宇，以待风雨，盖取诸大壮。古之葬者，厚衣之以薪，葬之中野，不封不树，丧期无数，后世圣人易之以棺椁，盖取诸大过。上古结绳而治，后世圣人易之以书契，百官以治，万民以察，盖取诸夬。"《世本》一书对《乐》与乐器制造以及实施乐教的记载很多："伏羲作琴，伏羲作瑟。神农作琴，神农作瑟。女娲作笙、簧。随作笙，随作竽。颛顼命飞龙氏铸洪钟，声振而远。""夷作鼓，伶伦作磬。""尧修黄帝乐为《咸池》，无句作磬。""舜作箫，夔作乐。"这种记载，不仅字句简单，意思也不连贯。因为《世本》一书于宋代已经失传，现存材料都是其他史书、典籍所保存。以上所援引的资料说明，三皇五帝时代"是真正的工业和艺术产生的时期"，是华夏古代文明的开创时代。不过，这些材料虽有历史价值，但仍须作些考证。从现有的材料看，三皇之事不可考的太多，故悬隔不谈。而五帝传说，基本上是可信的。它不是神话，也不是胡编乱造，而是根据当时人们所见所闻凭借记忆口耳传承下来。三皇五帝的历史传说，秦汉时期仍然流传着，司马迁为写《五帝本纪》而走访诸老就是证明。司马迁《史记》很认真很慎重，他从五帝之首的黄帝写起而不写三皇，大概也是因为燧人、伏羲、女娲、神农的传说，可考的证据不足的缘故。

在三皇的传说中，也有伏羲、女娲是"人首蛇身"，神农是"人身牛首"之说。但这不是说伏羲、女娲、神农是神灵或上帝，而是暗示人与动物是同根的。说人起源于动物，否定了"上帝造人"，更接近于历史真实。历史传说中都有三皇五帝实施乐教的记载，可考证的是黄帝以下，黄帝以上的三皇只能是传说而已。中国远古时代从五帝开始所实施的乐教，都是人文教化而不是宗教神话，说明华夏民族从野蛮走向文明，靠的是人类自我教育，与靠"神的启示"而走向文明的古希腊历史，不能同日而语。中国古代也有信仰与图腾崇拜，但从五帝时起，就是人类的自信与自尊，而不是拜倒在异己的上帝神灵脚下。总之，中国的"元历史"所展现的是人生世界而不是宗教神灵世界，人是这个世界的主人而不是上帝的奴仆。

中华民族从上古三代（夏商周）开始，就逐渐形成一种人道观念、仁义观念、忠孝观念、和平观念，对于征战、侵掠、争霸、欺压之事，普遍的社会心理总是鄙夷的。中华民族走出野蛮时代靠的是礼乐教化，讲人道，讲仁爱，讲礼义，因此被世界誉为"礼义之邦"。中华民族如此早熟，历史传统如此悠久而从未中断，是世界四大古老文明发源地之一，又是独一无二地存续至今，这与中国的礼乐教化传统以及这个传统培养起来的文化人文精神，是一种什么关系，值得深思、体味。

二 "先王之乐"

作为中国"元艺术"的"先王之乐"，是以现实人生为题材而创作的艺术，主要描写先王立国创业之功德，很少涉及鬼神怪异的虚幻之事。《吕氏春秋》的《古乐》篇对"先王之乐"，从三皇五帝三王连续不断地系统记载下来，都是帝王开国创业之乐章，而周代是"先王乐教"发展的高峰，不仅有文王、武王之乐章，还有周公、成王之乐章。周公"制礼作乐"，乃是"先王乐教"之集大成。总之，"先王乐教"内容丰富，时序很长，大约有 1500 年的历史。

五帝之乐，都有可考之据。西周时代，五帝之乐仍在流传，并且成为教育上的演练科目。《周礼·春官宗伯》规定，"以乐舞教国子，舞《云门》《大卷》《大咸》《大韶》《大夏》《大濩》《大武》"。《云门》《大卷》是黄帝的乐章，《大咸》也是黄帝乐章，帝尧修改而用之，《大韶》是舜乐。其余是夏、商、周三代之乐。以上这些乐章，先秦史书有记载，诸子有说论。如黄帝乐《云门》，《左传·昭公十七年》载："昔者黄帝氏以云为记，故为云师而云名。"黄帝以云为图腾标志，故军队而称"云师"；"咸池"本为星座名，黄帝乐以星座命名，说明黄帝时对天象星云的崇拜。尤其帝舜之乐，可考之据非常充分。第一，史书有记载。《尚书·舜典》载：帝舜曰："夔！命汝典乐，教胄子。"夔曰："于！予击石拊石，百兽率舞。"《尚书·益稷》载：

"夔曰:'戛击鸣球、搏拊、琴瑟以咏。'祖考来格,虞宾在位,群后德让,下管鼗鼓,合止柷敔,笙镛以间。鸟兽跄跄,《箫韶》九成,凤凰来仪。"这两段记载说明,实施乐教乃是舜治国之大事。第二,舜乐《韶》,春秋时代仍在流传。吴国公子季札来鲁国观赏周乐,最后的节目是演奏《韶》乐。季札观后曰:"德至矣哉,大矣!如天之无不帱也,如地之无不载也。虽其盛德,其蔑以加于此矣,观止矣。若有他乐,吾不敢请矣。"季札观赏《韶》乐而叹为观止。与季札差不多同时期的孔子,认为《韶》乐是尽善尽美、完美无缺的。《论语·述而》载:"子在齐闻《韶》,三月不知肉味,曰:'不图为乐之至于斯也。'"从季札、孔子的观赏态度看,舜之《韶》乐,乃是"先王之乐"的典范。第三,《韶》乐影响久远广大,直到汉代仍然受到人们的推崇。陆贾说:"昔舜治天下,弹五弦之琴,歌《南风》之诗。寂若无治国之意,漠若无抚民之心,然天下治。"(《新语·无为》)《淮南子·诠言训》曰:"舜弹五弦之琴,而歌《南风》之诗,以治天下。"司马迁解释说:"夫《南风》之诗者,生长之音也,舜乐好之,乐与天地同意,得万民欢心,故天下治也。"(《史记·乐书》)很明显,汉人是评论舜乐,只讲道理,而季札与孔子是观赏舜乐,不仅讲理,更有感受体验。因为舜乐到汉代已失传,汉人无福观赏享受,只能就事论事,谈不出体验感受。

五帝之乐,除了黄帝《云门》《咸池》与帝颛顼的《承云》之乐还留有图腾崇拜的痕迹外,其他三帝之乐,如帝喾的《九招》《六列》《六英》,帝尧的《大章》、帝舜的《韶》,都是表现人生之事。帝舜及三王之乐,连"祭上帝"的字句也不见了,完全是歌颂帝王创业之功德。《吕氏春秋·古乐》篇载:

> 舜立,仰延乃拌瞽叟之所为瑟,益之八弦,以为二十三弦之瑟。帝舜乃令质修《九招》《六列》《六英》,以明帝德。
>
> 禹立,勤劳天下,日夜不懈,通大川,决壅塞,凿龙门,降通漻水以导河,疏三江五湖,注之东海。于是命皋陶作为《夏籥》九成,以昭其功。

殷汤即位，夏为无道，暴虐万民，侵削诸侯，不用轨度，天下患之。汤于是率六州以讨桀罪，功名大成，黔首安宁。汤乃命伊尹作《大濩》，歌《晨露》，修《九招》《六列》，以见其善。

武王即位，以六师伐殷，六师未至，以锐兵克之于牧野。归，乃荐俘馘于京太室，乃命周公为作《大武》。

可见，"先王之乐"发展到帝舜，完全没有宗教意味，纯粹是人生的艺术。从帝舜开始的先王乐教，其目的是提高人的德性、智慧、情操，促进社会和谐、文明。乐教所学习的榜样都是人世间的圣贤君子，是对理想人格的歌功颂德，而不是对上帝神灵的盲目崇拜。

综上所述，从五帝到上古三代，中国古代艺术逐渐就脱离对原始宗教的依附而成为人生艺术。从教育的维度看，中国古代教育大权从五帝到上古三代，一直是世俗政治执掌而不属于原始宗教。要而言之，中国古代的"先王乐教"是人文教育而不是宗教教育。

三 周公"制礼作乐"

以上只谈"先王之乐"而不见"先王之礼"，难道五帝三王时代只有"乐"而无"礼"乎？从文字记载上看，的确如此。但从古乐的性能上看，"先王之乐"已包含礼的内容——乐的性能主要是起礼治作用。由此可以推论，中国古"乐"早于"礼"而产生。"乐"包含于"礼"；"礼"是从"乐"中分化出来的。这种分化在夏商周三代都可以找到证据。考古发现夏代已有礼器，殷代甲骨文已产生"礼"字。说明夏殷时代通过乐教而实施礼治。孔子说："殷因于夏礼，所损益可知也，周因于殷礼，所损益可知也。其或继周者，虽百世可知也。"（《论语·学而》）夏商周三代的礼治一脉相承，乐与礼紧密相连。"乐"与"礼"在上古三代虽已一分为二，有所区分，但其关系仍然非常密切，在教育上，在祭祀典礼中，礼乐相济，密不可分。

西周开国立国之大事，就是周公"制礼作乐"。《史记·周本纪》载：周初定天下，成王年少，"周公恐诸侯畔周，乃摄行政当国"。而周公"行政当国"的主要举措，就是改革政治制度——"制礼作乐"，实施礼乐教化。周公的"礼乐教化"既是政治的、道德的，又是美感的；从形态上说，礼乐既是政治制度、道德规范，又是人际交往的仪式，而制度、规范、仪式都是以美感形式显现，通过美感活动达到目的——美感活动把社会人伦的各种关系和谐而化一了。周公的这种教化方式很快取得社会效果。《史记·周本纪》云："兴正礼乐，度制于是改，而民和睦，颂声兴。"周公改革制度，实行礼乐教化，是周朝立国建国的一件大事，使周天子的统治长达300多年。因此，周公的礼乐治国业绩，也受到后人的普遍赞美与颂扬。汉人陆贾说："周公制礼作乐，郊天地，望山川，师旅不设，刑格法悬，而四海之内，奉供来臻，重译来朝，故无为也。"（《新语·无为》）汉代大儒董仲舒说："盖闻五帝三王之道，改制作乐而天下洽和，百王同之。当虞氏之乐莫胜于《韶》，于周莫胜于《勺》。"（《汉书·董仲舒传》）"勺"即"酌"，斟酌之义。《白虎通·礼乐》篇云："周公曰《酌》者，言周公辅成王能斟酌文武之道而成之也。"

西周时代，礼乐也是教育上的主要教学科目。西周以"六艺"——礼乐射御书数教育学生，而礼乐居其首。《周礼·春官宗伯》规定：宗伯属下的大司乐与乐师是分别负责大学与小学教育的官长。"大司乐掌成均（学校）之灋（法），以治建国之学政，而合国之子弟焉。凡有道者，有德者，使教焉。死则以为乐祖，祭于瞽宗。以乐德教国子，中、和、祗、庸、孝、友；以乐语教国子，兴、道、讽、诵、言、语；以乐舞教国子，舞《云门》《大卷》《大咸》《大韶》《大夏》《大濩》《大武》，以六律、六同、五声、八音、六舞、大合乐，以致鬼神，以和邦国，以安宾客，以说远人，以作动物。"对于乐教的形式、方法，乐教的内容、宗旨，都做了具体规定。"以乐德教国子"，就是以美感形式活动对学生进行道德教育；"以乐语教国子"，就是以美文感形式活动对学生进行文史教育，传授历史知识，培养学生的语言能力；"以乐舞教国子"，就是以艺术美感形式活动对学生进行美感教育，让学生演练先王之乐章舞蹈，忆古思今不忘本。三种教育都冠以"乐"字，说明不管道德教育、语文教育、历史教育以及体育，都以美感形式，都"寓教于乐"。以上是大司乐所管辖的教育。而乐师所管的儿童教育与以上有所不同，儿童教育不是"寓教于乐"，而是"乐"的本身。《周礼·春官宗伯》规定："乐师掌国学之政，以教国子小舞。凡舞有帗舞，有羽舞，有皇舞，有旄舞，有干舞，有人舞。教乐仪，行《肆夏》，趋以《采荠》，车以如之，环拜以钟鼓为节。"郑玄注云："帗舞者全羽，羽舞者折羽，皇舞者以羽冒覆头上，衣饰翡翠之羽，旄舞者氂牛之尾，干舞者兵舞，人舞者手舞。"所谓"小舞"，就是指年龄少小的儿童之舞。而儿童教育只有"乐舞"，而没有"乐德""乐语"方面。儿童教育完全是对"乐仪"（美感礼仪）的操作演练，不含抽象的知识道理，是纯粹的美感教育。西周时代，不仅贵胄子弟教之以礼乐，普通教育也少不了礼乐。《周礼·地官司徒》载："以乡三物教万民，而宾兴之。一曰六德：知、仁、圣、义、忠、和；二曰六行：孝、友、睦、姻、任、恤；三曰六艺：礼、乐、射、御、书、数。"

西周时代的礼乐教化，是政治、道德、审美与理想追求综合一体的。这种教育，从内容实质上说主要是礼，是提高人的道德理性。礼本来是抽象的"理"，但在礼仪活动中必须配以各种美感形式如礼器（金木土所做成的各种器具）、礼品（主要是牺牲品）、礼象（斧钺干戚等）、礼饰（羽旄旌旗等），并且与乐——音乐、舞蹈、歌诗紧密结合，因而一次礼仪活动便造成盛大浓郁的美感氛围。人们活动在这样一种美感环境中所产生的直观感受、体验，所受到的熏染、陶冶是很强烈的，礼乐教化令人既肃敬而又愉快，既得理喻又获美感享受。礼乐相济的教育，强调的是感化、陶冶，避免单纯的知识灌输。足以说明，礼乐教化是古代的美感——艺术教育，是身心一体的生命教育。

四 "礼崩乐坏"与学术思想的产生

西周开始实施的礼乐教化发展到春秋时代，出现了"礼崩乐坏"的局面。"礼崩乐坏"，不是说礼乐本身已经完全废毁了，而是说礼乐的政治制度层面崩坏了，而礼乐的教育层面（包括智育、德育、情育）并不在崩坏之列，礼仪规范的美感形式，作为艺术的乐舞活动，不仅没有崩坏，而是因此得到进一步发展。如同"蝉蜕"，脱掉老皮而有新生，礼乐失去政治制度性能，使礼向纯道德转化，使乐向纯艺术转化，礼乐的制度"硬壳"蜕脱了而成为纯文化流传千古。

"先王之乐"产生于五帝时期，贯穿夏、商、周三代。周公"制礼作乐"于公元前11世纪，到公元前8世纪西周结束（前771年）开始出现"礼崩乐坏"。从黄帝起（推算至晚在公元前23世纪）直到"礼崩乐坏"的春秋时代，礼乐教化实施长达1500多年的历史过程，却不见有礼乐教化的思想理论。一代圣人周公"制礼作乐"，而且著书写诗，却不见他说礼论乐。周公之前的古圣先王，也不见有关礼乐的说论。唯《尚书·舜典》载："（舜）帝曰：夔！命汝典乐，教胄子。直而温，宽而栗，刚而无虐，简而无傲。诗言志，歌永言，声依永，律和声。八音克谐，无相夺伦，神人以和。""命汝典乐，教胄子"以下是帝舜对乐教之"和"的论述，也就是对音乐、歌诗、舞蹈以及语言的声、律之间的矛盾关系的论述。论述精到而全面，帝舜有这样的理论水平是值得怀疑的。第一，实施乐教的先王有十多人，舜之前不见有礼乐的言论，舜之后的禹、汤、文、武、周公，也不见有关礼乐的言论，因此舜的乐教理论缺乏前因后果。第二，论述诗歌、音乐、舞蹈之间的关系，应在这三门艺术从古乐中分化而成为独立艺术门类之后才有必要，而在舜的时代，歌诗、音乐、舞蹈仍为一体的"乐"，舜的论述是不是太"超前"了！第三，舜的"诗言志"，也值得怀疑。"诗"从"乐"中分化出来而成为文学, 是在西周之后。再查甲骨卜辞, "乐" "舞" 两字多次出现, 却不见有 "诗" 字, 舜说 "诗言志" 没有历史根据。第四, 先秦典籍与诸子, 虽多有 "诗言志" 之说, 却不见把诗与舞、声、律相联系相统一的论说, 唯汉人有这 种理论水平, 如《诗大序》等。《尚书》虽记五帝之事, 现在流传的版本却 形成于汉代, 因此可以断定, 《尚书》中舜的乐教的理论乃出自汉人之手笔。 蔡元培说: "商周二代, 圣君贤相辈出。然其言论之关于伦理学者, 殊不概 见, 其间如伊尹者, 孟子称其非义非道一介不取与, 且自任天下之重。周公 制礼作乐, 为周代文化之元勋, 然其言论之于学理者, 亦未有闻焉。大抵商 人之道德可以墨家代表之; 周人之道德可以儒家代表之。"[①]

春秋时期, 由于 "礼崩乐坏", 才促使一些卿大夫乃至医师乐师等站出来 说礼论乐, 礼乐教化的思想理论由此产生。郑国的史伯、子产、子大叔, 秦 国的医和, 齐国的晏婴, 周国的单穆公、伶州鸠以及吴国的季札、鲁国的孔 子等, 对礼乐教化进行反思, 开始说礼论乐, 而孔子的礼乐思想最为系统。 "礼崩乐坏", 也是中国学术思想产生的契机。形成于春秋时期的生命哲学原 创论, 以和论、气论、易论为基本框架, 把礼乐论以及仁义论、文论、美论、 善论、德论等融为一体, 开创了中国学术思想的理论建构。生命哲学原创论 的 "仰观俯察" 的生命整体把握方式与 "立象以尽意" 的表现方法, 形成一 种历史惯性, 一直影响着中华民族的思维方式与表现方法。

五　孔子的礼乐思想

孔子正处于 "礼崩乐坏" 时代。但他坚守礼乐信念, 一再呼吁 "克己复 礼天下归仁"。对于违礼之人深恶痛绝, "八佾舞于庭, 是可忍也, 孰不可忍 也!" (《论语・八佾》) 孔子希望恢复礼乐制度, 这是不可能的。因为周天子 的政治势力已经衰微, 无力维护礼乐的政治地位。在这种情况下, 孔子把礼

---

① 《蔡元培全集》第 2 卷, 中华书局 1984 年版, 第 13 页。

乐完全变成教育科目教授弟子，培养人才。他坚持礼乐教化，使礼乐进一步脱离政治"硬件"功能，而成为纯文化教育；从此礼乐成为人们反思与学术研究的历史资源，这是孔子的卓越历史贡献。

孔子提倡"为政以德"，要用道德制约政治，这正是来自礼乐教化的历史经验。执政者有无德行，是行仁政还是施暴政的关键。"为政以德"的首要表现就是选拔人才，是任人唯贤而不任人唯亲。在谈到选拔人才时，孔子曰："先进于礼乐，野人也；后进于礼乐，君子也。如用之，则吾从先进。"（《论语·先进》）这里的"野人"当指未受教育的人，君子当指卿大夫子弟。前者是先学礼乐后当官，后者是先当官后学礼乐。孔子宁用前者而不用后者，说明孔子任人唯德，不赞成世袭，对当时卿大夫子弟靠父兄荫庇而承袭做官不满。子路曾问孔子，如果您执掌国政将从何入手治理？孔子说从"正名"入手。所谓"正名"就是纠正各种违礼现象，恢复礼乐名誉。因为："名不正则言不顺，言不顺则事不成，事不成则礼乐不兴，礼乐不兴则刑罚不中，刑罚不中则民无所措手足。"（《论语·子路》）"礼乐不兴则刑罚不中"，是说没有接受礼乐教育，必然缺乏道德修养，德性不高行政执法必然失去中正公平。中国古代的礼治，主要是看重道德作用，希望人们自觉遵纪守法，做官的要自律，为政以德。现代中国有些人常常提倡法制而否定古代礼治。古代的礼治，其实质是德治。提倡法制，针对中国古代礼治的局限性是有意义的，但根本否定礼治也是只知其一，而不知其他。法制不是万能的，道德领域中的事，政治、法律管不到。有德者云："不以势力所能达而自恣，不以法律所不及而妄行。""不自恣"，"不妄行"，就是道德自律；道德自律是消除违法乱政的思想根源。道德、法律、政治、教育都不是绝对的，四者之间既互相制约又互相补充，既法制又德治才是正道。《乐记》说得好："礼节民心，乐和民声，政以行之，刑以防之，礼乐刑政四达不悖，则王道备矣。"（《乐本篇》）

礼乐是什么？孔子认为，礼乐的本体乃是仁。"子曰：'礼云礼云，玉帛云乎哉！乐云乐云，钟鼓云乎哉！'"（《论语·阳货》）这就明确告诉人们，不要把玉帛钟鼓这些表现形式当成礼乐本身（本质），那只是礼乐的外在仪文，礼乐的内在实质乃是仁。仁是孔子道德哲学的最高范畴，是精神本体，不可名状。他的学生多次问他什么是"仁"？他从未给"仁"下过抽象定义，而是列举许多具体事例说明之。如说，"己所不欲，勿施于人"是仁，"爱人"是仁，"居处恭，执事敬，与人忠"是仁，"恭宽信敏惠"是仁，等等。"仁"涵盖许多德性概念，尤其诚、真、忠、恕、爱等。仁者爱人，必然出自诚心、真心；如果不是出自"诚心""真心"而谈论仁爱，那便是"巧言令色"之徒。

春秋时代，随着"礼崩乐坏"才有人不断地起而说礼论乐，礼乐教化理论随之而产生，并成为先秦生命哲学原创论的重要组成部分。孔子对礼乐教化的论说，虽不是最早者，却是春秋时代最为系统者。孔子的礼乐教化思想，不仅系统，而且深刻，对中国艺术生命精神的形成，产生深远的影响。

第一，艺术的敬畏与教育精神。中国古代艺术从它产生那天起就被用于祭祀天地、祭祀祖先以及教育后代的严肃的社会活动中，因而艺术活动是神圣的，使人产生一种敬畏心情。艺术活动不能违礼犯上，不能调侃祖先，不能当作"儿戏"。艺术自古以来就被认为是"经国之大业，不朽之盛事"（曹丕《典论·论文》）。西方有人说艺术是"游戏"，中国却不可如此视之。中国从"先王之乐"起，艺术就承担治国育人之重任。孔子认为，把艺术活动当成官能享受，当成个人消遣，都是不正当的。

第二，艺术的中和精神。孔子以中和之美为标准坚持礼乐教化。他说："吾自卫反鲁，然后乐正，雅颂各得其所。"（《论语·子罕》）乐之"雅""正"，就是中和之美。他对《诗》之《国风》进行批评，树立《关雎》为中和之美的典范："《关雎》乐而不淫，哀而不伤。"（《论语·八佾》）又拉出违背中和之美的"郑声"进行批评，要"放郑声"，因为"郑声淫"（《论语·卫灵公》）。"恶紫之夺朱也，恶郑声之乱雅乐也，恶利口之覆邦家也。"（《论语·阳货》）礼乐教化活动，追求中和之美境界，不允许张狂或虚夸，不允许表现残暴或恐惧，不要有过分刺激。

第三，艺术的仁爱精神。"子曰：'人而不仁，如礼何？人而不仁，如乐何？'"（《论语·八佾》）孔子认为，做人而不以仁为本，也不可能有礼乐修养。因为人心坏了，礼乐就失去了仁本体，失去了根基。孔子曰："志士仁人，无求生以害仁，有杀身以成仁。"（《论语·卫灵公》）孔子视人的生命精神重于人的生命机体，生命活动为公重于为私。"仁"字，是人的多数，表示人与人的关系："言仁必及人""爱人能仁"（《国语·周语下》）。孔子论礼乐以"仁"为本体，恰好解释了礼乐教化的人生价值。在孔子那里，"中和"是君子之美的一种品格，而"仁爱"则是君子的博大胸怀。仁爱与中和乃是君子高尚精神之表里。

第四，艺术的人生理想精神。孔子时代，诗已从乐中分化出来而成为独立艺术门类，所以孔子的艺术批评对象不仅是礼乐，还有诗。他认为诗可以培养语言能力，可以传授知识提高认识，可以事父事君增进忠孝之责任感，可以兴观群怨，抒发感情，保持心理平衡。诗是礼乐相济教育的重要部类，并认为"兴于诗，立于礼，成于乐"（《论语·泰伯》）。也就是说，以诗、礼、乐三者进行综合教育，不仅使人格精神成其"高"，也使人格精神成其"全"；完美人格"成于乐"。"乐"无论是作为人的精神状态（快乐），还是作为艺术境界（美），都是一种人生理想境界。

第一章　春秋生命哲学原创论

　　天地万物的生命活动，很早就进入中华民族的哲学视野，成为人的直觉观照体验的对象。产生于殷周之际的《周易》的六十四个卦象及卦、爻的文字说明，就是古人对万物生命尤其是对人的生命活动的对象化意识。《周易》六十四卦中这种对象化意识比较幽微，实际上是一种潜意识，还未上升到思想理论的层面。经过孔子传述《周易》而形成的《易传》之解读、发挥，才成为思想理论形态，成为生命哲学。

　　春秋生命哲学原创论，发端于西周末与春秋初，形成于整个春秋时代。在300多年的历史过程中，一些卿大夫以及史官、乐师、医师等人所提出的和论、气论以及《周易》的解释学——《易传》之易论，是构成春秋生命哲学原创论的三大组成部分。和论与气论，或从食色之性的角度，或从伦理政治角度，或从艺术角度，或从医学角度，论述人的生命活动，论述"和"与"气"在人的各种生命活动中的作用与意义，这是春秋生命哲学原创论产生较早的两部分。《易传》之易论，晚于和论、气论，产生于春秋末期，并且吸收了和论、气论的生命论思想，使和论、气论与易论融为一体，从而形成有系统的生命哲学思想。春秋生命哲学原创论，从宏观的维度论述天地万物生命的起源与养育，论述万物生命的产生、生长，而着重论述人的生命活动，论述人的各种生命活动表现及其文化特征。

一 "和"——生命与其环境依托

"和"是个古老观念，殷周之际的金文，已有"和"字。先有语言、观念，后有文字，这是常理。由此而推论，"和"的观念的产生必远在殷周之际前。"先王之乐"，都追求"和"的境界。舜帝提出："八音克谐，无相夺论，神人以和。"（《尚书·舜典》）不仅艺术追求"和"，人与自然的关系，人与人的关系以及社会政治、民生事业等，也必须是"和"，才能兴旺、发展。大禹说："水火金木土谷惟修，正德利用厚生惟和，九功惟叙，九叙惟歌。"（《尚书·大禹谟》）"和"是先秦生命哲学思想产生最早、内涵丰富深刻、影响久远的根本范畴。

春秋生命哲学之"和"论，主要代表人物是西周末与春秋初的郑国史伯与春秋后期的齐国晏婴，周朝（东周）的大夫单穆公、乐师州鸠等。史伯与晏婴主要针对君主任人唯亲，而提出要"取和而弃同"，并且以饮食之和、乐舞之和为喻，论述社会政治之和与民生之和。单穆公与伶州鸠主要论乐和与政和、民生之和的关系。

（一）"和实生物，同则不继"

史伯处于郑国桓公时代，为周之太史。郑桓公为周宣王所封，宣王之弟，幽王之叔。幽王八年（公元前774年）为周之司徒。西周末年，周天子的势力衰微，四方诸侯，纷纷叛周。郑桓公甚得周众，为避免"周乱而弊"的没落趋势，问计于史伯。史伯回答曰，周"必弊"矣，此乃天命所归，不可避免。主要理由是周幽王政治昏庸，"好谗慝"。他针对幽王用"同"而弃"和"，提出"和实生物，同则不继"的哲学论断，认为"和"是万物生命化生、成长的根本，也是社会政治生命的根本。他说：

> 今王弃高明昭显，而好谗慝暗昧，恶角犀丰盈，而近顽童穷固。夫

和实生物，同则不继。以他平他谓之和，故能丰长而物归之；若以同裨同，尽乃弃矣。故先王以土与金木水火杂，以成百物。是以和五味以调口，刚四支以卫体，和六律以聪耳，正七体以役心，平八索以成人，建九纪以立纯德，合十数以训百体。出千品，具万方，计亿事，财兆物，经收入，行姟极。故王者居九畡之田，收经入以食兆民，周训而能用之，和乐如一。夫如是，和之至也。于是乎先王聘后于异姓，求财于有方，择臣取谏工而讲以多物，务和同也。声一无听，物一无文，味一无果，物一不讲。王将弃是类也而与剸同。天夺之明，欲无弊，得乎？（《国语·郑语》）

史伯首先指出，幽王近小人，远贤人，昏庸穷陋，偏听偏信，好"同"而恶"和"，这是"周乱而弊"的根本原因。"和实生物，同则不继。""同"，就是单一，清一色；"同"，万物就不能产生、不能生长。"和"，就是杂多而和谐，或曰多样性的统一；"和"，万物才能产生，才能成长。凡是生命都需要"和"才能生育、成长，尤其人的生命需要高度的"和"。史伯从人的个体生命之"和"说起，人需要和五味以调口，刚强四肢以维护整个身体均衡发育，和六律以聪耳，"正七体以役心"（七体：口鼻眼耳七窍），人的生命器官位正而和谐，才能成为心之役使的好器官，"平八索以成人"（八索：头口腹股耳目手足），人的八大生命器官平衡协调，才能成为身强体壮的人。接着说社会"大生命"之"和"。社会"大生命"是由个体生命构成的，而个体又分属各种不同的群体；个体之间、群体之间以及个体与社会之间构成非常复杂的关系。这种错综复杂的社会关系，只有相互依存、平衡有序，才能达到"和"。这就需要君主及其政府进行有效的治理。也就是史伯所说的，国家社稷要建九功以立纯德，设置上下十等官位以训导百官，并以诚信教化民众。从财政上说，千、万、亿的"收经入以食兆民"，使其丰衣足食，安居乐业。这样，君主与民众才能和乐相处，社会长治久安。

史伯的"和实生物"论断，包含两层含义：一是谈人的生命个体，构成生命本身的各种因素、内在结构，必须是"和"，生命才能生育、成长，才能安康旺盛；二是谈社会"大生命"，社会"大生命"是生命个体所依赖的环境，首先是社会环境，如政治、人伦的各种关系，民生的各种事业，都必须是"和"；其次是自然环境，如天地气候、风雨、山水、土地等，也需要"和"。总之，人的生命活动的内外皆是"和"，人的生育、成长、生存才成为可能。无论是生命本身或是生命所依赖的外部环境，如果不是"和"而是"同"，则生命就要断绝即"同则不继"。人的生命构成因素是非常复杂而精密的；同时，人的生命活动不是孤立的，而是与社会环境、自然环境密切联系在一起。只有这种高度的"和"，才能适应人生之生养之幸福。史伯强调社会环境之"和"，对于个体生命的巨大意义，特别是社会政治对于"和"的环境的营造起主导作用。因此，君主治国理政，要做到君臣上下"和而不同"，教民有方，生财有道，选拔人才要用"和"而摈弃"同"。如此，社稷、事业、人民才能兴旺发达。史伯认为，要营造"和"的环境，首先要做到"平"，"平"是"和"的前提条件。"以他平他谓之和"，即是说不同事物之间的关系要互相依赖、制约而成平衡之势才能达到"和"的境界。也就是说，构成社会"大生命"的各种不同因素所形成的不同关系，成为相互依存，相辅相成或相反相成，而不是矛盾对立，这样才能使社会"大生命"成为"和"的境界。史伯的"平"，主要是指社会关系之平衡有序、和谐一致。

史伯的"和实生物，同则不继"论断，是一个非常深刻而精练的哲学命题，概括性极高。他的论述所涉及的问题是多方面的，如，他说先王聘后于异姓，因为近亲结婚不利于生命健康；选择官员取直言敢谏者，以便多听言路；土与金木水火杂，以成百物，这些都是求和之道。史伯很有远见，许多观点在今天仍有重要价值。他断言："声一无听，物一无文，味一无果，物一无讲。"一个声音不能成音乐，也无法令人接受；单一的物色，不能成美丽的文采；饮食只有一个味道，就无法引起食欲而果腹；单一孤立的物件，就无法讲论比较优劣好坏，所以，无论何事何物，都必须用"和"而弃"同"！史伯的"和实生物，同则不继"的论断，是自然与社会普遍适用的客观规律。

春秋时代，论生命之"和"的人很多，齐国的晏婴是很突出的一位。他完全接受了史伯"和实生物,同则不继"的思想观点,并多有发挥。晏子是一位很有哲学眼光的古代政治家,辅佐齐国灵公、庄公、景公三代君主,致使齐国社会比较和谐安定。他主要针对齐景公听信身边阿谀奉承之人而不愿接受相反意见,因而提出"取和而弃同"的思想观点。据记载:晏子陪同齐景公游于公阜,凭吊古迹。无几梁丘据(景公的侍臣)御六马车奔驰而来。公问:是谁?晏子曰:据也。公曰:"其乐何如!"晏子曰:"大暑而疾驰,甚者马死,薄者马伤,非据孰敢为之!"梁丘据对景公一向随声附和,善于拍马屁,因而景公对之宠爱有加,言听计从。晏子早已不满这种君臣关系,见到梁丘据肆无忌惮地"狂奔"纵乐,借机批评他,也是说给景公听的。可是景公却说:"据与我和也夫!"晏子曰:"此所谓同也。所谓和者,君甘则臣酸,君淡则臣咸。今据也君甘亦甘,所谓同也,安得为和!"晏子认为"和"是相反相成,而不是相同。晏子公然与景公唱反调,景公忿然作色,不悦(《晏子春秋集释》卷第一)。晏子所谓"和"就是对立的统一,或是杂多的和谐。据《左传》载:景公问晏子:"和与同异乎?"晏子回答说:"异。"

> 和如羹焉,水、火、醯、醢、盐、梅,以烹鱼肉,燀之以薪,宰夫和之,齐之以味,济其不及,以泄其过。君子食之,以平其心。君臣亦然。君所谓可而有否焉,臣献其否以成其可;君所谓否而有可焉,臣献其可以去其否,是以政平而不干,民无争心。故《诗》曰:"亦有和羹,既戒既平。奏鬷无言,时靡有争。"先王之济五味、和五声也,以平其心,成其政也。声亦如味,一气,二体,三类,四物,五声,六律,七音,八风,九歌,以相成也;清浊、小大、短长、疾徐、哀乐、刚柔、迟速、高下、出入、周疏,以相济也。君子听之,以平其心。心平,德和。故《诗》曰"德音不瑕"。今据不然。君所谓可,据亦曰可;君所谓否,据亦曰否。若以水济水,谁能食之?若琴瑟之专一,谁能听之?同之不可也如是。(《左传·昭公二十年》)

晏婴以五味饮食喻政,论述"和"之必要。人吃饭需要"五味"之和,不能只吃一种食物，而需要各种不同的食物。不同的食物，经过"济""泄"的功夫，把不同性质、不同味道调和为一致的美味，"君子食之，以平其心"。晏子也提出"平"与"和"的关系，也认为"平"是"和"的基础。史伯主要是指社会关系之"平"，晏子主要是指人的生命内在结构之"平"。总之，人的生命活动的内外都需要"平"与"和"。饮食如此，"声亦如味"，音乐舞蹈歌声也如饮食的道理，追求多样性的和谐。五声之和乃成乐，乐和也是由多种不同因素构成的。晏子认为，乐"和"促成因素主要是：一要有气之发动，二分文武两体，三分风雅颂三类，四是由四方之物而制成乐器，五声，六律，七音，八方之风，最后是九歌（"九歌"是"六府"与"三事"的合称。"六府"：金木水火土谷；"三事"：正德厚生利用，合谓九功。九功皆需歌，故谓"九歌"）。这九个方面要相辅相成，才成为"和"。同时，音声的清浊、小大、短长、疾徐、哀乐、刚柔，舞步的迟速、高下、出入、周疏，也要相互补充，协调一致，这样才能求得乐"和"。晏子所说，构成乐"和"的不同因素何其繁多复杂！尤其是他列举的一系列对立范畴，说明构成乐舞艺术只有把对立调和成和谐一致的音调、节奏、韵律，才能保持生命活动"和"的过程不断地延续下去。晏子用丰富的生命活动事例，说明君臣为政也是如此。要集中不同意见相互补充而达到和谐统一，不能只听一面之词，臣下也不应随声附和，而要相反相成。如果君说"可"，而臣随声附和也说"可"，这不是"和"，而是"同"；"同则不继"，政治生命就要断绝。"若以水济水，谁能食之？若琴瑟之专一，谁能听之？"显然，晏子以饮食、乐舞之"和"喻政"和"。一言以蔽之，弃同求和，才能达到"政平而无干，民无争心"的目的。晏子主要是以政治之"和"为目的，规劝君主用人要"取和弃同"，君主治国理政同人的生命活动（乐舞活动、饮食活动等）一样，也必须以"和"为本。

晏子坚持先王礼治，但他反对孔子的繁文缛节、厚葬久丧。

> 景公上路寝，闻哭声。曰："吾若闻哭声，何为者也？"梁丘据对曰："鲁孔丘之徒鞠语者也。明于礼乐，审于服丧，其母死，葬埋甚厚，服丧

三年，哭泣甚疾。"公曰："岂不可哉！"而色说之。晏子曰："古者圣
人，非不知能繁登降之礼，制规矩之节，行表缀之数以教民，以为烦人
留日，故制礼不羡于便事；非不知能扬干戚钟鼓竽瑟以劝众也，以为费
财留工，故制乐不羡于和民；非不知能累世殚国以奉死，哭泣处哀以持
久也，而不为者，知其无补死者而深害生者，故不以导民。今品人饰礼
烦事，羡乐淫民，崇死以害生，三者，圣王之所禁也。贤人不用，德毁
俗流，故三邪得行于世。是非贤不肖杂，上妄说邪，故好恶不足以导众。
此三者，路世之政，道事之教也。公曷为不禁，声受而色说之！"（《晏子
春秋集释》卷第八）

晏子的这段话，是针对景公赞赏儒家厚葬久丧的礼制而发。意思是：圣
人制作礼乐是为了教导民人知礼守节，养成文明习惯。这当然需要制定登降
周旋揖让的礼节仪式，需要扬干戚击钟鼓弹竽瑟等加以配合。但这些形式藻
饰必须简便适用，利于教化；装饰美化不能过分，过分了，就要喧宾夺主，
达不到教化目的，反而造成浪费。像儒者那样繁文缛节，劳民伤财，"无补死
者而深害生者"，是要不得的。而且君主的兴趣好尚，直接影响民众的风俗习
惯，公不应该"声受而色说之"，而应该加以拒绝、禁止。晏子为政省刑薄
敛，提倡节俭。他一再规劝景公要实行仁政，反对暴政，保护人民的生命财
产。这样才能"国安民和"，而"国安民和"乃是政权巩固的根本。景公曾
欲伐鲁，晏子认为不可。他说：

鲁好义而民戴之，好义者安，见戴者和。伯禽之治存焉，故不可攻。
攻义者不祥，危安者必困。且婴闻之，伐人者德足以安其国，政足以和
其民，国安民和，然后可以举兵而征暴。今君好酒而辟，德无以安国，
厚藉敛意使令，无以和民。德无以安之则危，政无以和之则乱。未免乎
危乱之理，而欲伐安和之国，不可，不若修政而待其君之乱也。其君离，
上怨其下，然后伐之，则义厚而利多，义厚则敌寡，利多则民欢。公曰：
"善。"遂不果伐鲁。（《晏子春秋集释》卷第三）

晏子认为，"鲁好义而民戴之，好义者安，见戴者和"，不可以举兵征伐；以"暴"攻"和"必然失败。"政足以和其民，国安民和，然后可以举兵而征暴"，因而打消了景公要征伐鲁国的念头。

（二）"乐从和，和从平"

春秋时代的单穆公和伶州鸠，针对周景王铸钟用乐不按先王之制而论乐"和"。乐"和"实质是生命精神之"和"。从前面史伯、晏子的论述中可以看到，礼乐活动所表现出的人的生命精神，一端与个体生命感知、生命体验相通，另一端与社会政治、民生事业相连，因而乐"和"是联系个体生命之"和"与社会"大生命"之"和"的重要媒介。单穆公与伶州鸠论乐"和"与政治之"和"、民生之"和"的密切关系，正是为了达到社会"大生命"之"和"的目的。东周景王二十三年（公元前522年），王要铸无射钟，却不按先王所规定的"律度量衡"标准制作。他去征求大夫单穆公的意见，单穆公认为"不可"：

> 作重币以绝民资，又铸大钟以鲜其继。若积聚既丧，又鲜其继，生何以殖？且夫钟不过以动声，若无射有林，耳弗及也。夫钟声以为耳也，耳所不及，非钟声也。犹目所不见，不可以为目也。夫目之察度也，不过步武尺寸之间；其察色也，不过墨丈寻常之间。耳之察和也，在清浊之间；其察清浊也，不过一人之所胜。是故先王之制钟也，大不出钧，重不过石。律度量衡于是乎生，小大器用于是乎出，故圣人慎之。今王作钟也，听之弗及，比之不度，钟声不可以知和，制度不可以出节，无益于乐，而鲜民财，将焉用之！（《国语·周语下》）

单穆公对周景王所说的这段话，主要说明三个问题：第一，铸制钟这种大乐器，很费钱财和劳力。花去大量钱财，却又无新的来源充实国库，那用什么养育民生！而且铸无射钟不是必需，而是重复多余。如此，必然造成国库亏空，民怨起伏。第二，即使铸钟，也应按先王"律度量衡"之制进行，以便求乐"和"而享乐。而王所要铸的是"无射有林"，声音细小，耳听不及，何以知钟声之"和"？第三，乐舞是供人耳听目观的艺术，如果"钟声不可以知和，制度不可以出节，无益于乐"。民不和乐，必然影响社会，生产搞不好，政治不安定。单穆公的一席话，论理清楚明确，却没有说服周景王。景王又去问律于乐师州鸠。

伶州鸠与单穆公的看法一致，也反对耗巨资制作大钟，并劝景王要遵循先王"律度量衡"之制，不要再制大钟，以免劳民伤财。他说：

> 王其以心疾死乎！夫乐，天子之职也。夫音，乐之舆也；而钟，音之器也。天子省风以作乐，器以钟之，舆以行之。小者不窕，大者不摦，则和于物。物和则嘉成。故和声入于耳而藏于心，心亿则乐。窕则不显，摦则不容，心是以感，感实生疾。今钟摦矣，王心弗堪，其能久乎！
> （《左转·昭公二十一年》）

景王急于铸无射大钟，不合先王之制，不听单穆公的劝阻，一意孤行。这使伶州鸠很动容，激动地说，王是不是有什么心病，硬要铸大钟？作乐乃是天子职责分内之事，应该遵循先王之制。音是乐之载体，钟是作乐的器物，都直接关系到乐是否能"和"的大事。钟之音声大小要适中，小者耳听不见，大者震耳欲聋，这便破坏了"和"的境界。"和声"入耳而藏于心，心才能平静而乐。"今钟摦矣"，震耳欲昏，"王心弗堪，其能久乎！"说得够尖锐的。伶州鸠还从乐器制作与表演的技术方面，讲论乐"和"的意义。先王制造乐器，其"律度量衡"都有一定的标准。这个标准，是以"和"为目的。他说：

> 臣闻之，琴瑟尚宫，钟尚羽，石尚角，匏竹利制，大不逾宫，细不过羽。夫宫，音之主也。第以及羽，圣人保乐而爱财，财以备器，乐以殖财。故乐器重者从细，轻者从大。是以金尚羽，石尚角，瓦丝尚宫，匏竹尚议，革木一声。
>
> 夫政象乐，乐从和，和从平。声以和乐，律以平声。金石以动之，

丝竹以行之，诗以道之，歌以咏之，匏以宣之，瓦以赞之，革木以节之。物得其常曰乐极，声应相保曰和，细大不逾曰平。如是，而铸之金，磨之石，系之丝木，越之匏竹，节之故而行之，以遂八风。于是乎气无滞阴，亦无散阳，阴阳次序，风雨时至，嘉生繁祉，人民龢利，物备而乐成，上下不罢，故曰乐正。今细过其主妨于正，用物过度妨于财，正害财匮妨于乐。细抑大陵，不容于耳，非和也。听声越远，非平也。妨正匮财，声不和平，非宗官之所司也。（《国语·周语下》）

这段话的内容非常丰富。首先，"乐"是诗歌舞三位一体的艺术，最重要的部分是音乐，音乐有五声——宫商角徵羽之别，乐器有金石土瓦丝竹匏革之分，内容有音乐诗歌舞蹈的不同。这些不同方面，必须协调配合一致而追求一个目的——"和"，也就是"乐从和，和从平。声以和乐，律以平声"。其次，乐"和"乃是政"和"的表现，即"政象乐"之谓。如果政不"和"而生战乱，破坏生产，破坏人民的安定生活，人民也将怨声载道，反映政治、民生的乐，必然是怨怒之声，而无和平之音。最后，乐舞活动乃是人的生命活动，不仅与政治、民生、财货紧密相连，与天时地利也是一体的，"和实生物"，天地人共存。伶州鸠把"气"与"和"联系起来论乐。天时地利人和一体，政治、民生、艺术和谐同乐，这都是阴阳二气调和的结果。州鸠说："于是乎气无滞阴，亦无散阳，阴阳次序，风雨时至，嘉生繁祉，人民龢利，物备而乐成，上下不罢，故曰乐正。"伶州鸠一番规劝、议论，景王也没有听进去，仍坚持"铸大钟"。

第二年，大钟铸成，"伶人告和。王谓伶州鸠曰：'钟果和矣。'对曰：'未可知也。'王曰：'何故？'"伶州鸠说：

上作器，民备乐之，则为和。今财亡民罢，莫不怨恨，臣不知其和也。且民所曹好，鲜其不济也。其所曹恶，鲜其不废也。故谚曰："众心成城，众口铄金。"三年之中，而害金再兴焉，惧一之废也。（《国语·周语下》）

"上作器，民备乐之，则为和"，这里的"和"，已不是乐器演奏发声之"和"，而是指统治者与民众"同乐"之"和"。也就是说，君王的政治作为于民有利则民"乐"，有害则民"怨"，因而形成因果关系。君王为了自己享乐而铸钟，"财亡民罢，莫不怨恨"，哪里还会有与民同乐之"和"！不仅如此，伶州鸠论乐之"和"与"正德""厚生""利用"也密切联系在一起。他说：

> 夫有和平之声，则有蕃殖之财。于是乎道之以中德，咏之以中音，德音不愆，以合神人，神是以宁，民是以听。若夫匮财用，罢民力，以逞淫心，听之不和，比之不度，无益于教，而离民怒神，非臣之所闻也。（《国语·周语下》）

伶州鸠认为，乐"和"不仅是个体生命感受的最佳境界，也是直接影响政治清明、社会安定、财用不亏、民心和乐等社会"大生命"（民生）之大事。如此，才是"乐正"。说明"和"不仅是生命活动本身，不仅是艺术追求的美感境界，也是人的各种生命活动、人生的各种事业兴旺发达的前提条件。

综上所述，史伯、晏婴主要是论社会政治与民生事业之"和"，自然联系到个体生命的饮食、乐舞活动。饮食、乐舞直接与个体生命活动联系在一起，以此为喻说明社会、民生的"大生命"也需要"和"的境界才能兴旺发达，很有说服力。单穆公与伶州鸠主要论述乐舞之"和"。乐舞活动直接与个体生命活动联系在一起，但乐舞活动实质是人的一种生命精神活动，是高尚的生命活动。乐舞生命活动之"和"具有普遍性，直接与社会"大生命"联系在一起，不仅对于个体生命活动具有引领教育作用，对于社会"大生命"也有调和作用。因此单穆公与伶州鸠论乐舞之"和"直接联系到政"和"、人"和"以及生财之道。他们都把"和"看成是个体生命与社会"大生命"的普遍要求，"和"是处理各种事物各种关系的最高目标。他们一致认为，个体生命活动不是独来独往的，而是与社会"大生命"密切联系在一起，是依赖社会"大生命"的。也就是说,个体生命本身需要"和",个体生命的生长、存在所依托的自然环境、社会环境也必须是"和",否则,个体生命便失去保障。他们一致认为,"和"是来自"平";所谓"平"就是构成"和"的各种因素互相制约形成平衡均势,"平"是"和"的基础、原因,"和"是"平"的目的、结果,二者是因果关系。生命的内在结构与其所依托的外在环境是非常复杂的,构成生命的各种因素的差异性、多样性,乃是天地万物之最,然而生命又是高度的"和"。生命之"和",只有存在于自然之"和"与社会关系之"和"氛围中才有保障。要而言之,"和"既是人的生命活动的内在结构之必需,又是人的生命活动所依托的外在环境,二者不可或缺。有"和",才有生命,才有人生,才有社会存在。"和"是生命存在的最佳境界,这正是先秦生命哲学追求"和实生物""天人合一""和为贵"等的根本所在。

二 "气"——生命的原动力

从前面的评述中已经说明,"气"与"和"的关系非常密切。论"和"常常联系到"气";这里论"气",也必然联系到"和"。"气"与"和",都是中国古代生命哲学的重要范畴。"气"无形、无体、无象,视而不见,听而无闻。然而,我们却时时处处都能感觉到它的存在。我们经常见到树动,听到风吼,我们知道这是气流冲击的结果,气时刻不停地流动。生命,一刻也离不开气;离开它,就意味着生命之死。"气"是生命活动的原动力,也是艺术生命活动的原动力。

从历史文献上可知,最早提出"气"的概念是西周末期的伯阳父。伯阳父,周大夫,西周宣王与幽王之际人。幽王二年(公元前780年),西周山川发生大地震。伯阳父预言:"周将亡矣!夫天地之气,不失其序,若过其序,民乱之也。阳伏而不能出,阴迫而不能蒸,于是有地震。今三川实震,是阳失其所而镇阴也。阳失而在阴，川源必塞；源塞，国必亡。夫水土演而民用也。水土无所演，民乏财用，不亡何待。"（《国语·周语上》）伯阳父认为"天地之气"有阴阳两种不同性能，阳散阴聚，而今阴盛阳衰，引发"三川实震"。阴阳二气不调和，风雨不及时，水土或干旱或湿涝，都不利于生长，因而五谷必不收，民之财用必匮。自然灾害造成民生困苦，必然怨声载道，社会动乱不安，所以周"国必亡"。伯阳父早于史伯二年预见周必亡。但他的"天地之气"，尚未与个体生命联系起来，尚未转化为"人气"。春秋时期，周灵王要"壅"谷水、洛水，太子晋（周灵王的太子，名晋）谏曰："不可。"他说："夫山，土之聚也，薮，物之归也；泽，水之钟也。夫天地成而聚于高，归物于下。疏为川谷，以导其气；陂塘汙庳，以钟其美。是故聚不陀崩，而物有所归，气无沉滞，而亦不散越。是以民生有财用，而死有所葬。"（《国语·周语下》）

太子晋与伯阳父一样，"气"只与民生相联系，而未成个体生命之气。西周末年提出的"天地之气"，直到东周灵王时期（公元前571—前545年），仍然是自然之气，而未形成"人气"。"和"论与"气"论都在西周末期提出来，"和"从一开始就与个体生命联系在一起，而"气"经过200多年才与个体生命相联系。"气"的生命论思想的形成，主要代表人物是子产、医和、子大叔，还有单穆公与伶州鸠。

（一）"天有六气，降为五味"

以"气"解释个体生命活动，最早见于《左传·昭公元年》（公元前541年）载：郑国的子产和秦国的医和，先后以"气"解释人的疾病产生的根源。事情经过是这样：晋侯（是当时列国的盟主）有病，郑伯派公孙侨（子产）如晋探视问候。晋国的叔向到子产的寓所探望并询问子产，晋侯所得疾病是什么神祇作祟？子产回答说：

> 若君身，则亦出入、饮食、哀乐之事也，山川、星辰之神又何为焉？
> 侨闻之，君子有四时，朝以听政，昼以访问，夕以脩令，夜以安身。于

是乎节宣其气，勿使有所壅闭湫底以露其体，兹心不爽，而昏乱百度。今无乃壹之，则生疾矣。侨又闻之，内官不及同姓，其生不殖。美先尽之，则相生疾，君子是以恶之。故《志》曰："买妾不知其姓，则卜之。"违此二者，古之所慎也。男女辨姓，礼之大司也。今君内实有四姬焉，其无乃是也乎？若由是二者，弗可为也已。四姬有省犹可，无则必生疾矣。（《左传·昭公元年》）

这是最早用"气"解释人体生病的例证。子产认为，晋侯所患之病不是山川神祇作祟，而是人自身的气血不通造成的。人的机体中的气与血一样是流动不居的，通过"节宣"以保持气之通畅而不窒塞，均衡而不凝滞于某一点，身体才能健康而不生病。晋侯之所以生疾，乃是心神专一在女色上，贪恋美色而夜夜淫欲，不知节宣，使气血积聚于一点而壅塞，怎能不生疾！说明阴阳二气不节宣不调和，乃是患病的根本原因，与神祇没有关系。子产还指出，同姓相婚，不利于生殖。礼教早有规定，纳妾不知姓者卜之，也是防止同姓相婚的。

晋侯又求医于秦，秦伯派著名医生名"和"的去诊视。医和诊断晋侯病源与子产一致，说："疾不可为也，是谓近女室，疾如蛊。非鬼非食，或以丧志。良臣将死，天命不佑。"晋侯问："女不可近乎？"医和说："节之。"

先王之乐，所以节百事，故有五节；迟速本末以相及，中声以降。五降之后，不容弹矣。于是有烦手淫声，慆堙心耳，乃忘平和，君子弗听也。物亦如之。至于烦，乃舍也已，无以生疾。君子之近琴瑟，以仪节也，非以慆心也。天有六气，降为五味，发为五色，征为五声。淫生六疾。六气曰阴阳风雨晦明也，分为四时，序为五节，过则为菑。（《左传·昭公元年》）

医和认为，先王之乐可以"节百事"。宫商角徵羽五声，有迟有速，有本有末，调和而有中和之声，然后降于无。中和之声之后，不容再弹；再弹就是淫声，就破坏了"平和"之境界。其他事物亦如之。不守"仪节"，一味

"惕心"，淫者生疾，是必然的。医和认为，天有六气，降生五味（辛酸咸苦甘）、五声（宫商角徵羽）、五色（白青黑赤黄），从而满足生命欲望的需要。但生命欲望必须节制，不可放纵；放纵就要生病。医和从医学的角度，把音乐艺术与防病养生结合起来。他说，天之六气降到地上产生"五味""五色""五声"，直接满足人的生命欲望。医和的"降为五味"，就是指人的生命欲望与生命感觉。人的生命活动是以气为调节原动力，人的生命感觉与感觉器官不按"气"之节宣调和，必然产生疾病。伯阳父分"天地之气"为阴阳两个方面，医和则称之为"天之六气"，即阴阳风雨明晦。"六气"的根本是阴阳二气，其他四气，均可涵盖于阴阳之中。阴阳两个概念高度概括，很抽象，而风雨明晦却是具象，实际上是阴阳相推、相摩的媒介。气动则为风，气凝则为雨；风散，性属阳，雨凝，性属阴，二者乃是气之阴阳性能的表现。明晦也是如此。天空并不"空"，它是由大气充实着；气是透明的，所以太阳光线能够普照大地。天地之运转，一天有四时（昼夜早夕）之分，从而才有明晦之别。大地运转，向着阳光的一面是昼，是明，是阳，而背着阳光的一面是夜，是晦，是阴，明晦也是气之阴阳性能的表现。所以"天地之气"归根结底是阴阳两个方面。阴阳之气相推相摩作用，通过风雨明晦降到大地上，从而产生"五味""五色""五声"。

另据《国语》载：医和诊断后出来说："不可为也。是谓远男而近女，或以生蛊；非鬼非食，或以丧志。良臣不生，天命不佑。若君不死，必失诸侯。"赵文子闻之曰："武从二三子以佐君为诸侯盟主，于今八年矣，内无苛慝，诸侯不二，子胡曰'良臣不生，天命不佑'？对曰：自今之谓。和闻之曰：'直不辅曲，明不规暗，拱木不生危，松柏不生埤。'吾子不能谏惑，使至于生疾，又不自退而宠其政，八年之谓多矣，何以能久！"文子曰："医及国家乎？"对曰："上医医国，其次医人，固医官也。"文子曰："子称蛊，何实生之？"对曰："蛊之慝，谷之飞实生之。物莫伏于蛊，莫嘉于谷，谷兴蛊伏而章明者也。故食谷者，昼选男德以象谷明，宵静女德以伏蛊慝，今君一之，是不飨谷而食蛊也，是不昭谷明而皿蛊也。夫文，'虫''皿'为'蛊'，吾是以云。"(《国语下·晋语八》)两种记载,大意差不多。只是后者没有突出"气"的作用。

郑国的子大叔与医和持相同观点,也认为"六气"与人之性命好坏乃至生死的根本决定因素。他会见晋国的赵简子,简子问揖让周旋之礼。子大叔说,这是"仪",不是"礼"。简子又问何为礼?子大叔在回答什么是礼的谈话中涉及天地之"六气"。他说:

> 吉也闻诸先大夫子产曰:"夫礼,天之经也,地之义也,民之行也。"天地之经,而民实则之。则天之明,因地之性,生其六气,用其五行。气为五味,发为五色,章为五声。淫则昏乱,民失其性。是故为礼以奉之:为六畜、五牲、三牺,以奉五味;为九文、六采、五章,以奉五色;为九歌、八风、七音、六律,以奉五声。为君臣上下,以则地义;为夫妇外内,以经二物;为父子、兄弟、姑姊、甥舅、昏媾、姻亚,以象天明;为政事、庸力、行务,以从四时;为刑罚威狱,使民畏忌,以类其震曜杀戮;为温慈惠和,以效天之生殖长育。民有好恶、喜怒、哀乐,生于六气,是故审则宜类,以制六志。哀有哭泣,乐有歌舞,喜有施舍,怒有战斗;喜生于好,怒生于恶。是故审行信令,祸福赏罚,以制死生。生,好物也;死,恶物也。好物,乐也;恶物,哀也。哀乐不失,乃能协于天地之性,是以长久。(《左传·昭公二十五年》)

子大叔认为,天地六气是人的生命欲望(即声色味之欲)与情志(好恶喜怒哀乐)产生的根源。"淫则昏乱,民失其性",因而要用礼仪节制欲望,用乐调和情志,"哀乐不失,乃能协于天地之性,是以长久"。一席话,说得简子很信服:"甚哉,礼之大也!"子大叔又说:"礼,上下之纪,天地之经纬也,民之所以生也,是以先王尚之。故人之能自曲直以赴礼者,谓之成人。大,不以宜乎!"子大叔从礼谈到祭祀所用的五味、五色、五声,都是由天地之气生成的。至于君臣上下、夫妻家庭及其亲属等伦理关系,以及政事、刑罚等礼法,都是效法天经地义而制定的礼法与行为规范。"人之能自曲直以赴礼者，谓之成人"。所谓"成人"就是成为一个合格的人，能够自觉遵守礼法与自律的人。人的生命活动，完全效法"天之生殖长育"的规律，才能长寿。不仅人的生命机体如此，人的"六志"即好恶、喜怒、哀乐，也必须进行调节，使之遵循"天之生殖长育"之规律。人有情欲是自然的合理的，要给予一定的满足。但情欲不能放纵，不能淫而无节；淫则生疾（个体）生乱（社会），因此要实施礼义"以制六志"，即节制好恶、喜怒、哀乐六种情感态度，以符合道德规范，不违反刑政法度。

子大叔提出"五行"概念与"六气"相对待，认为天地生"六气"与"五行"结合而产生人的"五味""五色""五声"。与医和一样，"五味""五色""五声"就是人的生命欲望与生命感觉，"气"是贯穿于人的生命活动之中而起调节作用。不同的是，子大叔说"则天之明，因地之性，生其六气，用其五行"，是天地生"六气"，不是"天之六气"；"六气"为体，"五行"为用。比医和"天有六气，降生五味"说，更周密一些。"气"是人的生命活动的原动力，因而对人的生命欲望与生命感觉起调节作用。这种调节作用主要表现，就是礼乐教化。师旷说："夫乐以开山川之风也，以耀德于广远也。风德以广之，风山川以远之，风物以听之，修诗以咏之，修礼以节之。夫德广远而有时节，是以远服而迩不迁。"（国语·晋语八）"风"是"六气"之一，是艺术精神传播广远的动力。总之，从形而上的生命精神到形而下的生命机体，都需要气之调节使之冲和。而要气之冲和、通畅，必须加以"导引""节宣"。用什么进行"导引""节宣"？医和提出以"先王之乐"，子大叔提出以"礼"；师旷提出用礼乐。其实，"先王之乐"就是"礼之用"，而"礼之用"是离不开"乐"的，礼乐相济的教化才能保障人的生命之"和"，不被"气佚"。血气畅通而无滞塞，人的生命活动才能持久而和乐。

（二）"宣养六气"，阴阳调和

医和、单穆公、伶州鸠三人，论乐则把"气"与"和"紧密联系起来。医和认为，人的欲望必须用礼乐加以节制、谐调，才能保持人的心气之和。

如果对五声、五色、五味的欲望追求超过限度而成"淫"，则必然破坏心气之和，因而生疾。"阴淫寒疾，阳淫热疾，风淫末疾，雨淫腹疾，晦淫惑疾，明淫心疾。女，阳物而晦时，淫则生内热惑蛊之疾。"（《左传·昭公元年》）六气淫胜，破坏阴阳调和就要产生疾病。"六气"所生的疾病各不相同，但根源都是"淫胜"造成的。需要用气之阴阳两种功能调和适中，才有利于身体健康。而"先王之乐"以"和"为宗旨，礼乐相济的教化正是用阴阳的不同性能调和人的生命活动处于中和状态。

单穆公认为，"天地之气"是人的欲望、感觉产生的根源。由"天地之气"而产生的五味、五声、五色，被人吸收、接受之后，又会产生新的"气"，也就是他所说的"口内味而耳内声，声味生气"。这是说，天地之气化为五谷菜蔬而由人饮食之后又会产生新的"气"——"人气"，就是人的志气、血气、心气、精气之类。单穆公说：

> 夫乐不过以听耳，而美不过以观目。若听乐而震，观美而眩，患莫甚焉。夫耳目，心之枢机也，故必听和而视正。听和则聪，视正则明。聪则言听，明则德昭。听言昭德，则能思虑纯固。以言德于民，民歆而德之，则归心焉。上得民心，以殖义方，是以作无不及，求无不获，然则能乐。夫耳内和声，而口出美言，以为宪令，而布诸民，正之以度量，民以心力，从之不倦。成事不贰，乐之至也。口内味而耳内声，声味生气。气在口为言，在目为明。言以信名，明以时动。名以成政，动以殖生。政成生殖，乐之至也。若视听不和，而有震眩，则味入不精，不精则气佚，气佚则不和。于是乎有狂悖之言，有眩惑之明，有转易之名，有过慝之度。出令不信，刑政放纷，动不顺时，民无据依，不知所力，各有离心。上失其民，作则不济，求则不获，其何以能乐？三年之中，而有离民之器二焉，国其危哉！（《国语·周语下》）

"气在口为言，在目为明"，即是说，"气"使口发言为声，使目视物为明。也就是说，"气"是人的对象化活动的根本发动力。单穆公认为，"气"

之充沛，才能创造"和"的艺术生命境界，而在艺术活动中审美者能"听和而视正"，所产生的"人气"则调和顺畅，因而使人产生美感愉悦。可见，"气"与"和"的关系互为因果。他对周景王说，吾王如能"听和而视正"，就会耳目聪明，心境平和，出言由衷，因而取信于民。"听和而视正"，不仅使君王和乐，政治清明，也有利于把握天时地利。使君王认清四时变化，掌握农时，督导农民适时耕种，从而促成社会安定，生产发展，五谷丰登，事业兴旺。如此，必然"政成生殖，乐之至也"，这才是吾王与民之最大快乐。反之，如果乐舞境界不和而震眩，声味不精纯而被感官接受，就要发生"气佚"。吾王如果观听"气佚"失和的乐舞，必然产生耳塞目眩的"人气"，致使心态失衡，生命活动混乱无节奏，不仅要"生疾"，而且会"生乱"，致使观听之者耳不聪，目不明，思虑混乱，口出狂悖之言，甚至是非不分，转易过慝，嫁祸于人，滥杀无辜，从而造成社会混乱，刑政放纷，动不顺时，失信于民，各有离心。如此，人们何以安居乐业？单穆公认为，乐舞活动是以心和、目明、耳聪为目的，而目的之通达则是"气"之冲和作用的结果。

　　伶州鸠对"气"与"和"的关系的看法，与单穆公是一致的。他认为，乐舞活动达到"和"与"平"的境界，都是"气"在起调节作用。前面说过，"平"与"和"因果关系，伶州鸠也是如此看法。他认为，要使乐和，就要用"气"从中调节构成乐的各种因素使之"平"。也就是通过各种乐器把节奏的快慢，声音的清浊，音调高低，调节成声和律平。就是通过各种乐器演奏与歌唱、舞蹈加以紧密配合、协调，使之平和。即伶州鸠所说的"动之""行之""道之""咏之""宣之""赞之""节之"，从而使"气无滞阴，亦无散阳，阴阳次序，风雨时至，嘉生繁祉，人民龢利，物备而乐成，上下不罢，故曰乐正。"（引文详前）总之，"声平"与"乐和"，都是"气"调节的结果。伶州鸠还以阴阳二气论律吕，他说：

　　　　律所以立均出度也。古之神瞽考中声而量之以制度律均钟，百官轨仪，纪之以三，平之以六，成于十二，天之道也。夫六，中之色也，故名之曰黄钟，所以宣养六气、九德也。由是第之：二曰太簇，所以金奏赞阳出滞也。三曰姑洗，所以修洁百物，考神纳宾也。四曰蕤宾，所以安靖神人，献酬交酢也。五曰夷则，所以咏歌九则平民无贰也。六曰无射，所以宣布哲人之令德，示民轨仪也。为之六间，以扬沈伏，而黜散越也。元间大吕，助宣物也。二间夹钟，出四隙之细也。三间仲吕，宣中气也。四间林钟，和展百事，俾莫不任肃纯恪也。五间南吕，赞阳秀也。六间应钟，均利器用，俾应复也。

律吕不易，无奸物也。细钧有钟无镈，昭其大也。大钧有镈无钟，甚大无镈，鸣其细也。大昭小鸣，和其道也。和平则久，久固则纯，纯明则终，终复则乐，所以成政也，故先王贵之。（《国语·周语下》）

律，度也，指制造乐器的尺寸长短也。"三"指天地人三才。"六"，分六律、六吕；六律为阳，配以乾卦六爻，六吕为阴，配以坤卦六爻。六律：黄钟、太簇、姑洗、蕤宾、夷则、无射也。六吕：林钟、仲吕、夹钟、大吕、应钟、南吕也。六律与六吕，合称十二律，并配以十二月。十二月份春夏秋冬四季，春生，夏长，秋收，冬藏，四季变化，乃天之六气作用的结果。如此，十二律便与天之六气以及人的生命活动联系起来。六律与六吕相间，以调和阴阳二气，以十二律平和声之高低强弱。

综上所述，和论与气论是先秦生命哲学思想的两块基石，在此基础上，易论构建了系统的生命哲学原创论。和论与气论都论及三个重要概念，即"和""平""气"，并反复论述三者之间的密切关系。首先，和论与气论都认为"和"与"平"密切相连，二者是因果关系："平"是"和"的原因；"和"是"平"的结果。其次，和论与气论都认为，"和"与"平"是生命存在的前提，"气"则是生命活动的原动力；"平"转化为"和"是以阴阳"气"为动力，是阴阳二气互动相摩所达到的均势平衡，"气"即"平"与"和"的媒介与推动力。最后，一阴一阳之谓道，道的阴阳二气通过礼乐教化调节社会人生的各种关系，尤其是人的不同生命欲望所形成的关系，使之"和"。实施礼乐教化，是中国古代社会走向文明的主要举措。中国古代以"和"为最高境界的礼乐活动，其实质是人的一种高尚的生命精神活动，可以调节人的生命活动使之"和",可以调节社会各种关系以及人与自然的关系使之"和"。

三 "易象"——生命的起源与养育

在具体论述易论的生命哲学思想之前,先考察一下《易传》的著作权应该属于谁。司马迁说:"孔子晚而喜《易》,序《彖》《系》《象》《说卦》《文言》。读《易》,韦编三绝。曰:'假我数年,若是,我与易则彬彬矣。'"(《史记·孔子世家》)孔子自己也说:"加我数年,五十以学易,可以无大过矣。"(《论语·述而》)可见,孔子对《易》的重视,学《易》是孔子早已定下的读书计划。孔子活了70多岁,50岁学《易》,时间是充足的。他不仅学习、思考、把玩,且进行解读、发挥,并写出述评即《易传》。这是孔子"述而不作"的代表作,也是春秋战国时代最高水平的哲学著述。孟子说:"孔子,时之圣者也。孔子之谓集大成。集大成也者,金声而玉振之也。金声也者,始条理也;玉振之也者,终条理也。"(《孟子·万章下》)孟子所谓"时之圣",是说孔子是那个时代(春秋)的圣人,其表现是继承并加以综合发展前辈学说而取得巨大成就。所谓"集大成",当然是指孔子的学术思想成就。中国古代学术思想产生于西周末春秋初,形成于整个春秋时代。孔子的生命活动于春秋时代末期(公元前551—前479年),乃是"集"春秋300年学术思想之"大成"。春秋时期的学术思想是什么?主要就是春秋生命哲学原创论。孔子解读《易》的生命意识而成为理论形态,并融和前辈的和论、气论与礼乐教化思想于一体,构建了系统的生命哲学思想,从而取得巨大成就,这就是《易传》之易论。孟子所说的"金声而玉振",是借助礼乐之声像,譬喻孔子学术思想的深远影响。《易传》的生命哲学思想,不是首创,而是继承与发展了前辈的学术成果,因而是"集大成"。考察一下春秋时代的卿大夫、士、史官、医官、乐师与战国时代各学派的重要人物,还有谁既继承和论、气论、礼乐论的思想观点而又进行创造性的发展，并且具有孔子那样学《易》的决心与态度，进而解读出这样高水平的生命哲学著述？历史不会忘记这样的人。孔子作《易传》虽无直接证据，但许多旁证与推论说明，《易传》的著作权非孔子莫属。司马迁《史记》之记载是可信的，古人与现代学术界很多人认同司马迁这一说法。但也有一些人否认司马迁的观点，认为《易传》是战国人所作，却又说不出战国时那个人或那些人所作。从《易传》的内容看，孔子的思想占主导地位，特别是和论、礼乐论与生命价值论的思想观点同《论语》如出一辙。战国时代，礼乐的政治制度层面已彻底崩坏，墨家"非乐"，道家否定礼乐教化，不可能写出《易传》这样作品，是毫无疑问的。应该肯定，这是儒家的作品。但作为儒家的代表人物孟子、荀子以及孔子弟子中的"七十二贤人"，虽然继承孔子思想，坚持礼乐教化与仁义的生命价值思想，却与《易传》的撰写毫无瓜葛。以上诸人都不可能作《易传》，战国时代还有哪一位哲学家既同意礼乐仁义观点又能达到《易传》的哲学水平？说《易传》是战国人所作，却又说不出具体人、具体论据以证之，只以某些零散的观点、说法为据，就下断语，是一种不负责任的态度。从历史的时代水平看，《易传》也有战国时代的某些思想、说法，但远远动摇不了孔子思想的主导地位。据此推断，也应该是孔子作《易传》在先，直到战国时代不断有人做某些加工、篡改，而成为如今的模样。但著作权仍属于孔子，不可随意转嫁给加工、篡改而又不知名姓之人。

《易传》由《彖传》上下、《象传》上下、《系辞传》上下和《文言传》《序卦传》《说卦传》《杂卦传》十部分组成，又称《十翼》。刘勰说："人文之元，肇自太极，幽赞神明，易象惟先。庖牺画其始，仲尼翼其终。"（《文心雕龙·原道》）刘勰也十分肯定孔子作《易传》。《易传》之易论，是孔子解释《周易》的卦象及其文字说明而发挥的。"易"就是六十四卦之卦象，而卦象就是对各种生命活动加以高度的抽象为爻象（小象），六爻而组成卦象，象征着生命活动非常复杂的关系、景象、意义。卦象是古人"仰观俯察"生命活动的对象化意识，"象"就是象征、表象各种生命活动的关系、意义，这就是"立象"以表达人的心意。

《易传》之论"易"，有"易象"之"易"与《易》书之"易"的区别。"易象"之"易"，专论乾坤二卦象。《易》书之"易"是论乾坤之后的六十二卦象。"易象"，本包含在《易》书之"易"中，由于地位特殊，故以"易象"别之。"易象"论从宏观的角度总论万物生命的起源与生命的养育，赞颂天地"生生"之大德。"易"则论述其他六十二卦象，主要论述人的生命活动，论述人的生命活动之"始生"——"有夫妻"。有夫妻，才产生伦理关系、政治等级关系，并且以"礼义"调和这些社会关系。此乃是人的生命活动不同于动物生命活动的文化特征。易论认为人的生命是从动物进化而来的，人的生命既与动物生命同根又有本质的不同。这种不同的主要表现是人有文化，有历史，可以反观自己的生命活动。中国先秦生命哲学的思想观点是历史的真实，与西方古代"上帝造人"的神话谬说相反对，直与西方现代科学进化论相媲美。

（一）"生生之谓易"——"易象"之内涵

易象——乾坤二卦象，在六十四卦中的地位特殊，起引领作用，故而独立命题。刘勰所说的"易象惟先"，即"易象"居六十四卦象之首，具有统领作用。易象论专释乾坤二卦象，总论天地万物生命的起源与养育。

易象论之"易"是什么？《易·系辞传》云，"生生之谓易，成象之谓乾，效法之谓坤"。"乾"（☰），"坤"（☷），二卦象合则称"易象"，其内涵是"生生"，其意义就是天地万物生命的起源与养育生长。其表现形态，就是乾象天，坤法地，合起来称"易象"，象征天地生养万物生命之大德。《系辞传》又云："是故易者，象也；象也者，像也。象者，材也。爻也者，效天下之动者也。""像也""材也""效天下之动者"，都是解释"象"的。"象"是模拟万物生命之象，"材"是模拟生命之象所用的材料即线条，"象"是卦象。卦象分"大象"（卦象）与"小象"（爻象），"大象"是由多种材料（六爻与文字说明）构成的。实际上，是一种动态结构之象，因为六个爻象是表示物之"动"与"变"的。其实"动"也是"变",不过是量变,而"变"则是质变。要而言之,"易象"的含义就是"生生",其表现形态就是"象"即生命之象与其"动""变"过程。"易象"不是一般的形象,不是模仿实际事物的静态之形象,而是由抽象线条构成的象征"生命"的动态结构之抽象。如,乾卦之六爻取龙之象,"大明终始,六位时成,时乘六龙以御天"(《象传》)。这里的"龙"象,不是"龙"的形象,而是"龙"的生命之象,是"立象以尽意"的"意象"。

《系辞传》说:"八卦成列,象在其中矣。因而重之,爻在其中矣。刚柔相推,变在其中矣。系辞焉而命之,动在其中矣。"这句话,首先是说八经卦的象,其次是说六十四重卦之卦象与爻象。八经卦之象是:乾(☰)、坤(☷)、震(☳)、巽(☴)、坎(☵)、离(☲)、艮(☶)兑(☱)。《说卦传》云:"乾为马,坤为牛,震为龙,巽为鸡,坎为豕,离为雉,艮为狗,兑为羊。乾为首,坤为腹,震为足,巽为股,坎为耳,离为目,艮为手,兑为口。"八卦可以代表生命之象,又可代表生命活动性能之象:"乾,健也。坤,顺也。震,动也。巽,入也。坎,陷也。离,丽也。艮,止也。兑,悦也。"卦象的"变"与"动",是由六十四重卦的爻象显现出来的。如,八经卦之重卦可以表征父母及其所生子女的关系。《说卦传》说:"乾天也,故称乎父;坤地也,故称乎母。震一索而得男,故谓之长男。巽一索而得女,故谓之长女。坎再索而得男,故谓之中男。离再索而得女,故谓之中女。艮三索而得男,故谓之少男。兑三索而得女,故谓之少女。"父是纯阳,母是纯阴,阴阳相交即"索"而生子女。总之,八经卦及其六十四重卦所代表的生命活动之象,是灵活多变的,并不限于以上几种。圣人所立之卦象,不是凭空臆造的,而是模拟天地万物生命之"象"之"动"之"变"而创造出来的。也就是说,"象"是虚拟的,是圣人"拟诸其形容,象其物宜",不是像其"形",而是像其"意"。可见,所谓"易者,象也;象也者,像也"。"像"什么?不是像物之形体,而是像物之"生命活动"。因为只有"生命活动",才能把"象""动""变"都包含在内,而一般的物象是像形的，静的，死的，不是生命之象。

《系辞传》云："天地之大德曰生。"这里的"生"，就是生命的起源、生养、生存之意。也就是说，化生、养育包括人类在内的世间万物的生命，乃是天地的最大功德。"天地之大德曰生"，是由"易象"表征的，而"易象"就是乾坤二卦象的合称，所以"天地之大德曰生"由乾坤两卦象分别表征就是"生生"；前一个"生"是乾元之德，后一个"生"是坤元之德，两个"生"含义有所不同，这是应该注意的。乾卦的《彖传》载：

> 大哉乾元，万物资始，乃统天。云行雨施，品物流形，大明终始，六位时成，时乘六龙以御天。乾道变化，各正性命，保合太和，乃利贞。首出庶物，万国咸宁。

伟大啊乾元！他主宰天命，始创万物，是万物生命起源的根本，各种品类的生命活动状态和气质禀性特征，都是由"乾道"命定的，所以，由乾所代表的天乃是万物生命之"资始"。所谓"资始"就是生命的起源，生命的创始。《系辞传》中的"天命"，意思就是天始创生命。乾卦的《彖传》，是解释元亨利贞的，这里只说"乾元"。坤卦的《彖传》载：

> 至哉坤元，万物资生，乃顺承天。坤厚载物，德合无疆，含弘广大，品物咸亨。牝马地类，行地无疆，柔顺利贞，君子攸行。先迷失道，后顺得常。西南得朋，乃与类行；东北丧朋，乃中有庆。安贞之吉，应地无疆。

高尚的坤元啊！她含弘广大，厚德载物，顺从天意，以丰厚的资源供养万物，是生命成长壮大和繁衍之根基，因此，由坤卦所代表的地，乃是执掌万物生命"资生"之职。所谓"资生"，就是养育生长之意。坤卦的《彖传》是解释元亨利牝马之贞的，这里只释"坤元"，以与"乾元"相区别。区别的主要表现是：乾元是"万物资始，乃统天"，坤元是"万物资生，乃顺承天"；乾是统领，坤是顺从。

（二）"生生"二字，形同而义别

从以上可见，由"易象"所表征的"天地之大德"，就是生命之起源和生命之养育二义。因此"生生"二字，形同而含义并不完全相同。"易象"所展示的"天地之大德"，合而言之曰"生"，分而言之曰"生生"。"生生"叠用，前一个"生"是指乾元"资始"即化生、创生，生命从无到有；后一个"生"是指坤元"资生"即养生，养育、成长，生命从小到大。"生生"含义的不同，是由天、地的地位不同决定的："天尊地卑，乾坤定矣。"（《系辞传》）"天尊地卑"，决定了乾坤二者是主从关系：乾则"统天"即主宰天命，而坤"乃顺承天"即顺从天命。地位不同，职司也不同。《系辞传》云："乾知大始，坤作成物，乾以易知，坤以简能。易则易知，简则易从。"这里的"知"可训"主"或训"管"。乾主管始创生命，坤主管养成生命。乾创造生命是不难的，自然的；坤养成生命，也是简而不繁的，是顺（乾之）理成章的。合起来说，乾坤之"生生"是自然而然之事，是默默无为的。乾元之"生"与坤元之"生"，不仅称谓、含义不同，其表象也相区别。《系辞传》云："夫乾其静也专，其动也直，是以大生焉。夫坤其静也翕，其动也辟，是以广生焉。"乾主动，也有静；坤主静，也有动。乾之称"大生"与坤之称"广生"，正表现在乾与坤的"动"与"静"的性能之象的不同上。乾之"静"专一，其"动"则直遂向前，全无窒碍，所以"直"。乾静专动直，就其形质说，无所不包，无所不能，所以叫"大生"。坤的"静"是"翕"。"翕"作动词用是鸟的两个翅膀一张一合的意思，作为名词用就是两个半面合而为一。坤之"动"是"辟"，"辟"就是"翕"之开合，两半面一张一合就是坤的动。坤的静翕动辟，是说他的容量和能力无比开阔，所以叫"广生"。其实，"大生"与"广生"的不同，也是来自"立象以尽意"的——取象不同。乾像天，天高大，主宰天命，创造生命，其"权力"至高无上，所以是"大生"。坤像地，地广大，厚德载物，顺从天命而养育生命，所以叫"广生"。要而言之，乾元之"生"，谓之"资始""大始""大生"；坤元之

"生"，谓之"资生""成物""广生"。足以说明，"生生"之原义，并不像有些人所解释的那样，是生而又生、进而又进之义；如果有这种含义，也是后起义而不是本义。

（三）乾健坤顺，"阴阳合德"

乾与坤的不同地位，不同职司，不同称谓，也表现为乾与坤的性能之不同。乾卦的《象传》曰："天行健，君子以自强不息。"坤卦的《象传》曰："地势坤，君子以厚德载物。""地势坤"，就是"地势顺"；顺应"天行健"。正因为二者性能不同，二者"合德"起来便神力无穷。《系辞传》云："乾，阳物也。坤，阴物也。阴阳合德而刚柔有体，以体天地之撰，以通神明之德。""阴阳合德"，也就是乾坤合德，优势互补，表现出天地无比的创造力，创造并养育丰富而多样的万物生命的不同体性，表现乾坤合德的神明功力。乾与坤的性能不同，不是对立矛盾的，而是和谐一致，相辅相成的，因而其力量广大通神。《系辞传》云：

> 生生之谓易，成象之谓乾，效法之谓坤，极数知来之谓占，通便之谓事，阴阳不测之谓神。

> 是故阖户谓之坤，辟户谓之乾，一合一辟谓之变，往来不穷谓之通。见乃谓之象，形乃谓之器，制而用之谓之法，利用出入，民咸用之谓之神。

乾与坤的"阴阳合德"的伟力与"一合一辟""往来不穷"的神通，都体现了"天地之撰"的功力是无限的，这就是"神"。"神"是"阴阳合德"的力量，也就是乾坤"健"与"顺"优势互补的合力。"阴阳合德"之力之大是无法测算的，是不可知的，因而谓之"神"。《系辞传》曰："一阴一阳之谓道。""道"是阴阳相推而运行之谓，也是"阴阳合德"的神力。又说："形而上者之谓道。""道"是天地运行的总规律，也是不可测的。"道"与"神"两个概念，在《易传》中多次出现，都是表示天地自然的运行规律、能动力量，是无限的、不可测的，而不是人格神。

乾坤两卦象的主要内容就是"生生"，而"生生之谓易"，说明乾坤二卦象涵盖了"易象"之全部奥义。乾坤两卦是展示万物"生生"的天地之象，所以乾坤二卦象合一就是"易象"；"易象"一分为二就是乾坤二卦象。《系辞传》云："乾坤其易之缊耶？乾坤成列而易立乎其中矣。乾坤毁则无以见易。易不可见，则乾坤或几乎息矣。"这里的"易"，显然是"易象"之"易"，而不是《易》书之"易"。"缊"与"蕴"相通，皆蕴含之义。这是说，"易象"之奥义完全蕴藏于乾坤两卦象之中，所以，"乾坤毁则无以见易"，也就是"易象"毁便无法见到"生生"了！"易象"是天地之象的"摹本"，是天地之"道"之"神"的动、变展示。

"易象"之乾坤两卦居六十四重卦之首，其地位是特殊的。《系辞传》曰："乾坤其易之门邪？"说明乾坤两重卦是其他六十二重卦的首领，占有统领全局的地位，如同两扇大门一样起关键作用。

（四）"男女构精，万物化生"

《序卦传》的第一句话就是："有天地然后万物生焉。"乾坤两卦象征着天地创生养育万物的生命，天地是万物生命终极根源。《易传》的作者用字是很讲究的，乾坤两卦的"始生"，是前面所说的"乾元资始"与"坤元资生"的合义。天地为万物生命的起源与生养开辟时空，提供丰富的物质基础和广大的生存环境。天地又通过阴阳二气"合德"而使万物产生精纯之物，为生命具体产生创造物质前提。《系辞传》云："天地氤氲，万物化醇；男女构精，万物化生。""氤氲"就是地气上升，天气下降，交会融和所造成的氛围并气化精醇之物，为万物生命的产生提供物质条件。"万物化醇"，"醇"也是精，精醇同义，可训为阴阳一体的生命物质。《系辞传》有"精气为物，游魂为变"的话，"醇"指生命原质，"物"就是生命。经过"男女构精"，阴阳一体的生命原质化生为独立的生命个体，并且有男女的区别。"男女构精"之"男女"，在这里不是专指人，而是包括动植物的雌雄牝牡在内。天地是万物生命的终极根源，"男女构精"则是生命产生的具体根源，阴阳二气则是连接终极根源与具体根源的纽带，气化是生命产生的原动力。

综上所述，易象论之"生生"就是天地"始生"万物生命。"始生"是乾元"资始"与坤元"资生"的合义，是讲万物生命的起源与养育，这就是"易象"之"生生"之本义。天地之"始生"，是说天地是万物生命的终极根源。天地通过阴阳二气交感相摩而有"男女构精"之"始生"是生命的具体产生，既与天地之"始生"相联系，又不同。但作为生命的构成与生命所依托的环境是一样的，都以"和"为生命的前提，都以"气"为生命的原动力；易象论把和论与气论融贯于自己的思想体系之中。乾卦的《象传》云："乾道变化，各正性命，保合太和，乃利贞。首出庶物，万国咸宁。"坤卦《象传》载："万物资生，乃顺承天。坤厚载物，德合无疆。"天地是"和"的，所以才"始生"万物。《象传》云："天行健，君子以自强不息。""健"，是天之性能。天乾之所以能"健"，是因为地坤能"顺成天"，能"德合"于天，"以体天地之撰"。天地合德，阴阳调和，"庶物首出，万国咸宁。"天地总是合和的，所以万物生命才能生生不息。

四 人的生命活动的文化特征

《易》书乾坤两卦之后，专论人的生命活动。六十二卦是以人的生命活动为基本线索贯穿起来的；其排列次序如同六十二个前后衔接的环节所构成的生命活动链条，象征着人的生命活动的发展衍变的历史过程。《序卦传》在论述卦与卦的关系中间，有一段话很有启发意义：

> 有天地然后有万物，有万物然后有男女，有男女然后有夫妻，有夫妻然后有父子，有父子然后有君臣，有君臣然后有上下，有上下然后礼义有所错。

这段话的逻辑关系可简化如下：天地—万物—男女—夫妻—父子—君臣—上下—礼义，前者皆是后者的原因或根据。这一生命活动链条，实际上有三个"始生"，即天地"始生"万物，包括有生命与无生命之物，说的是生命的起源与养育；第二个"始生"，是万物"始生"男女，具体谈生命的产生；第三个"始生"，是夫妻"始生"人类，具体谈人的生命的产生。三个"始生"处于不同的层次，是天地自然进化、发展的三个不同的阶段，而人类是这个进化过程的最高阶段。因为人产生了生命意识，成为"类的存在物"（马克思语），因而创造了文化。从而使人的生命发生脱胎换骨的衍变，与动物有了本质区别，产生了生命精神，成为万物生命进化、发展的高级阶段。《序卦传》的这一论述，充分说明人的生命是从动物生命中进化而来的。古代圣贤这一哲学洞见，否定了上帝造人，与西方现代进化论不谋而合，令人惊叹。

（一）"有夫妻"——人的生命之"始生"

《序卦传》认为，"有夫妻"是人的生命之"始生"，是区别于动物生命的开始。因为"有夫妻"才有"父子""君臣""上下"等伦理关系与政治等级关系的发生，而"礼义"则是贯穿于这些关系的纽带，是调节整个社会人伦政治关系的凝聚力。夫妻关系是生理关系与伦理关系的合一，只有夫妻结合，才能生儿育女产生人的生命，才能有父子相传延续人的生命，并形成长幼尊卑的伦理关系；在伦理关系的基础上，才产生君臣上下的社会政治等级关系。这一历史发展、进步，"有夫妻"是创始，是关键。因而婚配嫁娶、夫妻结合乃是人生中的大事、喜事，《周易》作者非常重视。在六十二卦中，有四卦是专论婚姻嫁娶与夫妻关系的。

第三十一卦"咸"（☶ 艮下兑上）与三十二卦"恒"（☳ 巽下震上），都是论述夫妻关系的。《彖传》曰："咸，感也。柔上而刚下。二气感应以相与。止而说，男下女，是以亨利贞，取女吉也。天地感而万物化生，圣人感人心而天下和平。观其所感，而天地之情可见矣。"所谓"咸"即"感"，就是男女相互感应而产生情爱。所谓"二气感应以相与"，就是阴阳二气相摩互应交感相融，这显然是指夫妻相互感应而交媾。并且是"相与"而和，相"止"（节制）"而说"，即夫妻相交媾是很欢乐的，但需要"礼义"的节制。

紧接"咸"后是"恒"。《彖传》载："恒，久也。刚上而柔下。雷风相与，巽而动，刚柔皆应，恒。恒亨无咎，利贞，久于其道也。天地之道，恒久而不已也。利有攸往，终则有始也。日月得天而能久照，四时变化，而能久成，圣人久于其道而天下化成。观其所恒，而天地之情可见矣。"这是说，天地之道与人伦之道是一体的，圣人久于观照天地之道，才感知体会天地化成万物生命的道理。夫妻之关系也应像天地之道那样恒久，不可朝三暮四。人们常在婚礼上祝福新婚夫妻天长地久、忠贞不二，其思想大概是来源于此。《序卦传》曰："夫妻之道不可不久也，故受之以恒。恒者，久也。"总之，"咸""恒"二卦都提倡夫妻之情爱要贞固恒久，要合乎"礼义"。

第五十三卦是"渐"（䷴巽上艮下），也是讲夫妻关系的。"渐"，进也。但不同于一般的进，而是渐进、缓进、有序的进。也就是按照"礼义"所规定的程序进行。"渐"卦卦辞曰："渐，女归吉，利贞。"《彖传》曰："渐之进也，女归吉也。进得位，往有功也。进以正，可以正邦也。其位，刚得中也。止而巽，动不穷也。"这是说，"渐"之进，能做到像"女归"那样稳妥有序则吉。"进得位"，是指阴阳二爻各居其位（初、二、三、四、五、上六位，初、三、五为阳，二、四、上为阴），就是位正，因而利贞。"渐"卦取象于婚嫁系统之群象，而爻象是"鸿"，即取象于鸿雁。鸿雁是一种水鸟，群行有序，往来以时，和"渐"之意义贴近。"渐"卦之爻取象于鸿雁，象征着婚姻爱情。各爻的系辞如下："初六，鸿渐于干。小子厉，有言，无咎。""六二，鸿渐于磐，饮食衎衎，吉。""九三，鸿渐于陆。夫征不复，妇孕不育，凶。利御寇。""六四，鸿渐于木，或得于桷，无咎。""九五，鸿渐于陆，妇三岁不孕，终莫之胜，吉。""上九，鸿渐于陆，其羽可用为仪，吉。"六爻之象是什么意义，太烦琐，这里不能细说。只说明六爻都取鸿雁为象，由于这一生命之象所处的不同的时间地点，象征夫妻关系中各自应具有的言论和态度。总之，从订婚、嫁娶到夫妻结合、形成家庭，都要遵照礼义程序进行。守礼则吉，违礼则凶。

紧接"渐"卦之后是"归妹"（☳ 震上兑下）。《序卦传》云："渐者进也。进必有所归，故受之以归妹。"此卦也是讲婚配嫁娶及夫妻关系的。但与"咸"卦、"恒"卦、"渐"卦不同。前三者卦辞都是或吉或利，都很好，而"归妹"却是凶卦，其卦辞曰："归妹，征凶，无攸利。""归妹"卦是兑下震上相重卦。从卦象看，兑下震上，"说以动"。"说以动"就是快乐而动，显然是指男女交欢而"动"。但"动"不当即不符合礼义而快乐就会变得不吉利。"归妹"卦的六爻中，二、三、四、五爻都不在正位，初与上虽位正，却是阳在阴下，其实也不算正。"归妹"卦，下体是"兑"，"兑"为少女；上体是"震"，"震"为长男。少女在长男之下，少女从长男，其情"说以动"即情感快乐而欢动。这样的婚姻结合，男女之情胜过夫妻之义，不符合古礼观念。古礼要求夫妻之义重于男女之情，因而也是不正的。"归妹"概念，还隐含一个历史典故，即"帝乙归妹"。帝乙是帝辛（纣王）之父，他曾把自己的妹妹屈尊嫁给臣下作娣。"泰"卦六五爻辞和"归妹"卦六五爻辞，都提"帝乙归妹"这件事，可见有历史根据的。六五爻位居尊，是女中最为尊贵的，故取"帝乙归妹"之象。商代诸侯一娶九女，有嫡有媵有姪娣。帝乙把自己的妹妹嫁与诸侯作姪娣，而不是嫡夫人。女子出身虽尊贵，也要像"帝乙归妹"那样作姪娣，要从夫从嫡。这是礼制，不能违反。归妹卦六五爻辞曰："帝乙归妹，其君之袂，不如其娣之袂良。"即是说，娣之衣冠华丽超过嫡夫人，就有夺嫡之嫌，而夺嫡违礼必凶。

（二）"礼义有所错"——文化是社会关系的凝聚力

以上的"咸""恒""渐""归妹"四卦，专说婚姻嫁娶及夫妻关系之事。从这四卦中，可以清楚地看到，"礼义"在古代婚姻嫁娶与夫妻关系中所起的重要作用。"礼义"不仅调节夫妻关系，也调节伦理关系、政治关系，是联结整个社会关系使之和谐统一的凝聚力，即《序卦传》所说的"礼义有所错"。

"礼义"是什么？就是礼仪规范、道德观念、仁义思想，一言以蔽之，就是文化精神。"礼义有所错"，就是说文化思想渗透在各种关系、各种制度以及道德规范中起调节、凝聚作用，因而社会才统一有序。说到底，伦理关系、社会政治的"凝聚力"，就是文化。人类有文化，是根源于人有生命意识与人是"类的存在物"（即社会存在）。人的生命意识与"类的存在"互为因果：因为"人有意识"，人才是"类的存在"；因为人是"类的存在物"，人才有社会意识。人是社会存在，其生命意识是对象化意识，一端与生命个体相连，另一端与社会存在相连。当个体生命意识与社会意识有机统一起来便具有了普遍性；社会普遍意识赋以客观化的物质形式就是文化。中国古代的"文化"概念的含义，正是文明教化之义。"贲"卦的《彖传》云："贲亨（亨，衍字），柔来而文刚，故亨。分刚上而文柔，故小利有攸往，天文也。文明以止，人文也。观乎天文以察时变，观乎人文以化成天下。""柔来而文刚"就是刚柔交错、文质相副称，说的是天文。人文，是"文明以止"；"止"就是节制、调节，在这里就是教化之义，是说人类文明是靠教化得来的。古代"天文"就是天象，"人文"就是人文景观，"观乎天文以察时变，观乎人文以化成天下"，是中国古代"文化"概念形成的最早雏形。文化是在人类生命活动的历史过程中形成与发展的，历史过程中的"生命活动"，就是社会"大生命"的活动过程，其实质就是文化生命。文化生命已经扬弃生命中的个体而使个体生命意识融于人类的普遍意识之中，因而文化生命意识是普遍的，永垂不朽的。

五 人的生命活动有史可考

《系辞传》载："夫《易》彰往而察来，而微显阐幽，开而当名辨物，正言断辞，则备矣。"这是说《易》书既有历史价值，又有深刻的理论意义。"彰往而察来"，就是说，人有历史，因而可以反观过去，预见未来。这是人的生命活动与动物的生命活动明显不同的又一突出表现。

（一）中华民族"儿童时代"的社会理想

人的生命活动与动物的生命活动也有一致之处，都依靠自然提供的阳光、空气、水土、山石、动植物等，以满足居住、饮食等物质需要。但人与动物又不同，人有生命精神活动，精神的成长要有"精神食粮"；"精神食粮"既来自自然，又来自人类自己的文化创造。乾坤之后的第三卦是"屯"（䷂ 震下坎上），紧接着是"蒙"（䷃ 坎下艮上），是《易》论人的生命之始。《序卦传》云："屯者盈也，屯者物之始生也。物生必蒙，故受之以蒙。蒙者蒙也，物之稚也，物稚不可不养也，故受之以需。需者，饮食之道也。"生命一出生很幼稚，不能自力更生，需要父母的保护培养，使之成长，所以紧接屯、蒙二卦之后是"需"（䷄ 乾下坎上）。"需"，就是需要，幼儿生命成长最主要的"需"是"饮食之道"——饮食需要父母照顾，不能自食其力，这是人与动物的一致之处。屯蒙需三卦之后的五十九个卦，是专谈人的生命活动，彻底与动物生命活动分开。人的生命活动有"始生"，有终结，因而有历史过程，可以反观，可以思考，成为意识的对象化。这是人类独具的性能，是动物绝无仅有的。乾坤之后的六十二卦的排列次序不是任意的、偶然的，而是按照人的生命活动的发展衍变过程安排的，具有一定的次序。金景芳、吕绍纲说："自乾坤二卦往下安排，大体上有一个发展的脉络可见。乾坤反映天地即自然的初始，自然界先于人类产生，屯蒙讲天地间万物与人类之初生。有人有物便出现养的问题，故有需；有需有养便有争。争的结果，产生讼。较大的争执要用战争解决，所以讼卦之后是师卦。对于该争取又能争取的力量则必须加以团结亲比，故有比。小畜以生聚，履以辨洽。接着是泰。泰是《易》作者心目中最理想时代，是上古社会的极治，大概相当于尧舜时代。太过而否，否过而泰，自此而后的社会历史一治一乱地发展，而真正的、理想的泰似乎不会再来了。"① 我觉得，屯、蒙、需、讼、师、比、小畜、履共八

---

① 金景芳、吕绍纲：《周易全解》，吉林大学出版社 1989 年版，第 108 页。

卦，一卦就是一个时代，象征三皇五帝承前启后的历史发展过程。三皇五帝时代，是中华民族的"儿童时代"。这个时代都是圣人君子治理天下。《象传》曰："泰，小往大来，吉亨。则是天地交而万物通也，上下交而志同也。内阳而外阴，内健而外顺。内君子而外小人。君子道长，小人道消也。"就是天地亨通，阴阳调畅，万物生遂，人间安和。这是天地人圆融美满的理想世界，就是"泰"（☷☰乾下坤上）所象征的时代。这是圣人顺应天时地利治国理政与民同乐的时代，是"天下为公"的时代，而不是"天下为私"的"家天下"时代。三皇五帝传位都是选贤任能而不是任人唯亲，黄帝传位虽有"家天下"之嫌，传位给孙子，但作为黄帝后代的尧帝却开创了"禅让"时代。尧传位于舜而不是自己的儿子，舜继承尧而禅让于大禹，也不是传位给自己的儿子。尧舜相继禅让——任人唯贤，"君子道长，小人道消"，致使中华民族的"儿童时代"进入了完美的理想境地。大禹虽不愧为圣贤，却否定了禅让，把政权交给他的儿子，开辟了血缘相传的"家天下"时代，这就是"否"卦（☰☷坤下乾上）之后夏商周三代的漫长的历史过程。从此不是"天下为公"而是"天下为私"的"家天下"。

　　我们从《论语》中看到，孔子政治上反对世袭，主张任人唯贤，赞美尧舜禅让。对古代三皇五帝三王众多圣贤人物中，最推崇尧、舜与周公三人，因为他们都是长治久安的缔造者。之所以长治久安，最主要的是他们交接政权、维护政权都不是靠政治武力打压，也不是任人唯亲，而是选贤任能，靠圣贤治国理政，靠礼乐教化走向文明。我们从《易传》中进一步看到，孔子的理想是"泰"所象征的大同世界，推崇的理想人物是尧舜与周公，而不是黄帝、大禹、汤王、文王、武王，其原因正在于此。这种推想，可以从"革"（☲☱离下兑上）、"鼎"（☴☲巽下离上）二卦得到说明。革卦鼎卦相联，就是革故鼎新、改朝换代之义。经过孔子的解释，我们知道革鼎二卦包含着"汤武革命"的历史经验。"汤武革命"是汤王征夏桀并取而代之；是武王伐殷纣并取而代之。大禹传位给儿子启建立夏朝，夏亡商立，殷亡周立，都是改朝换代，都是革鼎。革鼎的结果都是"家天下"，从而否定了尧舜的"禅让"，否定了"天下为公"，所以再也没有达到"泰"卦那样的理想境界。

（二）"彰往而察来"——人的生命活动可以反观可以预见

《周易》虽不是史书而是生命哲学，却也记有历史人物与事件，如三皇五帝及其发明创造，如"帝乙归妹""汤武革命"等事件。当然"帝乙归妹""汤武革命"在《周易》书中都是历史典故，而不是历史过程的具体记载。易论的六十二卦，每一卦都象征一个时代，六十二卦连接起来，则是一个悠久且无限延伸的人类生命"动""变"的历史过程与转变阶段。在六十二卦中，紧接"泰""否"二卦的"同人"与"大有"二卦，以及"大过"与"坎"二卦、"损""益"二卦、"革""鼎"二卦等，每对卦的卦义相反，是后者否定前者，是论人的生命活动辩证发展的过程阶段。这些卦是人类生命"动""变"发展阶段转化的界碑。这种不同发展过程、阶段是理论概括，不是具体事实的描述。因为《周易》是对人的生命精神活动衍变的论述，是人的生命活动的历史辩证法，而不是人的生命活动过程的历史事实记载与描述。

前面所说的六十二卦是"生命活动的链条"，主要是指六十二卦的排列次序从始到终，有发展过程，有变化阶段，并不是说卦与卦之间的联系都是因果性的。《序卦传》把六十二卦的排列，都解释成必然性的因果关系，实际上，有一些可以见出因果必然关系，有一些则令人感到很牵强。《周易》经过《易传》的解读，完全成为生命哲学思想。生命哲学是对人类生命活动衍变、发展的理论论断，而不是对人类生命活动发展过程的事实记载、描述，所以各卦之间的关系，是抽象的逻辑关系，而不是具体的因果关系。因为一卦就象征一个时代，一卦中的六爻构成人类生命活动"动""变"发展过程，就是一个历史阶段。卦与卦之间所涵盖的关系是很复杂的，是以事实为基础的因果关系所涵盖不了的。对于62个高度抽象符号组合而形成的卦象与抽象概念，如果不作出具体解释、分析，很难谈清它们之间的逻辑关系。所以我们所说的"牵强"绝没有责备古人的意识，而是提出问题，期望得到进一步的思考、解读。

易论指出，人的生命活动虽有不同的发展阶段，但整个历史过程却是无限延伸的。人所进行的某种生命活动即从事的某种政治活动或某种民生事业活动达到功成圆满，也就意味着这种生命活动历史过程结束，而新的生命活动发展阶段就要重新开始。这就是最末两卦"既济"（☲ 离下坎上）与"未济"（☵ 坎下离上）所象征的意义。《序卦传》云："物不可穷也，故受之以未济终焉。""既济"与"未济"两卦，正是说明前一个历史发展过程结束与后一个历史发展过程开始，这是人的生命活动"原始反终"的历史规律。

人的生命活动区别于动物的生命活动另一个重要标志，就是人有历史。历史是记载人类生命活动所发生的往事，通过文字、符号、图画等书写于书册，刻画在器物、山石之上，可以恒久流传，可以供后来人反观。当然，历史也属于文化，历史是人的生命活动的文化特征之一。钱穆说："普通我们说文化，是指人类的生活；人类各方面各种样的生活汇合起来，就叫它做文化。但此所谓各方面各种样的生活，并不是专指一时性的平铺面而言，必将长时间的绵延性加进去。譬如一人的生活，加进长时间的绵延，就是他的生命。一国家一民族各方面各种样的生活，加进绵延不断的时间演进，历史演进，便成所谓'文化'。因此文化也就是此国家民族的'生命'。"① 也就是说，表现时间过程的历史，也就是表现人类生命活动的历史，所以，历史与文化都是记载人类"大生命"活动过程的。

六　"穷理尽性以至于命"——人的生命精神之修养

人的生命活动，既是生命机体的又是生命精神的，机体活动与精神活动有机联系构成人的生命活动整体。人的生命精神活动和生命机体活动，理论上可以分说，实际上却不可以分割。因为人的生命精神活动是不能离开生命

---

① 钱穆：《中国文化史导论》，商务印书馆1994年版，第231页。

机体的，而人的生命机体活动是有意识的，是在人的意识目的引导下进行的，生命机体活动也不可能没有生命精神表现。人的生命机体活动与生命精神活动，二者可以偏重，却不可以偏废。这种偏重，如说人有脑力劳动与体力劳动、精神生活与物质生活的区分，其实二者不能截然分开，各自独立，因为它们都属于人的生命活动整体。下面要说的生命精神修养，也是对生命精神活动的偏重，并不是说生命机体根本不参与这种修养。生命精神修养，主要是指人的知性、德性、情性的培养，提高认识，顺从"天命"，以便充分发挥做人的生命活动性能，这就是"穷理尽性以至于命"之谓。

（一）君子之道德修养

在六十二卦中有很多卦都论及人的道德修养。孔子很重视道德修养，从六十二卦中选出九卦加以系统论述。《系辞传》载："是故履，德之基也。乾，德之柄也。复，德之本也。恒，德之固也。损，德之修也。益，德之裕也。困，德之辨也。井，德之地也。巽，德之制也。履和而至，谦尊而光，复小而辨于物，恒杂而不厌，损先难而后易，益长裕而不设，困穷而通，井居其所而迁，巽称而隐。"以上九卦之论，可以看出道德修养的系统性。"履"（☰ 兑下乾上），就是践行，道德是人的行为表现，所以"履"是道德修养基本出发点。"谦"（☷ 艮下坤上），就是谦虚，不自满；谦虚才能有进步，德性才能有增益，所以是道德修养的关键。"复"（☷ 震下坤上），是反复，这里是反省之义。道德修养主要靠反省自己的善性，摆脱外在的不道德影响，故而是道德修养的根本。"恒"，是恒久贞固之义，道德是操守、原则，不可朝令夕改，要靠恒心固定之。"损"（☶ 兑下艮上）与"益"（☴ 震下巽上），是从两个相反方面谈道德修养：一方面是要减损、去掉不道德行为；一方面是增益、完善道德品质。"困"（☱ 坎下兑上），是困难、困境之义。有没有道德，在困境中最能辨别，困境也是锻炼道德意志的好机会。"井"（☵ 巽下坎上），水井，养人利物，居而不改，故立水井之象，喻人之道德修养当如此。"巽"，风象，风之性能为入为顺而贵断，是说人的道德行为发自内心，因此要深入仔细思考裁度，以便顺时制宜。下面以"履""谦"二卦为例，加以具体说明，以见一斑。

第十卦"履"，其卦辞曰："履虎尾不咥人，亨。"这个卦辞很有意思。取象是跟随凶猛的老虎走，处于生命危险的境地，却是大吉大利。"履"卦之体是兑下乾上，八卦中乾是至刚健，而兑是至柔顺，以柔顺履刚健之后是险象，但事实上并不发生危险。因为履卦的下体是兑，兑即悦，以和悦履乾健之后就不会有危险，也就是"履虎尾不咥人"，反而很顺利。《彖传》曰："履，柔履刚也，悦而应乎乾，是以履虎尾不咥人，亨。刚中正，履帝位而不疚，光明也。"从道德修养的角度说，履卦上体乾刚健在前，下体兑柔顺随后，顺从健行，必然顺利。上体处九五之尊位，中正直遂，光明磊落；下体处卑位，理应谦卑自出，顺遂天道。上下两个方面都是美德。

第十五卦"谦"，其卦辞曰："谦，亨，君子有终。"谦卦紧接"大有"（☲ 乾下离上）。《序卦传》云："有大者不可以盈，故受之以谦。""大有"就是所有是"大"，是富有。"大有"，即富有，是发展的结果。但事物发展都有一定限度，不能满盈；满盈就要发生质变。说明人对物之占有不能追求满盈，以此譬喻人的道德不能自满，而要谦虚。"谦"，就是有德而不居的谦虚之人，就是君子，"谦"卦初六爻称作"谦谦君子"。"谦"卦的六爻，都是讲应该如何修养君子之德的。《彖传》云："谦，亨。天道下济而光明，地道卑而上行。天道亏盈而益谦，地道变盈而流谦，鬼神害盈而福谦，人道恶盈而好谦。谦尊而光，卑而不可逾，君子之终也。"人有"谦"的精神品格，就能处理好人际关系，做到"君子和而不同"，就能不断地进步。

道德修养的目的是什么？孔子针对九卦也有论述。《系辞传》载："履以和行，谦以制礼，复以自知，恒以一德，损以远害，益以兴利，困以寡怨，井以辨义，巽以行权。"道德是人性的根本表现，是高尚人格精神形成的基础。从孔子关于"九德"修养的论述，一言以蔽之，就是"尽性"。所谓"尽性"：一方面要不断地进行自我完善，做一个合格的人；另一方面要尽量发挥自己的性能，做一个有益于社会的人，乃至做一个"毫不利己专门利人"的高尚的人。

道德修养与智慧修养是密切联系在一起的。因为人处于天地之间，人的生命活动不仅与天地自然形成对象性关系，人与人之间也是对象性关系，因为人是社会存在，不是独来独往的。既然是对象性关系，人的生命活动（包括道德活动）就存在一个对对象的认识问题。《系辞传》载：

> 圣人设卦观象系辞焉而明吉凶，刚柔相推而生变化。是故吉凶者失得之象也，悔吝者忧虞之象也，变化者进退之象也，刚柔者昼夜之象也。六爻动，三极之道也。

从根本上说，六爻之动、变，乃是"表象"天地人三才之道的。圣人设卦观象系辞，就是为了认识人道如何才能顺应天地自然之道。《说卦传》载：

> 昔者圣人之作《易》也，幽赞于神明而生蓍，参天两地而倚数，观变于阴阳而立卦，发挥于刚柔而生爻，和顺于道德而立于义，穷理尽性以至于命。

所谓"穷理尽性以至于命"，《中庸》所说的一段话可以说就是对这句话的注解："天命之谓性，率性之谓道，修道之谓教。"有"道"必有"教"（师）；有"教"必有"学"；"学"与"教"都是为了认识、掌握"道"的。"道"是什么？就是"率性"，就是"尽性"；学道就是为了把握性命之"理"（规律）。所以"穷理尽性以至于命"，就是穷究性命之理，因而才能"知天命"。

（二）君子之智慧修养

人的生命活动不是完全依赖自然进化，而是靠自己的思想意识修养才能不断地提高、发展，才能顺应各种环境继续前进。孔子强调要认真研读《周易》，就要了解、认识圣人是如何撰写《易》的，也就是要知道圣人如何观照天地之象，如何静观生命之动之变，如何幽赞神明。《系辞传》说：

　　是故夫象，圣人有以见天下之赜，而拟诸其形容，象其物宜，是故谓之象；圣人有以见天下之动，而观其会通，以行其典礼，系辞焉以断其吉凶，是故谓之爻。

　　孔子认为研读《易》，只有"与易彬彬矣"，才能做到安时处顺，静观其变，动静行止不失其时，做到应对自如。这就是君子智慧、胆识的修养、锻炼。以下两例是谈君子之智慧、胆识修养的。

　　第五十一卦"震"（☷ 震下震上），为震之纯卦。其卦辞曰："震来虩虩，笑言哑哑，震惊百里，不丧匕鬯。"卦义是讲人的心态与涵养的。"震来虩虩"，是说人遇大事本来有一种恐惧感。但是有涵养的人，却是"笑言哑哑，震惊百里，不丧匕鬯"。也就是说，遇事不惊的人，即使发生惊天动地之大事，也是言笑自若，手里拿的匕鬯（祭祀用的木具、酒杯）不会掉，端的酒不会洒。《象传》曰："震亨。震来虩虩，恐致福也。笑言哑哑，后有则也。震惊百里，惊远而惧迩也。出，可以守宗庙社稷，以为祭主也。"以上是就卦象卦辞而言，而六爻之象之辞，其本象也是雷是震，爻辞也是讲"震来"之时人的心态与涵养，只是由于六爻有阴阳的性能不同和上下的位置不同，因而象征人的心态与涵养有各种不同的表现罢了。震卦取惊雷震惧之象，反衬出具有"大将风度"的人却安如泰山的生命精神。

　　紧接震卦是"艮"（☶ 艮下艮上），为艮之纯卦。《序卦传》说："震者动也。物不可以终动，止之，故受之艮。艮者止也。"艮卦的卦辞是："艮其背，不获其身，行其庭，不见其人，无咎。"这里最为重要的是"艮其背"一语。"背"取象于人的背部，"背"是人的身体中唯一止而不动又是自己不得见的部位，因而是最好的止所。当然，止也不是随意的，而是要止其时，止其所。正如《象传》所云："时止则止，时行则行。动静不失其时，其道光明。艮止也，止其所也。上下敌应，不相与也。是以不获其身，行其庭不见其人，无咎也。"卦象取人身之背，卦辞也是就人背之象所作的说明。而六爻之象，也是取与背密切相关的人身其他器官。"艮"，是艮下艮上相重的纯卦，卦象是上一阳爻，下有二阴爻。"艮"重卦的六爻的爻辞（为省笔墨，只说爻象，不释爻义）分别是：初六"艮其趾"，"趾"，脚趾，动止皆起始于此。六二"艮其腓"，"腓"，腿肚，自己不能动而随股之动而动。九三"艮其限"，"限"是人体的上体与下体交际之处即腰胯。六四"艮其身"，"身"是人体腹上膈下的部位。六五"艮其辅"，"辅"，即口，人说话的器官。上九"敦艮吉"，"敦"，厚也，笃实。除了上九取之人的笃实之象（人的精神），其余五爻象都取人身之器官之象，都是人的生命机体活动之象，以形容人的生命精神涵养。

孔子认为，《易》书的内容博大精深，对天地万物及人生都有深入的探赜研究。《系辞传》云："易与天地准，故能弥纶天地之道。仰以观于天文，俯以察于地理，是故知幽明之故。"又说："夫乾确然示人易矣，夫坤隤然示人简矣。爻也者，效此者也，象也者，像此者也。爻象动乎内，吉凶见乎外，功业见乎变，圣人之情见乎辞。"乾象天之日月星辰风雷云雨以及四季昼夜交替等，都是有常可准，有数可推，乾象示人以"易"；坤象地之山川草木鸟兽鱼虫以及人之劳作耕耘，坤象示人以"简"。"易""简"是说乾坤二卦象，把复杂的天地运转变化都以简易的符号而"立象"，以便于人们的直觉把握。虽然乾坤之象"易""简"，但并不是人人都能法天地之象、认识自然规律而行动。因为有些人对天地之象常常是习而不察，视而不见。他们对《易》书的学习研读不感兴趣，无兴趣便无进取，也就学不到《易》书的智慧。《系辞传》载：

> 是故君子所居而安者《易》之序也，所乐而玩者爻之辞也。是故君子居则观其象而玩其辞，动则观其变而玩其占，是以自天祐之，言无不利。

这段话是说应该怎样学习研读《易》，才能把握天地之规律。这段引文，前后出现两个"居"字，其意义是不同的。"前'居'字不是起居的居，是'居仁由义'的居，总言身之所处要'居仁由义'；后'居'字是对动而言静，有素常的意思。《易》之序，即 64 卦之序，序是时序。64 卦的排列次序不是偶然的，是有意义的。一卦代表一个时代，一个时代有一个时代的特点。如否卦是天地隔绝，否塞不通的时代，君子处在否的时代，就要俭德辟难，顺时而行，居而安之。"① 也就是说，君子处在否塞时代需要安时处顺，静观其变，因而要研习圣人之《易》。"居则观其象而玩其辞，动则观其变而玩其占"，这样才能不违天命，得天祐之，逢凶化吉，远祸近福。《系辞传》说："极天下之赜者存乎卦，鼓天下之动者存乎辞，化而裁之存乎变，推而行之存乎通，神而明之存乎其人。默而成之，不言而信，存乎德行。"又说："夫《易》，圣人之所以极深而研几也。惟深也，故能通天下之志；惟几也，故能成天下之务；惟神也，故不疾而速，不行而至。"《系辞传》认为，《易》书是"至精""至变""至神"的。圣人作《易》之"至精"，所以能穷极事物的深刻奥义；之"至变"，所以能揭示几微不显的事理。"惟深也"，故能通天下之事理；"惟几也"，故能成就天下之事业；"惟神也，故不疾而速，不行而至。"这里的"神"，是说《易》书的智慧力量是无限大的，具有神力。"神"虽不可测，但"神而明之存乎人"，圣人作《易》书就显示了这种无比的神力。

（三）君子之情操陶冶

情操陶冶不同于道德修养、智慧修养，更需要生命整体论方法，也就是《易传》所说的仰观俯察、直觉体验的方法。通过俯仰观照天地之象，直觉把握天地万物运转、变化之理以及生命活动之情状，并"近取诸身，远取诸物"而设卦立象，"以尽情伪"。因为人的情感是流动不居的，最能体现生命"动""变"的特征。要使人的自然情感陶冶成符合道德原则的操守——情操，必须运用能引起情趣的美感形式，尤其是乐舞活动。这正是生命哲学原创论非常重视礼乐教化的根本原因。《系辞传》说，天地生养万

---

① 金景芳、吕绍纲：《周易全解》，吉林大学出版社 1991 年版，第 464 页。前面对于卦象的解释也参考此书，在此表示感谢，恕未一一注明。

物，都是默默无为的，是圣人"立象以尽意"才把天地"生生"之"大德"宣示出来。人们通过直觉观照与生命体验的功夫，才能"穷理尽性以至于命"，才能推究"性命之理"。孔子说，研习圣人之《易》书，要"乐而玩者爻之辞""观其象而玩其辞""观其变而玩其占"。孔子为什么不说学《易》要刻苦钻研、严肃思考，而说"乐而玩者"，一再强调"玩"？因为情操陶冶是在兴趣活动中进行的，无兴趣就无法进行情操陶冶。人的精神修养，需要读书，需要老师教导，这是一般情况。但情操陶冶，不同于一般的精神修养，不是抽象的思维认识，而是能激发情趣的实践活动。这种实践活动是美感的、艺术的，是感性与理性的统一，因而能激情导欲，使情感得到定向发展、提高。

著书立说都是用语言文字写成，圣人为什么要"立象以尽意"？《系辞传》载："子曰，书不尽言，言不尽意。然则圣人之意其不可见乎？子曰，圣人立象以尽意，设卦以尽情伪，系辞焉以尽其言，变而通之以尽利，鼓之舞之以尽神。"这段话明确告诉我们，书与言都有局限性，不可能把圣人之意完全表达出来，都说清楚。人的生命活动现象，有的可以认识，可以说明，即"系辞焉以尽其言"。然而，生命活动的很多方面靠言辞就说不清楚，尤其是情感、心意方面，单靠言语就无法完全表达，所以圣人要"立象以尽意"。也就是设卦、立象、系辞焉，把直观体验的意会与言辞说论结合起来，才能全面地整体地把握人的生命活动。"设卦以尽情伪"，即是说，一卦由六个爻象构成，六爻有上下尊卑的关系，又有阴阳之位正与不正的关系，通过这两种不同关系的演变、发展、转化而喻示吉凶祸福，以陶冶人的自然之情转化为礼义之情，这就是"尽情伪"。"变而通之以尽利"，即是说，六爻象都是表示动与变的，生命之动变是利是害只靠言辞也说不清楚，因此"观其变而玩其占"，通过占卜以便趋利避害，就是"尽利"。"鼓之舞之以尽神"，也就是说，人的生命情感、精神表现更是语言文字难尽其神情状态，因此要通过手之舞之、足之蹈之的舞蹈动作才能"尽神"。圣人如此"尽意"，而对于我们，就是要用圣人这种生命整体论方法，把观照生命之象与文辞说明以及占卜结合起来研习，才能深入理解体会圣人之意。《系辞传》从以上四个方面说明，人的生命活动单靠语言说不明白，尤其"意""情""神"三个方面，包含着人的生命感受、情感体验、心理意识活动，只可意会而不可言传。这些解释，都在说明《易》书是研究生命活动的，因此要用生命整体论方法，也就是直觉观照、感知、体验。这是生命整体论的把握方式，是"立象以尽意"表现方法，并把这种表现方法与文字说明结合起来，才能直觉把握天地万物之情理。这种把握方式与表现方法，是从古圣先王那里学来的。《系辞传》云：

> 古者包牺氏之王天下也，仰则观象于天，俯则观法于地，观鸟兽之文，与地之宜，近取诸身，远取诸物，于是始作八卦，以通神明之德，以类万物之情。

"观象于天""观法于地""观鸟兽之文与地之宜"，这正是生命整体把握方法，依此而设卦、立象、系辞，"以通神明之德，以类万物之情"。如此才能激发"乐而玩"的情趣，才能"尽意""尽神""尽情伪"。这是陶冶情操最为有效的方法。

（四）"乐天知命"的生死观

人从哪里来？又到那里去？如何看待人的生命价值？如何看待人的生与死？《易传》之易论做了明确的回答。《说卦传》载：

> 昔者圣人之作《易》也，将以顺性命之理，是以立天之道曰阴与阳，立地之道曰柔与刚，立人之道曰仁与义。

天道、地道、人道都是圣人设卦立象所求之道，以便认识人生，指导人生。《系辞传》曰："《易》之为书也，广大悉备，有天道焉，有人道焉，有地道焉，兼三才而两之，故六，六者非它也，三才之道也。"即是说，《易》书博大精深，用六爻叠成的卦象，代表着天道（上二爻）、人道（中二爻）、地道（下二爻），人道居中，象征着它是在"天父""地母"的怀抱中而生、而立。说明天地人三才是一体的，人道之"仁义"归根结底来自于天道与地道的"阴阳"与"柔刚"。

《系辞传》载："与天地相似，故不违。知周乎万物而道济天下，故不过。旁行而不流，乐天知命，故不忧。安土敦乎仁，故能爱。""与天地相似"，是说《易》中所载就是模拟天地之规律与性命之理，所以学习、研究《易》就能做到顺乎自然，不违天命。"乐天知命故不忧"，"安土敦乎仁故能爱"，圣者不忧，仁者能爱，故而能快乐地安享于天地之间，也快乐地看待人的生与死。《系辞传》又载：

> 原始反终，故知死生之说。精气为物，游魂为变，是故知鬼神之情状。

"精气为物"之"物"是什么？就是生命。气之精聚、充实就是人的生命之形成；气之变化、佚散就是人的生命气化为游魂，也就是生命之死。气是人之生命活动之原动力，也是决定人之生与死的根本：气之聚是生，气之散是死，气也是人之生死转化的动力。总之，人从"物"到"游魂"的变化，从人到鬼神的变化，都是来自气之聚散转化。因此人之生死"情状"，就是气之衍变之"情状"。生死是可知的，没有什么神秘的，认识了气之聚散变化之规律就是"知天命"。气聚到气散，气散到气聚，这种"原始反终"的变化过程，也正是人的生命从生到死、从死到生的过程。物有始终，人有生死，如同日月运转、昼夜交替，都是自然运行之规律。生死是物质变化之常理，无须大惊小怪。《易传》的作者孔子对生死看得很明白、态度很明智，毫无宗教迷信的神秘主义成分。既乐生，也不畏死，面对生死，皆处之安享。当然，孔子对于生与死还是有区别的，不是道家那种"一生死"，而是重生而轻死。孔子认为人生（人的生命）是有价值的，也就是《论语·里仁》所说的："朝闻道夕死可矣。"有生命可以"成仁"，可以"取义"，可以为社会"大生命"做贡献。为此，孔子愿意舍弃自己的生命而换来人类

"大生命"的价值意义。

总而言之，生死循环往复，天命不可违。生来"敦乎仁"，能爱，"居仁由义"，"道济天下"。死去"成仁""取义"，对社会有贡献，就是有价值、没白活。这样，上者不愧于天，下者不愧于地，中者不愧于心，自然心安理得。生之固然快乐，死亦安然如归。这便是孔子所树立的"乐天知命""知生死之说"的生死观。

第二章　战国生命哲学原创论
分流衍变及其发展

概　述

　　春秋时期所形成的生命哲学原创论发展到战国时代，新的历史机遇，促使原创论这一古源分流而衍变，随着不同学派而有不同方向的发展。战国时代，学术思想呈现"百家争鸣，百花齐放"的局面。不同学派相继产生，各立门户；各学派思想观点标新立异，并发生热烈的争论。各个学派所研究所论述的对象，远远超越生命哲学的狭小范围；所争论的问题，并不都和人的生命活动直接相关联。生命哲学原创论的思想体系已无法完整地包含于某个学派之中，其基本思想观点，被某些学派"各取所需"地吸收消化并加以发挥，从而使古源分流衍变而成为一些学派思想体系的重要组成部分。战国时代，各个学派的价值取向不同，对待生命哲学原创论的态度也不同。有的基本继承并进一步发挥、发展，有的批判地继承而另辟蹊径，有的按照自己的价值观需要加以吸收加以强调，已与原创论的基本方向脱轨。他们虽然取舍不同、发展方向不同，但都把生命哲学原创论作为他们学术研究的思想资源。在战国诸学派中，儒家、道家、墨家、杂家比较明显地接受春秋生命哲学原创论的思想影响。他们对于生命哲学原创论这一思想资源，进行不同程度、不同方向的发挥与发展。

春秋生命哲学原创论，是以人的生命活动（包括个体生命与社会"大生命"）与礼乐教化为主要论述对象。礼乐教化也是人的生命活动，其实质是高尚的生命精神活动。春秋时期"礼崩乐坏"，礼乐教化蜕脱政治制度的硬壳，变成儒家的思想形式与纯粹教育。礼乐教化活动创造"和"的氛围，调节人的生命欲望，调和人际关系，使人的生命活动旺盛、健康，使社会和谐安定，民生和乐如一。一言以蔽之，礼乐教化是调节个体生命与社会"大生命"之"和"的根本举措。礼乐教化活动还可以养生治病，以防止食色之"淫欲"所产生的疾病。因而春秋生命哲学原创论一经产生，便同艺术与医学形成密切关系，对中国艺术与医学的发展产生了深远的影响。中国古代文艺理论著作《乐记》《文心雕龙》，医学著作《黄帝内经》等，是春秋生命哲学思想影响的突出表现。中国艺术与中医学都可以治病、养生，前者侧重于涵养生命精神，后者侧重于养育生命机体。中国艺术创造、审美观照与中医看病、治病，都继承了春秋生命哲学原创论的直觉观照体验的生命整体论的把握方式与"立象以尽意"的表现方法，其影响从古一直贯穿至今。

春秋生命哲学原创论的思想影响很广泛，甚至有些泛化。中国最早一部经典之作《尚书》，也有生命哲学原创论的思想影子。《尚书·商书》载："汝万民乃不生生，暨予一人猷同心，先后丕降与汝罪疾曰：'曷不暨朕幼孙有比？'故有爽德，自上其罚汝，汝罔能迪。"又："往哉生生！今予将试以汝迁，永见乃家。"（《盘庚中》）复又："朕不肩好货，敢恭生生。鞠人谋人之保居，叙钦。今我既羞告尔于朕志若否，罔有弗钦！无总于货宝，生生自庸。试敷民德，永肩一心。"（《盘庚下》）《盘庚》篇是商王盘庚迁殷所写的告示，告诉臣民迁都的理由，多次提到"生生"。不过，这里的"生生"已与原义有所不同，不是说生命的起源与养育，而是谋生、营生之义，显然是"生生"的后起义。"生生"最早提出的应是《易传》，而《尚书》产生于殷周之际，早于《易传》上千年，不可能先于《易传》提出"生生"概念。《尚书》的版本几经变迁衍化，经过一个漫长的历史过程，最后版本形成于汉代，语言文字岂能保持原型？古书的语言文字，其传播媒介与载体是人的口、耳以及甲骨、金、竹、帛等，经过多次传承转换，含义岂能不变化？即使大义可以近似，语言文字随着时代变迁必然改变模样。因此，"生生"虽见之于《尚书》，但可以肯定不是殷周人用语，而是汉人附会的，因为现在流行的《尚书》版本形成于汉代。再如《老子》也谈"生生"，说有的人一心谋求长生不死，结果却短命而亡，"夫何故？以其生生之厚"（《老子·五十章》）。"生生之厚"就是太贪生了，求生欲望太重反而折寿。很显然，这里的"生生"也不是原义，而是衍生义。《老子》一书不是老子的"手笔"，而是战国人追写的。可以断定，"生生"也不是老子用语。

一　儒家"生生"之论

儒家鼻祖孔子是古代生命哲学原创论的主要构建者，儒家学派自然地继承了春秋生命哲学原创论思想。无论和论、气论还是易论，都是儒家思想的重要构成部分。尤其春秋生命哲学原创论所论述的重要对象——礼乐教化与仁义道德，始终是儒家生命论、艺术论乃至整个思想理论所论述的主要对象。儒家的生命哲学思想不仅继承了先秦生命哲学原创论思想，而且进一步进行发挥，尤其对人的生命价值的论述，如孟子的仁义论、荀子的礼乐论，大大发展了春秋生命哲学原创论思想。所谓"生命价值"，就是人的生命活动所体现出的普遍社会意义，所表现出的高尚的人格精神。例如，儒家所说的"杀身成仁""舍生取义"，"仁"与"义"以及礼乐教化所追求的"和""乐"境界，都是生命价值论，表现一种高尚的生命人格精神，体现社会"大生命"的普遍意义。

（一）"天"是生命的起源，"道"在天地之中

孔子的生命哲学思想，以"天"为生命的终极根源。《易·系辞传》云，"天地之大德曰生"，又曰，"天地氤氲，万物化醇。男女构精，万物化生"，

"一阴一样之谓道"。生命哲学原创论认为，"天尊地卑"，天地的地位是不同的。"天"是万物生命之主宰，是生命哲学的最高范畴。《易·说卦传》载："昔者圣人之作《易》也，将以顺性命之理，是以立天之道曰阴与阳，立地之道曰柔与刚，立人之道曰仁与义。兼三才而两之，故《易》六画而成卦。分阴分阳，迭用柔刚，故《易》六位而成章。""仁义"与"阴阳""柔刚"三对范畴分别表示人道、天道与地道内在的对立统一关系。天地人三才是一体的，而以天道为根本。"天道"就是阴阳之气互动相摩而产生的运动规律与力量。可知，儒家生命哲学的"道"，是在天地之中。"天道"，从生命活动的角度讲，就是"天命"，是左右生命生老病死的规律力量。圣人对"天道"的认识、把握，就是"天理"。生命哲学原创论的这些基本观点，孟子、荀子等儒家完全继承下来。《孟子》一书，有几十处讲"天"。"天"是主宰万物生命与社会人生的自然力量，而不是上帝神灵。孟子曰："天油然作云，沛然下雨，则苗浡然兴之矣。"（《梁惠王下》）"天不言，以行与事示之而已矣。"（《万章上》）"莫之为而为者，天也；莫之致而至者，命也。"（《万章上》）总之，"天"代表自然的规律力量，是万物人生的主宰。《孟子》一书，以"天吏""天位""天职""天禄""天爵"等概念，表明职位爵禄的最高意义。《荀子》一书，设专章论"天"即《天论》，视"天"为自然，生养人与万物生命。《天论》说："列星随旋，日月递炤，四时代御，阴阳大化，风雨博施，万物各得其和以生，各得其养以成。不见其事而见其功，夫是之谓神。皆知其所以成，莫知其无形，夫是之谓天。唯圣人为不求知天。"这里的"神"，与生命哲学原创论一样，不是上帝神灵，而是不可知不可测的自然之伟力。这段话，正是"生生之谓易"的另一种表述。《天论》认为，人的生命器官与知觉情志都是来自于"天命"的恩赐，所以荀子称好恶喜怒哀乐为"天情"，称能感知的五官为"天官"，称人心为"天君"，称生命之生养为"天养"，称主宰人之祸福得失者为"天政"。这些都说明"天命"在人的生命活动中所起的最高权威作用。"圣人清其天君，正其天官，备其天养，顺其天政，养其天情，以全其天功。"如此，就是圣人"不求"而"知天"。儒家不仅继承了春秋生命哲学原创论的基本观点，也对"天道""天命"等进行了具体发挥。

（二）孟子生命价值论与高尚的生命人格

孟子是春秋生命哲学原创论的重要继承者与发挥者。生命哲学原创论关于生命的起源与养育是天地自然而不是上帝鬼神，礼乐教化可以调节个体生命与社会"大生命"和谐一致等主要观点，他都继承、坚持下来。但孟子对春秋生命哲学思想的发展最大贡献，是对生命哲学的仁义论——生命价值论的具体发挥，从而使原创论的生命价值思想得到进一步发展，高扬了生命人格精神。前面所说的三才之道即"天道""地道""人道"，都是人的生命应该顺从之道。天地之道赋予人的生命性能是自然无为的，人道是人的有为之道，即仁义之道是人类自己走出来的，是自为的，在万物生命中是特有的。但是，仁义作为人的生命之道也是以顺从天道为根本。因此，儒家"仁义"之道乃是"替天行道"。"仁义"是孔子及儒家人生哲学的最高范畴，也是孟子生命价值论最根本的一对范畴。

1. 仁是生命价值本体，义是生命价值实现

"仁义"是讲生命价值、意义的，"仁义"之"道"就是人道，是做人应该走的人生之路。孟子说："仁，人心也；义，人路也。舍其路而弗由，放其心而不知求，哀哉！"（《告子上》）所谓"人心"，就是人的生命之心，是"爱"的出发点，是"人路"之心源。所谓"人路"，就是人生之正道，是人的生命践履，是以"爱人"为目的。但"人心"又不是一般人的生命之心，而是"仁者"之心即圣人之"仁心"。"仁心"是同情之心、赤子之心，初心、诚心、真心。孟子又说："自暴者，不可与有言也；自弃者，不可与有为也。言非礼义，谓之自暴也；吾身不能居仁由义，谓之自弃也。仁，人之安宅也；义，人之正路也。旷安宅而弗居，舍正路而不由，哀哉！"（《离娄上》）一个人能"居仁由义"，就可以成为居高位、引领众人走向幸福的"大人"。"大人"的心，就是"仁心"，仁慈而正义。孟子说："杀一无罪非仁

也，非其有而取之非义也。居恶在？仁是也。路恶在？义是也。居仁由义，大人之事备矣。"（《尽心上》）从孟子"居仁由义"之论可知，"仁"与"义"二者含义、地位是不同的。"仁"和"义"的内涵，都是关爱人的生命之大事。"仁"与"义"都是"爱"，但"仁"是"爱"的根源，即精神本体，"义"是"爱"的行为表现，是"爱"的目的之实现。"仁义"是高尚的生命精神、献身精神，是人的生命的最高价值。"居仁由义"乃是圣贤的胸襟与作为，是"人心"与"人路"的合一。能如此，就是表里一致、文质彬彬的圣贤君子。这样的人，才配做居高位、统领民众的"大人"。

　　"仁"与"义"相比较，"仁"是根本的。"仁"在孟子那里，就是爱护人的生命的意思。孟子以"仁"为词根，而有"仁心""仁政""仁言""仁声""仁义""仁人""仁民"等用语，都是指爱护人的各种生命活动概念。

　　《孟子·告子》上下篇，记载孟子与告子讨论人性问题，都是围绕仁义与爱人的生命活动而展开的，也是孟子生命价值论思想的突出表现。第一，孟子与孔子的观点一致，认为生命价值的主要表现不是"身"，即不是人的生命机体，而是生命精神，即"仁义"精神。孟子说："鱼我所欲也，熊掌亦我所欲也；二者不可得兼，舍鱼而取熊掌者也。生亦我所欲也，义亦我所欲也；二者不可得兼，舍生而取义者也。"这句话的重点是论人的生命价值：生是令人喜爱的，但行义更高尚，为了行义我决不苟且偷生；死是令人厌恶的，但有的事情比死更令人厌恶，为了阻挡这类坏事的发生，我不回避死。第二，仁义精神重于物质利益。秦楚构兵，有人要以利害关系去说服两家罢兵。孟子说，你用利害去说服，不如用仁义去说服。"先生以利说秦楚之王，秦楚之王悦于利，以罢三军之师，是三军之士乐罢而悦于利也。为人臣者怀利以事其君，为人子者怀利以事其父，为人弟者怀利以事其兄，是君臣、父子、兄弟终去仁义，怀利以相接，然而不亡者，未之有也。先生以仁义说秦楚之王，秦楚之王悦于仁义，而罢三军之师，是三军之士乐罢而悦于仁义也。为人臣者怀仁义以事其君，为人子者怀仁义以事其父，为人弟者怀仁义以事其兄，是君臣、父子、兄弟去利，怀仁义以相接也，然而不王者，未之有也。何必曰利?"孟子主张以仁义而不是以利害去说秦楚罢兵,因为仁义超越狭隘的功利主义而具有普遍的人生价值。"仁"是生命价值本体,"义"是生命价值的主要表现;"居仁由义"——仁心义行乃是生命价值的根本所在。第三,"仁者爱人","爱人",当然包括爱护自身。爱护生命,因而要注意养生。儒家、道家,都论述养生,提出养生的方法。孟子认为,对于生命要"兼所爱"与"兼所养",同时要注重主要方面。孟子说:"人之于身也,兼所爱。兼所爱,则兼所养也。无尺寸之肤不爱焉,无尺寸之肤不养也。所以考其善不善者,岂有他哉?于己取之而已矣。体有贵贱,有小大。无以小害大,无以贱还贵。养其小者为小人,养其大者为大人。今有场师,舍其梧槚,养其樲棘,则为贱场师焉。养其一指而失其肩背,而不知也,则为狼疾人也。饮食之人,则人贱之也,为其养小以失大也。饮食之人无有失也,则口腹岂适为尺寸之肤哉?"也就是说,生命是一个有机整体,爱护生命,养育生命,不是只爱养那一部分器官,而是生命的各个部分、各个器官,一言以蔽之,生命整体都需要爱养。生命整体是由各个部分构成的,各个部分也有主次之分,不能因小失大。他作譬喻说:"拱把之桐梓,人苟欲生之,皆知所以养之者。至于身,而不知所以养之者,岂爱身不若桐梓哉?不思甚也。"不认清生命官能主次、大小之别,而养其小,舍其大,乃是糊涂之人!第四,为了养生要注意自然环境生态平衡。孟子已经认识到,生态环境被破坏,不利于人生的存在与发展。他说:"牛山之木尝美矣,以其郊于大国也,斧斤伐之,可以为美乎?是其日夜之所息,雨露之所润,非无萌蘖之生焉,牛羊又从而牧之,是以若彼濯濯也。人见其濯濯也,以为未尝有材焉,此其山之性也哉?其所以放其良心者,亦犹斧斤之于木也,旦旦而伐之,可以为美乎?其日夜之所息,平旦之气,其好恶与人相近也者几希,则其旦昼之所为,有梏亡之矣。梏之反覆,则其夜气不足以存;夜气不足以存,则其违禽兽不远矣。人见其禽兽也,而以为未尝有才焉者,是其人之情也哉?故苟得其养,无物不长;苟失其养,无物不消。"(以上引文均见《告子》)要而言之,只有生态平衡,自然之美,人生才能存在,才可持续发展。如何"爱人"?孟子从大(社会)到小(个体）进行了全面论述。

2. 仁政：仁者无敌，与民同乐

孟子面对当政的君王反复讲要实行"仁政"，要爱护人民的生命，要与民同乐。反对滥用暴力，认为杀一无辜，就不是仁者。《孟子》首篇《梁惠王》议论的中心问题就是如何实施"仁政"。他对梁惠王说："地方百里而可以王。王如施仁政于民，省刑罚，薄税敛，深耕易耨；壮者以暇日修其孝悌忠信，入以事其父兄，出以事其长上，可使制梃以挞秦楚坚甲利兵矣。彼夺其民时，使不得耕耨以养其父母。父母冻饿，兄弟妻子离散。彼陷溺其民，王往征之，夫谁与王敌？故曰：'仁者无敌。'王请勿疑。"（《梁惠王上》）《孟子》的第二篇《公孙丑》，也是反复讨论实行仁政问题，认为"行仁政而王，莫之能御也"。孟子说："夫仁，天之尊爵也，人之安宅也。莫之御而不仁，是不智也。不仁、不智、无礼、无义，人役也。"孟子非常看重人的心性作用，认为人的同情之心乃是行仁政的根源。他说："人皆有不忍人之心。先王不忍人之心，斯有不忍人之政矣。以不忍人之心，行不忍人之政，治天下可运之掌上。"孟子认为，人的"不忍人之心"也就是同情之心。孟子主性善，认为同情之心是生来就具有的、天赋的。没有同情、恻忍之心，就不具备做人的资格。他说："由是观之，无恻隐之心，非人也；无羞恶之心，非人也；无辞让之心，非人也；无是非之心，非人也。"（以上均见《公孙丑上》）综上所述，孟子的仁政思想，不是讲述什么空洞大道理，而是围绕人民群众生命活动的现实遭遇——生死离合、饥饿困苦、生存毫无保障而发声。仁政，是孟子关爱人的生命特别是针对生命生存毫无保障的广大民众而提出的政治主张。不管仁政实现与否，作为社会上层人物的孟老先生，能有这样真诚的良心，是令人敬佩的。孟子是历史上最了不起的为民请命之人。在君主专制的时代，竟敢提出"民为贵""君为轻"的政见，不仅认识超前，胆气也是至大至刚的。

礼乐教化是春秋生命哲学论述的主要对象，孟子继承了这一思想。他把"礼义"作为实行仁政的根本标准；有"礼义"乃是礼乐教化的结果。孟子认为，乐舞活动可以调节君王与民众的和谐关系，因此主张君王要"与民同乐",不应该自乐。孟子认为乐舞活动,可以造成社会上下的和乐氛围,其价值是社会普遍的,不是个体性的。也就是说,古代乐舞活动是属于社会"大生命"的,具有普遍的教化作用,君王不应该把乐舞当作个人的享乐,而应该与民众共享。"为民上而不与民同乐者,亦非也。乐民之乐者,民亦乐其乐;忧民之忧者,民亦忧其忧。乐以天下,忧以天下,然而不王者,未之有也。"(《梁惠王下》)孟子反复劝说梁惠王要"与民同乐"。孟子说:

> 臣请为王言乐。今王鼓乐于此,百姓闻王钟鼓之声,管籥之音,举疾首蹙頞而相告曰:"吾王今好鼓乐,夫何使我至于此极也?父子不相见,兄弟妻子离散。"今王田猎于此,百姓闻王车马之音,见羽旄之美,举疾首蹙頞而相告曰:"吾王之好田猎,夫何使我至于此极也?父子不相见,兄弟妻子离散。"此无他,不与民同乐也。

> 今王鼓乐于此,百姓闻王钟鼓之声,管籥之音,举欣欣然有喜色而相告曰:"吾王庶几无疾病与,何以能鼓乐也?"今王田猎于此,百姓闻王车马之音,见羽旄之美,举欣欣然有喜色而相告曰:"吾王庶几无疾病与,何以能田猎也?"此无他,与民同乐也。今王与百姓同乐,则王矣。(《孟子·梁惠王下》)

这就是说,君王与民众之所以能"同乐",是由于"政和""人和"的缘故,而"政和"与"人和",正是乐舞活动所造成的环境氛围。如果没有"政和"与"人和"的社会环境,王与民不仅不能"同乐",而是相互敌视、对立,致使社会动乱不安。这是孟子对生命哲学原创论的"乐和"与"政和""人和"为一体的思想观点的具体发挥。"人和"的根本表现是人的生命活动之舒畅、快乐,而民众的生命活动之舒畅、快乐是以与社会环境、自然环境之和谐为前提。孟子要求统治者实行"仁政",反对暴政,其主要目的就是关爱人的生命,创造一种和谐环境,这种和谐环境既是社会的也是自然的。农业社会,人们对衣食住行等方面的生命需要,主要靠农业生产,靠对自然资源的加工。孟子对梁惠王说:

不违农时，谷不可胜食也；数罟不入洿池，鱼鳖不可胜食也；斧斤以时入山林，材木不可胜用也。谷与鱼鳖不可胜食，材木不可胜用，是使民养生丧死无憾也。养生丧死无憾，王道之始也。

五亩之宅，树之以桑，五十者可以衣帛矣。鸡豚狗彘之畜，无失其时，七十者可以食肉矣。百亩之田，勿夺其时，数口之家可以无饥矣。谨庠序之教，申之以孝悌之义，颁白者不负戴于道路矣。七十者衣帛食肉，黎民不饥不寒，然而不王者，未之有也。

狗彘食人食而不知检，涂有饿莩而不知发；人死，则曰，"非我也，岁也。"是何异于刺人而杀之，曰"非我也，兵也。"王无罪岁，斯天下之民至焉。（《孟子·梁惠王上》）

孟子认为，作为君王能不违天时地利而引导人民适时播种、收割，以使人民的生命及其衣食住行有保障，使人民安居乐业。这也是"行仁政"的重要方面。孟子说："地不改辟矣，民不改聚矣，行仁政而王，莫之能御也。且王者之不作，未有疏于此时者也；民之憔悴于虐政，未有甚于此时者也。饥者易为食，渴者易为饮。孔子曰：'德之流行，速于置邮而传命。'当今之时，万乘之国行仁政，民之悦之，犹解倒悬也。"（《公孙丑上》）实行仁政，消除暴政，天下太平，安居乐业，解除民众"倒悬"之苦，民众才能与王"同乐"。

3. "我善养吾浩然之气"与"至大至刚"人格精神

"气"是人的生命活动的原动力，这是春秋生命哲学反复讨论过的问题，孟子完全接受气论思想。但气论的生命价值表现在哪里，春秋生命哲学主要是从论述礼乐之"和"以及气在医治疾病中所起的调节作用中表现出来，而孟子是在论述人格精神修养中突出了"气"的价值意义。孟子的养气论，主要是介绍自己养气的经验，如何培养至大至刚的人格精神。对于"气"的生命价值，对于人格精神修养，孟子作了创造性的发挥。孟子认为，气既是"体之充"，又是人的精神表现。因此气不仅流通血脉，养生健体，更是高尚人格精神修养不可缺少的动力。孟子在和公孙丑的一段对话中，回答了气与志与心的关系。

（公孙丑）曰："敢问夫子之不动心与告子之不动心，可得闻与？"
（孟子曰：）"告子曰'不得于言，勿求于心；不得于心，勿求于气。'不
得于心，勿求于气，可；不得于言，勿求于心，不可。夫志，气之帅也；
气，体之充也。夫志至焉，气次焉；故曰：'持其志，无暴其气。'"（公
孙丑曰：）"既曰'志至焉，气次焉。'又曰'持其志，无暴其气'，何
也？"（孟子）曰："志壹则动气，气壹则动志也，今夫蹶者趋者，是气
也，而反动其心。"（公孙丑）"敢问夫子恶乎长？"（孟子）曰："我知
言，我善养吾浩然之气。"（公孙丑）"敢问何谓浩然之气？"（孟子）曰：
"难言也。其为气也，至大至刚，以直养而无害，则塞于天地之间。其为
气也，配义与道；无是，馁也。是集义所生者，非义袭而取之也。"（《孟
子·公孙丑上》）

要理解这段话的基本意思，首先要明了志、气、道三个概念的含义。这
里的志是指心，或曰心志；气是意气情感；道是人道。孟子曾说："仁也者，
人也。合而言之，道也。"（《尽心下》）人道，就是仁义之道。志与气的关
系，实际上是指心与感情的关系：心为帅为主，情为次为从。但二者不是机
械的决定关系，而是互动相依关系，谁也离不开谁，也就是"志壹则动气，
气壹则动志"。气作为生命的动力，只有与义与道结合起来，才能表现出至大
至刚的精神。否则就要气馁，因为没有"心志"的支撑，心志道德乃是意气
情感之主帅。在孟子看来，气贯穿于人的整个生命活动过程之中。气在体与
行动结合，经过涵养而使身体强壮，气力充沛；气在心则是思维意识的动力，
气与义、道相结合，便可养成至大至刚的"浩然之气"——刚健高尚的人格
精神。在孟子那里，气既是生命机体的活力，也是生命精神的活力。孟子的
"养气"说，是以培养高尚的人格精神为最高目标。"养气"主要是养心，而
养心主要是节制欲望。孟子说："养心莫善于寡欲。其为人也寡欲，虽有不存
焉者，寡矣；其为人也多欲，虽有存焉者，寡矣。"（《尽心下》）孟子对战国
时代身居政治高位的"大人"是藐视的，因为他们贪名图利，欲望膨胀，因
而人格低下，为孟子所不齿。他说，他们住高堂崇屋、深宅大院，吃喝玩乐，

"食前方丈，侍妾数百人"，"般乐饮酒，驰骋田猎，后车千乘"，如此骄奢淫逸，"我得志，弗为也"。"在彼者，皆我所不为也；在我者，皆古之制也，吾何畏彼哉？"（《尽心下》）又说："居天下之广居，立天下之正位，行天下之大道；得志，与民由之；不得志，独行其道。富贵不能淫，贫贱不能移，威武不能屈，此之谓大丈夫。"（《滕文公下》）这段话，就是"居仁由义"的进一步的展开，"居仁由义"是涵养的根源与过程，"大丈夫"就是涵养"浩然之气"，具有至大至刚精神的仁人义士。

4. 生命整体论的把握方式方法

从以上各节不难看出，古代生命哲学把握世界的方式方法也对孟子产生明显影响。特别是孟子所说的"与民同乐"与"吾善养浩然之气"，就其主要方面说，都不是抽象的说论，而是对生命活动表现的具体描述，还有只可意会不可言传的生命体验感受，论说与具体描写有机结合，进行生命整体把握与生命活动的具体表现。我们读孟子的议论散文，如同读文学作品，一点也不觉得枯燥，原因正在于此。这里举两例，进一步加以说明。孟子曰："舜发于畎亩之中，傅说举于版筑之间，胶鬲举于鱼盐之中，管夷吾举于士，孙叔敖举于海，百里奚举于市。故天将降大任于斯人也，必先苦其心志，劳其筋骨，饿其体肤，空乏其身，行拂乱其所为，所以动心忍性，曾益其所不能。"（《告子下》）这段话就是告诉人们这样一个道理：历史上许多执掌国家"大印"的人物，都是从社会下层的普通人经过各种艰难困苦的磨炼成长起来的。这样一个道理，可以通过对历史事件进行科学分析，进行逻辑推导、论证，最后得出一个抽象的结论。但孟子不用这种方法，而是用生命哲学的整体论的方式方法，用人的生命活动的具体现象描述这个道理。"苦其心志""劳其筋骨""饿其体肤""空乏其身"等都是生命受环境磨炼现象。"心志""筋骨""体肤""其身"构成生命整体，也就是身心一体。磨炼生命机体锻炼了生命精神，培养了担当"大任"的志向、才能。这样的结论，不是抽象的理论，而是感性与理性融和为一体的"立象以尽意"。再举一例，孟子说："广土众民，君子欲之，所乐不存焉；中天下而立，定四海之民，君子乐之，所性不存焉。君子所性，虽大行不加焉，虽穷居不损焉，分定故也。君子所性，仁义礼智根于心，其生色也睟然，见于面，盎于背，施于四体，四体不言而喻。"（《尽心下》）这是论性的，却不是抽象论证，而是生命具体描述，也是"立象以尽意"。生命哲学所运用的这种方法，是在生命整体把握的基础上进行表达，很有"艺术性"，因为生命哲学原创论所论述的主要对象包含着艺术（乐）与形式美（礼仪），因而生命哲学与艺术美便结下不解之缘。艺术用生命哲学的整体论的方式方法描写生命活动，创造生命之象，表现人的生命精神，就是这种"不解之缘"的生动表现。

（三）荀子礼乐论与"美善相乐"的生命理想境界

荀子与孟子都是儒家最重要的代表人物，都尊奉孔子为儒家学派的创始人，都继承、发展了孔子的思想，但发展方向并不相同。从生命哲学的维度而言，孟子从孔子的仁学出发，向人的生命之内在发掘，论仁义礼智之心源，论人性之善，从而构建了心性之学，主张"仁政"，强调教育；荀子则是从孔子礼乐论出发，向人的生命之外扩展，论礼乐教化对人的生命修养，尤其对人的心志、情感、欲望的节制、调和的巨大意义，论礼乐教化与刑政法治的密切关系。荀子与孟子相反，论人性之恶，构建"礼法"之学，认为"礼乐刑政一也"。荀子对于仁义的生命价值观点，与孟子的"居仁由义"一致。他说："君子养心莫善于诚，致诚则无它事矣，唯仁之为守，唯义之谓行。诚心守仁则形，形则神，神则能化矣；诚心行义则理，理则明，明则能变矣。"（《不苟》）荀子全面地继承生命哲学原创论的思想观点，而对生命哲学原创论的发挥、发展，主要表现在《礼论》《乐论》以及《天论》《修身》《性恶》等篇。荀子反对孟子的性善说，认为人性恶，礼乐教化是圣人"化性而起伪"的主要举措。因此，他专门论礼论乐，进一步发挥了生命哲学原创论，构建了系统的礼乐教化的生命哲学思想。

1. 全面继承生命哲学原创论思想

荀子对生命哲学原创论思想是全面继承，多方发挥。他的三十多篇文章

（《荀子》一书）主要是论政治、论道德，并以五帝三王时代的人物为楷模，大多都与人的生命活动联系起来。"人之生""人之养""人之性""人之情""人之欲"等，是他的政论德论所联系的现实实际。例如，《荣辱》篇说："凡人有所一同：饥而欲食，寒而欲暖，劳而欲息，好利而恶害，是人之所生而有也，是无待而然者也，是禹、桀之所同也。目辨白黑美恶，耳辨音声清浊，口辨酸咸甘苦，鼻辨芬芳腥臊，骨体肤理辨寒暑疾养，是又人之所生而有也，是无待而然者也，是禹、桀之所同也。"《王制》篇云："水火有气而无生，草木有生而无知，禽兽有知而无义；人有气、有生、有知亦且有义，故最为天下贵也。"《君道》篇载："道者，何也？曰：君子所道也。君者，何也？曰：能群也。能群者也，何也？曰：善生养人者也，善班治人者也，善显设人者也，善藩饰人者也。善生养人者人亲之，善班治人者人安之，善显设人者人乐之，善藩饰人者人荣之。"《强国》篇载："故人莫贵乎生，莫乐乎安；所以养生安乐者，莫大乎礼义。人知贵生乐安而弃礼义，辟之是犹欲寿而刭颈也，愚莫大焉。故君人者，爱民而安，好士而荣，两者无一焉而亡。"这类例子举不胜举，为节省文字，到此为止。以上所援引的言论说明，荀子论政治、论道德总是具体联系人的生命活动实际以说明一个道理，这是荀子普遍运用的一种方法。《荀子》全书，几乎到处都可以见到这种方法。这是一种生命整体论的方式方法，是受生命哲学原创论影响的结果。这一点，《荀子》与《孟子》是相同的。

当然，《荀子》一书，受生命哲学原创论的影响，不仅是方式方法的，更是内容的、观点的，荀子是全面地接受生命哲学原创论的影响。《礼论》《乐论》，集中表现了荀子的生命哲学思想。荀子的生命哲学思想主要针对人性恶而发挥的。这里以《性恶》篇为例进行具体评述。

《性恶》开篇即云："人之性恶，其善者伪也。""性恶"与"伪"是本篇两个关键词。荀子认为，性是天命所定，不可学，不可事。"今人之性，目可以见，耳可以听。夫可以见之明不离目，可以听之聪不离耳，不可学明矣。"荀子在《正名》中说："性者，天之就也；情者，性之质也；欲者，情之应也。之所欲可得而求之，情之所必不免也；以为可而道之，知所必出也。故虽为守门，欲不可去，性之具也。虽为天子，欲不可尽。欲虽不可尽，可以近尽也；虽欲不可去，求可节也。"欲"是天生的，无限的；"欲"的无限追求必然产生"争"；争则"乱"，乱则"暴"。"争""乱""暴"都是"恶"的表现，是"欲"无限追求的"恶果"。"情"是"性"的动态趋向，"欲"是"情"的表现。天铸就的这种人性，要作恶是必然的。所以，荀子认为人性"恶"。荀子提出"性"与"情"与"欲"三者的关系："情"是"性"之"质"即内在的实质；"性"是静的，而"情"是动的，但是内在的，而"欲"则是"情"外在表现。荀子认为，"欲"与"情"是"性"之表里。实际上，性恶就是表现在"情欲"上面；"情欲"乃是暴乱的根源。荀子云："今人之性，生而有好利焉，顺是，故争夺生而辞让亡焉；生而有疾恶焉，顺是，故残贼生而忠信亡焉；生而有耳目之欲，有好声色焉，顺是，故淫乱生而礼义文理亡焉。然则从人之性，顺人之情，必出于争夺，合于犯分乱理而归于暴。"总之，荀子认为人有情欲，而情欲追求无限，无限追求，从而残害人的生命，破坏等级制度与社会秩序，造成你争我夺、社会暴乱不安。为避免这种残暴混乱的局面出现，才有古圣先王制礼作乐。依礼对社会人群进行划分上下等级，区别尊卑贵贱，据此而定制度、礼法，立道德规范，实施礼乐教化。通过礼乐教化，提高人的觉悟，善化人的心灵情欲，调和各种矛盾，治国养民，使人做到安分守己，使社会和谐有序，这就是荀子所说的"化性而起伪"的目的意义。

荀子所说的"伪"，就是"人为"，与道家的"无为"相对待。荀子云："古之圣王以人之性恶，以为偏险而不正，悖乱而不治，是以为之起礼义、制法度，以矫饰人之情性而正之，以扰化人之情性而导之也。使皆出于治，合于道者也。今之人，化师法，积文学，道礼义者为君子；纵性情，安恣睢，而违礼义者为小人。""君子"与"小人"的根本区别：前者"道礼义"，后者"违礼义"；君子化"性恶"而向善，小人则拒绝礼义，固守"性恶"而不改。当然，圣人"化性而起伪"，对于"性恶"的根源即人的情欲不是要彻底铲除、挖掉，而是节制调和。因为情欲虽为"恶"的根源，却又是人的生命动力，天命所定，是天然合理的。彻底挖掉情欲，无异于挖掉人的生命，也是违背天命的。圣人很清楚这一点，既要保护人的情欲的天然合理性，又要对于过分的情欲追求加以节制调和，这正是"化性而起伪"的意义所在。荀子云："圣人积思虑，习伪故，以生礼义而起法度，然则礼义法度，是生于圣人之伪，非故生于人之性也。若夫目好色，耳好声，口好味，心好利，骨体肤理好愉佚，是皆生于人之情性者也；感而自然，不待事而后生之者也。夫感不能然，必且待事而后然者，谓之生于伪。是性伪之所生，其不同之证也。故圣人化性而起伪，伪起而生礼义。礼义生而制法度。然则礼义法度者，是圣人之所生也。圣人之所以同于众其不异于众者，性也；所以异而过众者，伪也。"（《性恶》）

可见，荀子所说的"伪"，就是人的作为、人的创造。人的生命产生于自然，但人的生命活动不完全依赖自然，不是像动物那样"自然无为"，而是既自然无为又有人为创新，既来自自然又超越自然。圣人"化性而起伪"正是如此。荀子的《修身》《礼论》《乐论》等，是荀子对圣人"化性而起伪"进一步的论证与发挥。

2. 修身与治气养心

首先要明确，荀子的"修身"之"身"不是单指身体，而是指人的生命。"修身"是修养人的生命，而不是只修养人的身体。生命是身心一体的，人的生命活动是肉体与心灵、生命机体与生命精神的有机统一，不可分割。"修身"是身心一体的修养，不是荀子的独特用语，而是儒家普遍适用的。例如人们常说的"修身齐家治国平天下"，这里"修身"也是身心一体的修养。荀子的"修身"是以"礼"为标准，而不是以寿命长短、力量大小来衡量。《修身》篇说："凡用血气、志意、知虑，由礼则治通，不由礼则勃乱提僈；食饮、衣服、居处、动静，由礼则和节，不由礼则触陷生疾；容貌、态度、进退、趋行，由礼则雅，不由礼则夷固僻违，庸众而野。"荀子把"修身"分为三大方面：一是血气、志意、知虑，也就是知、情、意的心理活动及其与之相应的情性、德性、智慧修养或曰精神生活方面之修养；二是饮食、衣服、居处、动静，也就是衣食住行的物质生活方面之修养；三是容貌、态度、进退、趋行，也就是行为举止方面之修养。三个方面都要符合礼。一言以蔽之，所谓"修身"，就是以礼为标准修养自己的身心践履与生命精神。"气"是人的生命动力，"血气"是贯穿人的全身心的，是身心修养的关键。因此要协调好阴阳二气，使二者相济合德，才能"治通""和节"。荀子说："以治气养生，则身后彭祖；以修身自强，则名配尧、禹。宜于时通，利以处穷，礼信是也。"（《修身》）

从上面的引文可以看出，荀子的"修身"也是重视修养精神，而把养形放在次要地位。荀子既说"治气养生"，又说"治气养心"，二者的区别正在于此。"治气养生"，就是修养身体寿命，强调身体；"修身"包含着身体"养生"，而强调的是心灵、精神方面的修养。《修身》载："治气养心之术：血气刚强，则柔之以调和；知虑渐深，则一之以易良；勇毅猛戾，则辅之以道顺；齐给便利，则节之以动止；狭隘褊小，则廓之以广大；卑湿重迟贪利，则抗之以高志；庸众驽散，则劫之以师友；怠慢僄弃，则炤之以祸灾；愚款端悫，则合之以礼乐，通之以思索。凡治气养心之术，莫径由礼，莫要得师，莫神一好。夫是之谓治气养心之术也。""治气养心"，"养心"强调人的精神修养，以礼为标准；"治气养生"，"养生"强调身体修养，以年寿为标准。荀子强调"养心"，更因为"心"在修身中起主导作用。他说："故欲过之而动不及，心止之也。心之所可中理，则欲虽多，奚伤于治！欲不及而动过之心使之也。心之所可失理，则欲虽寡，奚止于乱！故治乱在于心之所可，亡于情之所欲。""故无万物之美而可以养乐，无势列之位而可以养名。"（《正名》）当然，这里的"心"也是生命之心，但不是一般人之心，而是圣人"清其天君"之心，是"虚壹而静"之心，这种心是平和愉悦的。"心平愉"，"养目""养耳""养口""养体""养形"，都主于心不会受情欲的干扰，而是节制、引导情欲。

重要的是，要有圣人之"心"，要知礼守礼、尊师重教。知礼守礼需要老师教导，要向老师虚心学习，专心致志。荀子曰："礼者，所以正身也；师者，所以正礼也。无礼，何以正身？无师，吾安知礼之为是也？礼然而然，则是情安礼也；师云师云，则是知若师也。情安理，知若师，则是圣人也。"又云："君子贫穷而志广，富贵而体恭，安然而血气不惰，劳倦而容貌不枯，怒不过夺，喜不过予。君子贫穷而志广，隆仁也；富贵而体恭，杀势也；安然而血气不惰，柬理也；劳倦而容貌不枯，好文也；怒不过夺，喜不过予，是法胜师也。"（《修身》）这就是一个人修身养性、治气养心所应该追求的高尚目标。这一目标的实现，就是通过礼乐教化而"隆仁""杀势""柬理""好文""法胜师也"。

3. 礼论：礼者，养也

礼是古圣先王针对人性之恶的现实而提出的，是圣人"化性而起伪"的根本举措。《礼论》载："故曰：性者，本始材朴也；伪者，文理隆盛也。无性则伪之无所加，无伪则性不能自美。性伪合，然后成圣人之名，一天下之功于是就矣。故曰：天地合而万物生，阴阳接而变化起，性伪合而天下治。天能生物，不能辨物也；地能载人，不能治人也；宇中万物、生人之属，待圣人然后分也。"所谓"分"，就是礼之"分"，即把社会人群在政治伦理上区分成上下等级与尊卑贵贱的差别，然后根据等差给予人们不同的待遇，使不同等级的人都安分守己，使不同人群之间的关系和谐不争，使社会统一有序。为此，才制礼——制定制度、刑罚、道德礼仪，实施礼乐教化。礼是等级社会的最高准则，荀子称"礼是人道之极"，是贯通人的生命生死的整个过程。荀子说："生，人之始也；死人之终也，终始俱善，人道毕矣。故君子敬始而慎终，终始如一，是君子之道，礼义之文也。"（《礼论》）荀子认为厚生薄死，敬其有知慢其无知，乃是"奸人之道而倍叛之心也"。这乃是儒家厚葬久丧的认识根源。

《礼论》认为，礼产生于人的生命情欲。生命情欲是天命所定，是生命活动的发动力，因此荀子提出"礼者，养也"。他说：

　　人生而有欲，欲而不得，则不能无求，求而无度量分界，则不能不争。争则乱，乱则穷。先王恶其乱也，故制礼义以分之，以养人之欲，给人以求。使欲必不穷于物，物必不屈于欲，两者相持而长，是礼之所起也。

故礼者，养也。刍豢稻粱，五味调香，所以养口也；椒兰芬苾，所以养鼻也；雕琢刻镂黼黻文章，所以养目也；钟鼓管磬琴瑟竽笙，所以养耳也；疏房檖貌越席床第几筵，所以养体也。（《荀子·礼论》）

荀子提出用"养"来解决"欲"的问题，是很恰当的。"养"不同于"禁"；"养"是养育、保护，"禁"是禁止、消灭。"养"是处理人的生命情欲的正确方法、正确态度。因为人的情欲是生命活动的内在驱动力，是天生的，因而是天然合理的。但人的情欲又是无限的，而情欲所需之物却是很有限的，不可能得到无限的满足，因而要加以节制。节制不是禁灭，而是调节，使情欲不过而适中；"适中"就是"使欲必不穷于物，物必不屈于欲，使两者相持而长"，说到底"养"是为了爱护生命。因此荀子提出：一方面给欲以适当的满足，一方面要限制它过度的追求。所谓"礼者，养也"，就不能单靠礼法制度，也就是不能单靠外在的强制，更要靠内在的感化。礼，本质就是"理"，但古代"礼教"从来就不是抽象的道德说教，也不是硬性的法制，而是把礼之"理"寓于美感形式中，即礼仪藻饰为形式美，礼仪活动实际是美感活动。礼仪经过这样藻饰点缀后，抽象的"硬道理"则变成美感而隆重的审美对象，变礼制为诱导、培育。而且礼仪活动从来就离不开乐——音乐、舞蹈、歌诗三位一体的艺术。因此，礼乐教化实际上就是美感——艺术教育活动。人们进入这样一种浓郁的审美氛围之中，可以用生命直观体验"理"，从而受到熏陶感化而产生愉悦之情，人们既受到严肃的教育，又是心情愉悦的。荀子说："礼之理诚深矣，'坚白''同异'之察入焉而溺；其理诚大矣，擅作典制辟陋之说入焉而丧；其理诚高矣，暴慢恣睢轻俗以为高之属入焉而队（即坠）。故绳墨诚陈矣，则不可欺以曲直；衡诚县矣，则不可欺以轻重；规矩诚设矣，则不可欺以方圆；君子审于理，则不可欺以诈伪。"礼之"理"诚深、诚大、诚高也，用衡量物质器具的标准去衡量它，或者只用思维认识去看它，都不可能真正把握它，得出的结论必然是欺人的。因为礼乐教化不是单纯的思维认识，而是一种生命整体活动。礼乐教化之"理"，是寓于一种令人产生美感、令人陶醉的高深广大的精神氛围之中，要真正把握它，必须是全身心的直觉观照与生命体验，也就是生命整体的把握方式。这种把握方式是审美的，用现代话说，是通过审美的生命活动才能真正把握礼乐教化之"理"。

4. 乐论："天下皆宁，美善相乐"

"乐"是什么？荀子《乐论》篇开门见山，就回答这个问题。他说："乐者，乐也，人情之所必不免也，故人不能无乐。乐则必发于声音，形于动静，而人之道，声音、动静，性术之变尽是矣。故人不能不乐，乐则不能无形，形而不为道，则不能无乱。先王恶其乱也，故制雅颂之声以道之，使其声乐而不流，使其文足以辨而不偲，使其曲直、繁省、廉肉、节奏，足以感动人之善心，使夫邪污之气无由得接焉。是故先王立乐之方也，而墨子非之，奈何！"这一段话，解释了艺术（乐）所追求的境界就是人情之乐（音勒）。这是人性需求之必然，人不能无乐。古乐是音乐舞蹈歌诗的综合体，乐之形成必然发之于声音动作言语，表现为一定的生命活动之形象。生命形象如果不符合道的要求，必然使人的思想情感与认识模糊不清，行动不知所措，社会就要发生动乱不安而无秩序。因此，古圣先王制定雅颂之声加以引导，以感动人心向善，避免邪污之气的传染。这就是圣王立乐之本意，墨子却非之，奈何！荀子《乐论》正是针对墨子"非乐"，而论乐的创作起因，论乐"化性而起伪"的性能、意义。"和"是生命存在的根本，乐是人的生命精神表现，也是以"和"为根本追求。《乐论》载："故乐在宗庙之中，君臣上下同听之，则莫不和敬；闺门之内，父子兄弟同听之，莫不和亲；乡里族长之中，长少同听之，莫不和顺。故乐者，审一以定和者也。""和"是"乐"的基础，和乐如一，不和而争，如何能乐！"乐"（音勒）是乐追求的最高境界，"和"是"乐"基础，"乐"是"和"的升华。

《乐论》篇的一个重要内容是论乐与礼的关系。《礼论》提出，对人性恶之根源——人的情欲，采取"养"的办法，是很恰当的。但"养"的举措不仅来自礼本身，更来自乐。礼主敬，要靠制度节制欲，但古人不愿使"礼治"完全成为"法制"，因而"软化"礼的强制性——把"礼"寓于成美感形式，增加礼的感化诱导作用。同时，更强调用乐来养欲，因为乐更能引起人的美感兴趣。乐主和，靠乐教调和人的情欲，更容易使外在的"硬件"（制度），"软化"为内在的心理欲求。要而言之，礼乐相济的教化，是一种生命整体养育，身心合一，既锻炼生命机体，又提高人的生命精神，既提高人的认识，培养德性，又陶铸人的情操，使体智德美得到全面发展。荀子完全继承"先王"礼乐教化的历史传统，并对礼乐教化实践进行了创造性的思想发挥，从而构建了系统的礼乐教化的思想理论。

荀子认为，"心"是人的情欲的主导者，是生命精神成长的根源，"治气养心"乃是修身养性的根本，而礼乐教化乃是"治气养心"的重要举措。礼乐教化不仅是培养人的道德文明，也不仅是"为政以德"的需要，更是追求人生理想境界的重要途径。荀子说：

> 君子以钟鼓道志，以琴瑟乐心。动以干戚，饰以羽旄，从以磬管。故其清明象天，其广大象地，其俯仰周旋有似于四时。故乐行而志清，礼修而行成，耳目聪明，血气和平，移风易俗，天下皆宁，美善相乐。（《荀子·乐论》）

"美善相乐"，是人的生命活动最舒畅最和乐的境界。在这种境界中，个体与社会、人与天地自然融为一体，无差别、无对立，人的生命活动处于高度的自由状态。"美善相乐"是儒家追求的生命理想境界。

二 道家"生生"之论

道家也是古代生命哲学思想的继承者，但不同于儒家的全面继承与发展，而是有所选择地吸收，有取有舍，有所修正，与春秋生命哲学原创论存在着不同的价值取向。主要表现有三：一是道家之"道"是哲学的最高范畴，在天地之先之上，不同于生命哲学原创论的最高范畴"天道"，道家的生命起源论，与生命哲学原创论不在同一起点上；二是对于人的生命情感持轻视态度，似乎是可有可无，对人的感官欲望持否定态度；三是提出"绝圣弃智""绝仁弃义""绝巧弃利"，否定人的德性智慧，否定礼乐教化与仁义道德，实际是否定人的人文教化，以自然无为为生命的理想境界。

（一）"道"是生命的起源，"道"在天之上

生命哲学原创论认为，生命起源于天，道在天地之中。而道家则认为，生命不是起源于"天"，而是起源于"道"，"道"在天之先之上、之外。因而道家生命哲学思想的最高范畴不是"天"而是"道"。老子曰："有物混成，先天地生。寂兮寥兮，独立不改，周行而不殆，可以为天下母。吾不知其名，字之曰道，强为之名曰大。"（《老子·二十五章》）道"为天下母"，天地自然与万物生命都是："道生之，德畜之，物形之，势成之。是以万物莫不遵道而贵德。道之尊，德之贵，夫莫之命而常自然。故道生之，德畜之，长之育之，亭之毒之，养之覆之。生而不有，为而不恃，长而不宰，是为玄德。"（《老子·五十一章》）万物生命是"道生之，德畜之"，从而否定生命哲学原创论的生命是天生之地育之的结论。但万物生命与天地关系如何，老子却没有具体说，因而在庄子学派那里万物生命是来自"道"还是来自天，却有些模糊不清。以上是老子泛论万物生命的起源与养育。以下是专论人的生命之生之死："出生入死，生之徒十有三，死之徒十有三，人之生，动之死地亦十有三。夫何故？以其生生之厚。盖闻善生者，陆行不遇兕虎，入军不被甲兵。"（《老子·五十章》）老子认为，人由生存而走向死亡是必然的，但生与死不是先天固定不变的，而是有后天的习得因素。一个人的生与死是互相关联的，求生存的机遇占十分之三，避免死亡的机遇占十分之三，求生存而一下子陷入死亡的机遇也占十分之三。有的人一心谋求生存长寿，结果却陷入死亡的泥潭，为什么？老子说，这是因为他"生生之厚"的缘故。也就

是太看重自己的生命了，太贪生了。"生生之厚"，反而使自己"动之死地"。因为生命之生死，不是依据你的主观愿望，而是有它的自然规律。老子说"盖闻善生者，陆行不遇兕虎，入军不被甲兵"，意思是说，善于养生的人，不是从主观愿望出发，而是掌握客观规律，能避免意外的伤害。老子完全从消极方面看待人的生命欲望，因而加以否定。他的名言就是："五色令人目盲，五音令人耳聋，五味令人口爽；驰骋畋猎，令人心发狂；难得之货，令人行妨。是以圣人为腹不为目，故去彼取此。"（《老子·十二章》）这个看法有一定的道理，但太极端，看不到声色犬马等的游乐之事对于人的精神也有积极意义。他认为"圣人为腹不为目"，也是很片面的。不是哪位圣人有如此看法，实际是表明自己的观点。生命哲学原创论认为，圣人制礼作乐，根本不是"为腹"，而是为人的生命精神。老子又说："绝圣弃智，民利百倍，绝仁弃义，民复孝慈，绝巧弃利，盗贼无有。"（《老子·十九章》）老子完全否定人类的智慧、德性的修养，否定工艺技术（智巧）的功利目的，实质是否定文化，也是彻头彻尾的极端之论。

对于生命的起源，庄子同老子看法一致，以"道"为终极根源。《庄子·大宗师》说："夫道，有情有信，无为无形，可传而不可见，自本自根，未有天地，自古以固存，神鬼神帝，生天生地，在太极之上而不为高，在六极之下而不为深，先天地生而不为久，长于上古而不为老。"庄子只说"道"生天生地，同样没有具体说天地与万物生命的关系，因而便为庄子后学留下发挥的余地。孔子的《易传》论及儒家生命哲学是以"天"为绝对，"道"在天地之中，"道"是阴阳相推而产生的自然规律，亦称"天道"。对于人的生命活动来说，"天道"就是"天命"。庄子虽然没有具体说"道""天地"与万物生命的关系，但从逻辑上推论，道是生命的终极根源即起源，而天地直接产生与养育万物生命。道家庄子以"道"为绝对："道"是"自本自根""生天生地"。天地则生万物（包括人在内），为人之父母。所以庄子称天地为"大宗师"，而"道"应该是"太祖师"了。对于人的生命欲望，庄子同老子一样，看法也很偏颇，认为感官欲望乃是"失性""害生"之物："一曰五色

乱目";"二曰五声乱耳";"三曰五臭熏鼻";"四曰五味浊口";"五曰趣舍滑
心,使性飞扬"。"此五者,皆生之害也。"(见《庄子·天地》)庄子对"五
色""五声""五味"等生命感觉,不加分析地断然否定,与老子一唱一和而
与生命哲学原创论的看法相左。春秋生命哲学原创论对先王的礼乐教化是肯
定的解释、论述,而道家是否定的。庄子认为"圣人行不言之教"。因为:
"道不可致,德不可致。仁可为也,义可亏也。故曰:'失道而后德,失德而
后仁,失仁而后义,失义而后礼。礼者,道之华而乱之首也(老子语——引
者)'。"(《知北游》)又说:"通乎道,合乎德,退仁义,宾礼乐,至人之心
有所定矣。"(《天道》)庄子否定儒家的仁义生命价值,摈弃礼乐文章,主张
自然无为,其实质是否定人生的文化教育。

总之,道家对春秋生命哲学思想的吸收与发挥不同于儒家,不是全面地
继承与发展,而是有取有舍,既顺又逆。顺承的方面,是继承生命哲学原创
论的基本思想,并进行创造性的发挥、发展;逆反的方面,主要表现是对仁
义生命价值与礼乐教化的否定,认为生命的价值是自然无为精神。

(二)庄子的"养生主"与理想的生命人格

庄子大量吸收古代生命哲学原创论思想,以构建自己的思想体系。无论
是和论、气论、易论,都是庄子构建自己的生命哲学思想之资源。生命哲学,
是《庄子》思想体系中的重要组成部分。尤其《庄子》的内篇,其主要内容
就是生命哲学思想。在内篇的七篇文章中,论述人的生命之生养,论述养形
与养神的关系,认为养神重于养形,并以"天"为"大宗师",认为天是人
的生命生养之根本与源泉。庄子一再强调,要冲破社会政治的种种束缚,超
越一切利害关系。因此,要"吾丧我"(《齐物论》),去掉自己内在的智巧、
成见、欲望,成为一个内在充实、"胜物不伤"(《应帝王》)的人。庄子的文
章用丰富的想象,创构自由无限的生命精神境界:乘日月驾风云、天马行空
般的"逍遥游";以寓言或虚构的故事表现某种哲理,并以"真人""至人"
为生命理想人格。

庄子对于人的生命价值取向，与儒家有本质的区别。儒家以仁义为根本的生命价值论，提倡个体生命与社会"大生命"的和谐一致，强调个体生命"成仁""取义"的献身精神。而道家庄子主张个体生命的独立自由，反对社会对个体生命的一切约束，否定仁义的生命价值，实际上是否定人的生命精神的社会普遍意义，也是一种片面观点。这种观点虽然含有一定的合理性，但不是完全可取，需要批判地吸收。

1. 生命的终极根源是道？是天？

庄子与老子一样，认为生命终极根源是"道"而不是"天"。《大宗师》载："死生，命也，其有夜旦之常，天也。人之有所不得与，皆物之情也。彼特以天为父，而身犹爱之，而况其卓乎！""卓"即指高于天的"道"。意思是说，人之生死是天命所定，不可人为地改变。生命是天赋的，人们像敬爱父亲一样地敬爱天，更何况那个高高在上的"道"呢！接着，庄子用一大段文字论说"道"是"生天生地""自本自根"，说明"道"是万物生命的终极根源。用比喻之说，就是：天是父亲，道是祖父；天与生命是直接关系，"道"与生命是间接的遗传关系。但庄子学派对于这种生命起源观点，似乎没有坚持到底。在《庄子》外篇，具体论述人的生命活动与天地自然的关系时，不知不觉地与生命哲学原创论的看法相一致，把"道"与"天"放在同一序列层次上即称"天道"；"天道"是生命的起源。《天道》篇，对于"易象论"的"天地之大德曰生"作了充分的发挥：

夫明白于天地之德者，谓之大本大宗，与天和者也；所以均调天下，与人和者也。与人和者，谓之人乐；与天和者，谓之天乐。

庄子曰："吾师乎！吾师乎！ 万物而不为义，泽及万世而不为仁，长于上古而不为寿，负载天地刻雕众形而不为巧，此之为天乐。故曰：'知天乐者，其生也天行，其死也物化。静而与阴同德，动而与阳同波。'故知天乐者，无天怨，无人非，无物累，无鬼责。故曰：'其动也天，其静也地，一心定而天地正，其魄不祟，其魂不疲，一心定而万物服。'言以虚静推于天地，通于万物，此之为天乐。天乐者，圣人之心，以畜天

下也。"(《庄子·天道》)

在以上的论述中都把创生生命归结为"天地之德",认为天地是人生的"大本大宗"。这就很明确地说,天地是人类的祖宗,是生命的根源。这一看法与庄子的看法有所不同,似乎忘了"道",因而把生命归本于天地,与生命哲学原创论的说法相一致。对于人的生命活动,对于人伦关系以及人与自然的关系,《庄子》外篇也与生命哲学原创论一样"取和弃同"。从"自然无为"的立场出发,追求"与人和""与天和",而以"与天和"为最高境界。人与天地自然之关系,是庄子学派生命哲学论述的重点。庄子学派认为,敬爱祖宗,亲和天地,天人合一,才是人生的最大快乐。天地自然,不仅是人的生命所需的物质源泉,更是人的生命活动所依托的根基。离开天地自然,就无家可归,就意味着生命的死亡。在庄子学派看来,"和"的天地自然环境,不仅"宜居"使人健康,更使人"乐居",感到快乐。《庄子》的《大宗师》《天地》《天道》《天运》等篇,是专门论述人与自然的关系以及人的生死问题。但《天地》《天道》《天运》等《庄子》外篇,与《大宗师》篇不同,似乎忘掉了那个至高无上的"道",而以"天道"取而代之。以"天道"为生命的起源,不同于庄子,而与生命哲学原创论相一致。

2. 重视养生,强调养神

《庄子》的《养生主》《达生》《知北游》等篇,是专门论述人的生命之有限以及如何养生的,并提出具体的养生方法。《养生主》开篇云:"吾生也有涯,而知也无涯,以有涯随无涯,殆矣;已而为知者,殆而已矣。为善无尽名,为恶无尽刑。缘督以为经,可以保身,可以全生,可以养亲,可以尽年。""缘督以为经","缘督"者,就是循虚而行,顺任自然,这是养生健身的重要经验。"循虚"者,就是在"气"的导引下,顺着气流的方向而行。庄子与生命哲学原创论一样,认为"气"是生命活动之原动力,并且作了进一步地发挥。庄子说:"气也者,虚而待物者也。惟道集虚。虚者,心斋也。"(《人间世》)"气"把高高在上的"道"与生命之"心"连接起来,使"心"成为人的生命活动之"心斋",引导人的生命活动沿着正确方向前进。庄子所说的"心斋"就是"心源",也就是"道心"。"道心"通过"气"把人的生命机体与生命精神有机地联系在一起,"气"是生命活动的"火车头",在人的生命养生中起主导作用。所谓"养生",庄子学派认为主要是"养气"。《庄子》载:"壹其性,养其气,合其德,以通乎物之所造。"(《达生》)所谓"养其气"就是养成"导引"气之运行的方法。《刻意》篇载:"吹呴呼吸,吐故纳新,熊经鸟申,为寿而已矣。此导引之士,养形之人,彭祖寿考者之所好也。"《庄子》认为,呼吸空气,吐故纳新,要像熊攀缘吊颈那样用力,像鸟飞翔一样舒展,乃是健身养形常用的方法。不过,庄子认为这是为长寿而养生,是"导引之士,养形之人,彭祖寿考者之所好也"。言外之意是说,这种养生目的是养形,追求长寿,自己对此不以为然,自己更看重的是养神。《庄子》不止一次地嘲笑一些人以彭祖为"寿星",作为自己养生所追求的目标,认为这是只知"小年"而不知"大年"的鼠目寸光。《逍遥游》载:"小知不及大知,小年不及大年。奚以知然也?朝菌不知晦朔,蟪蛄不知春秋,此小年也。楚之南有冥灵者,以五百岁为春,以五百岁为秋;上古有大椿者,以八千岁为春,以八千岁为秋,此大年也。而彭祖乃今以久特闻,众人匹之,不以悲乎!"这段话的意思是说,"养形"之人,以彭祖为榜样为目标,是很可笑的。这是只知"小年",而不知有"大年"。人的形体是很有限的,很短暂的。养形之人只见形体,也就是只见"小年",而不知有"大年"。"大年"是指人的精神;精神是无限的,所以"养生"主要是"养神"。世俗之人以形体来衡量寿命之长短而忘掉永恒的精神,岂不是见"小"而不知"大"?所以可悲。

当然,《庄子》并不完全否定养形,只是认为养形不是目的,目的是为了养神。《庄子》认为,"养形"与"养神"根源不同:养形来源于"物";养神来源于"道"。"物"即物质资源,有形有限;"道"是精神本体,无形无限。"养形"虽来源于物质,又不完全决定于物质资源,不是有了物质资源就能养好形体;更不是决定于主观愿望,不是想养形体想长寿就可以身体健康而又长寿的。《达生》篇说:

　　达生之情者，不务生之所无以为；达命之情者，不务命之所无奈何。养形必先之以物，物有余而形不养者有之矣；有生必先无离形，形不离而生亡者有之矣。生之来不能却，其去不能止。悲夫！世之人以为养形足以存生；而养形果不足以存生，则世奚足为哉！虽不足为而不可不为者，其为不免矣。

　　《庄子》认为，养生重要的是养好精神。精神养好了，可以调节养形，使形体健康。《庄子》强调，要认识生命活动的客观规律，要顺其自然，随遇而安，不可以人为之力勉强之。世俗认为，养生就是养形（身体），就是为了长寿。这是"小知"——短见，反而不利于养生。养形必须依靠一定的物质，尤其饮食方面的物质。但又不是有了物质就一定能养好形体。事实上，养形也不是只靠物质，"养形必先之以物，物有余而形不养者有之矣；有生必先无离形，形不离而生亡者有之矣。"为什么会是如此？根本原因，就是没有认识到养生应以养神为主导，没有把养形与养神很好地结合、统一起来。这就告诉我们，养生不就是只养形体，而更重要的是养好精神；养形体是为了养精神，养精神也有益于养形体。《刻意》篇云："形劳而不休则弊，精用而不已则竭。水之性，不杂则清，莫动则平；郁闭而不流，亦不能清；天德之象也。故曰，纯粹而不杂，静一而不变，惔而无为，动而天行，此养神之道也。"清静无为，生命活动符合自然规律，此乃是养生的正道。

　　总之，庄子养生强调精神的主导作用，认为养好精神才能把养形引导到正道上来。为了养好精神，首先，要有超越精神、超越现实的利害关系。《达生》云："夫欲免为形者，莫如弃世。弃世则无累，无累则正平，正平则与彼更生，更生则几矣。事奚足弃而生奚足遗？弃事则形不劳，遗生则精不亏。夫形全精复，与天为一。天地者，万物之父母也，和则成体，散则成始。形精不亏，是谓能移；精而又精，反以相天。"这里的"弃世""弃事"不是指死，而是说要超越世间俗事，不受世间的利害关系与政治争斗所拘牵束缚。因此要有出世思想，要有超越精神。如此才能"形不劳""精不亏"，形体健全，精神充沛，便与自然合而为一了。这样，也就清心寡欲，"平易恬淡，则忧患不能入，邪气不能袭，故其德全而神不亏"（《刻意》）。

其次，要认识各种生命活动的习性特点，养生不可任意想当然。庄子在《达生》篇举例说，有人以"己养"的需要来养鸟，而不是以"鸟养"的需要来养鸟，结果鸟被他"养死"了。这是何故？因为他不懂得鸟之生养的自然习性与特殊需要，而把他自己的习性与需要强加到鸟的身上，所以没有把鸟"养生"，而是"养死"了。美好的主观愿望却被客观事实所击破，这就叫"事与愿违"。这个实例告诉人们一个道理：同是人的生命活动也各有其习性特点，因此每个人的养生方法要从自己的习性特点出发，不可千篇一律，死守某种模式。

3. 养神根源于道及理想的生命人格

具有超越精神，认识生命活动的客观规律，掌握生命活动的习性特点，这些都是做好养生的认识前提。思维认识是人的生命意识活动，是生命机体活动的统率，也是养生的统率。生命机体的培养、成长来源于"物"，而生命精神的培养与成长来源于"道"，"道"可以导引养生；不仅导引养神，也导引养形。《知北游》载："夫昭昭生于冥冥，有伦生于无形，精神生于道，形本生于精，而万物以形相生，故九窍者胎生，八窍者卵生。其来无迹，其往无崖，无门无房，四达之皇皇也。邀于此者，四肢强，思虑恂达，耳目聪明，其用心不劳，其应物无方。天不得不高，地不得不广，日月不得不行，万物不得不昌，此其道与！"这段话主旨是：人的养生需要有"源"，但养形与养神的源泉是不同的；养形来源于"精"，即来源于物质，养神来源于"道"，道是精神的本体。"精"——物质是有形有限的，而道却是无形无限的。《缮性》篇云："古之治道者，以恬养知；知生而无以知为也，谓之以知养恬。知与恬交相养，而和理出其性。"这里的"性"是心性，心性的涵养来源于道，要学道、知道、顺道，才能成为精神成长的心源，才能养成健旺而高尚的精神。《刻意》篇载："纯素之道，唯神是守；守而无失，与神为一；一之精通，和于天论。野语有之曰：'众人重利，廉士重名，贤人尚志，圣人贵精。'故素也者，谓其无所与杂也，纯也者，谓其不亏其神也。能体纯素，谓之真人。"以上《知北游》《缮性》《刻意》所说的"道"，似乎也不是庄子所说的"道"，而是与生命哲学原创论以及儒家所说的"道""天道"相近，与天地自然在同一层次上，与生命之生养直接相联系，并不是高于天的那个"道"。

庄子理想中的生命人格，是"真人"或"至人"。尤其是"至人"，《庄子》内篇多次描述"至人"的人格、形象。《逍遥游》载："若夫乘天地之正，而御六气之辩，以游无穷者，彼且恶乎待哉！故至人无己，神人无功，圣人无名。"天马行空，游于无穷，这是"至人"的本领。《应帝王》篇论政治之道，主张无为而治，曰："无为名尸，无为谋府，无为事任，无为知主。体尽无穷，而游无朕；尽其所受于天，而无见得，亦虚而已。至人之用心若镜，不将不迎，应而不藏，故能胜物不伤。"《齐物论》云："至人神矣！大泽焚而不能热，河汉沍而不能寒，疾雷破山而不能伤，飘风振海而不能惊。若然者，乘云气，骑日月，而游乎四海之外。死生无变于己，而况利害之端乎！"这种超越死生之域、利害之端，不知冷热、不惧风雷，能乘云气、骑日月，而游于四海之外，就是"无己"的"至人"，"能体纯素"的"真人"。庄子所说的"真人""至人"，冷热不知，水火不侵，不生不死。当然不可能是有血肉之躯的人，而是庄子理想的生命人格。这种生命人格不是现实存在，而是庄子的想象创造，是庄子"独与""往来"的"天地精神"（《天下》），是庄子信仰、向往的理想人格。

4. "生死一体"的生死观

《庄子》一书，多次谈论生死问题。对于人的生命之生死的看法，与古代生命哲学原创论的"乐天知命"是一致的：生死有命，视死如归。《大宗师》云："死生，命也，其有夜旦之常，天也。"又说："夫大块载我以形，劳我以生，佚我以老，息我以死。故善吾生者，乃所以善吾死也。"《易·系辞传》有"精气为物，游魂为变"之语，《庄子》完全接受这一观点，并且进行了多方面的具体发挥。《庄子》认为，人之生死，乃是气之"聚""散"所致。《知北游》云："生也死之徒，死也生之始，孰知其纪！人之生，气之聚也；

聚则为生，散则为死。若死生为徒，吾又何患！故万物一也，是其所美者为神奇，其所恶者为臭腐；臭腐复化为神奇，神奇复化为臭腐。故曰：'通天下一气耳。'圣人故贵一。"气通天下，万物一气耳。气聚为生，气散为死，气是贯穿人的整个生命活动之中的原动力。所谓死生一体，正是以"气"为媒介把二者连接为"一体"。死生的互相转化，是以气为动力的。也就是庄子所说的臭腐化神奇、神奇化臭腐。但这种互相转化不是人的愿望，而是一种自然规律，也就是《易传》所说的"天命"。"生之来不能却，其去不能止。"（《达生》）这是不可违抗的自然规律，是"天命"之必然。《庄子》载："人生天地之间，若白驹之过郤，忽然而已。注然勃然，莫不出然，油然漻然，莫不入焉。已化而生，又化而死，生物哀之，人类悲之。"（《知北游》）生乐死哀，这是人与生物之常情。但人间世俗的死生哀乐的习俗观点，《庄子》不以为然。如何看待人的生死，《庄子》一书讲了两个小故事，表达自己的看法。

第一个小故事是《养生主》载："老聃死，秦失吊之，三号而出。"老子的弟子问秦失："他不是你的好朋友吗？"秦失说："是。"弟子说："那你只号了三声就出来了，这样吊可以吗？"秦失曰："当然可以。原先，我以为他是至人，而今非也。刚才我进去吊唁的时候，看见有老年人哭他，如哭其子；少年人哭他，如哭其母。老少这样哭他，虽然感情真挚，也是不必哭而哭的。因为这是逃避自然违背实情，忘掉了我们的禀赋是来自天命，故称死为逃避自然的刑法。按照天命，正该来时，老聃应时而生，正该去时，老聃顺理而死。安心适时而顺应变化，哀乐的情感便不能侵入心中，古时候把这叫作解除倒悬。"也就是说，死本来是解除生之"倒悬"，即解除人生的险恶痛苦，本是自由快乐之事，为什么还要哭泣示哀？

第二个小故事是《至乐》所载："庄子妻死，惠子吊之，庄子则方箕踞鼓盆而歌。"惠子很不满意，并责备庄子，说："你和妻子相住一生，妻子为你生儿育女，现在她死了，你不哭也就罢了，反而鼓盆而歌，这岂不是太过分了吗！"庄子回答说："不是这样的。当她刚死的时候，我怎能不悲伤呢？可是深想一下，她本无生命，不仅没有生命而且也没有形体，不仅没有形体而且也没有气息。在若有若无之间，变而成气，气化而成形，而有生命。现在，生命又变化而成为死人，这样生来死往的变化，就好像春夏秋冬四季更替运行一样。人家静静地安息在天地之间，为什么还要为之哭哭啼啼去惊动她，我以为这样是不通达生命的道理，所以才不哭。"庄子认为，生来死往是自然运行的规律，是天命之必然。人生随顺而安生，随顺而乐死，既然是乐事就不该哭。

以上两个小故事，是庄子生死观的艺术性地描绘，也是对"乐天知命"理念的具体发挥。《庄子》认为，"死生存亡之一体"（《大宗师》），"生之来不能却，其去不能止"（《达生》），都是"莫之为而常自然"（《缮性》），不必大惊小怪。可是，世俗人间却不是"常自然"，而是大恸感情：人生而喜而乐，人死而悲而哀，并且通过一定礼仪形式加以表现。《庄子》认为，这种对于生死所表现出的截然相反的情态，是不必要的，也不合自然之理。对于生死大恸感情，即使这种感情很真挚，也是多此一举，故而庄子不为也。

三　墨家"生生"之论及其盲区

墨家对春秋生命哲学原创论思想有所继承与发挥，但偏重人的生命活动的物质生活需要，而对人的生命精神生活方面却是忽视的。因此，在对待人的生命活动实践方面有些"唯利是图"，而无视生命精神价值。当然，墨家的"唯利是图"不是商人式的为自己谋私利，而是为广大的民众谋公利。墨家看到人的生命活动功利目的，而无视人的生命精神活动意义；看重物质生活是维持人的生命活动的基本保障作用，因而强调社会政治及其当政者对民生的责任与保障作用，不能不说这是为民众谋利益。墨家出于爱民之心，刻苦自厉，为受苦的民众鸣不平，又令人感动而钦佩。墨家对于战国时代各个政治统治集团争权夺利、横征暴敛、战乱频仍、民不聊生的黑暗现实，以及"当今之主""王公大人"不顾万民饥饿受冻的苦难，骄奢淫逸、大肆挥霍享乐的丑恶行径进行尖锐地揭露批判，对于社会下层劳动民众受压迫受剥削表达无限的同情并成为他们的代言人，乃是人道主义的正义之举。同时，墨家主张薄葬节用，反对儒家的厚葬久丧以及繁文缛节的形式主义，也是有益于社会文明进步。这些都是墨家生命哲学思想最具有历史意义的方面。墨家生命哲学思想的最大缺陷就是"非乐"，忽视人的生命精神活动的价值意义，否定人的高尚的精神生活需要，乃是墨家生命哲学的"盲区"。墨家认为，"先王"治国只"兴利"而"除害"，不搞什么礼乐教化。这是随意解释历史，为自己"非乐"制造"历史根据"，并不符合历史事实。庄子学派早已指出，墨家"不与先王同，毁古之礼乐"（《庄子·天下》）。礼乐教化是高尚的生命精神活动，有利于调节个体生命与社会、民生和谐一致，是生命哲学原创论论述的主要对象。墨家"非乐"，是从消极方面（礼乐活动需要消耗物质财富与生命劳力）看待礼乐教化，无视礼乐教化的积极社会意义，所以从根本上否定乐。这又不能不说墨家的生命哲学急功近利，思想肤浅。

（一）重视衣食住行的物质生活

现存五十多篇文章的《墨子》一书，有十多篇属于生命论的或与生命论直接相关联，如《修身》《所染》《七患》《辞过》《三辩》《节用》《节葬》《非攻》《非儒》《非乐》等。这些篇章都是围绕人的物质生活与社会功利目的而展开的，即使是谈论生命精神，也是与功利目的直接相联系。如墨家"贵义"，但"义"的内涵与儒家不同。儒家的"义"与"利"与"生命"是对待关系，互相区别，而墨家的"义"与"利"与"生命"是因果关系，相互一致。"天下有义则生，无义则死；有义则富，无义则贫；有义则治，无义则乱。"（《天志上》）墨子曰："仁人之所以为事者，必兴天下之利，除去天下之害，以此为事者也。"（《兼爱中》）都是围绕一个"利"字而论人。儒家的"仁者"是"爱人"，行"仁政"；墨家的"仁者"是为"利"，为人谋利益。"仁者之事，务求兴天下之利，除天下之害，将以为法乎天下。利人乎，即为；不利人乎，即止。且夫仁者之为天下度也，非为其目之所美，耳之所乐，口之所甘，体之所安；以此亏夺万民衣食之财，仁者弗为也。"（《三辩》）见物而不见精神。墨子还一再地说："圣王不为乐。"（《三辩》）不仅否定人的生命追求安适享受，更否定人对美的高尚追求。不知哪个"仁者""圣王"是如此主张？恐怕除了墨家自己再找不出第二家。在先秦时代，把人生之功利事业与艺术—审美活动根本对立起来，否定艺术—审美的生命精神价值，除了墨家，再就是法家。但法家远在墨家之后，墨家所说的"仁者"，显然无法家之份，不过是墨家自谓罢了。

　　墨家以刻苦节俭自厉，对于人的物质生活也是以上古为标准，保持低水平。墨家"兼爱""尚同"，认为人与人之间"兼相爱，交相利"，"夫爱人者，人必从而爱之；利人者，人必利之。"（《兼爱中》）认为仁者与百姓、上级与下级要同一意志（以"天志"为准）。墨子说："今天下王公大人士君子，中情将欲为仁义，求为上士，上欲中圣王之道，下欲中国家百姓之利，故尚同之说，而不可不察。尚同为政知本，而治要也。"（《尚同下》）而要保障上下同一意志，就是"仁义"之"利"要保持相同。然而"当今之主""王公大人"并不与百姓同"利"，事实是贫富悬殊，上下敌对。"当今之主""王公大人"劳民伤财，挥霍享乐，普通百姓穷困潦倒，怨声载道。墨家对于上古三代至"今"人们衣食住行的物质生活进行比较，认为上古三代之圣王仁义爱民、兴利除害、勤俭治国、上下同利，并加以赞赏、歌颂，而对"当今之主"与"王公大人"生活奢侈、暴夺百姓之利，进行尖锐激烈的揭露与批判。《墨子·辞过》篇从衣食住行四个方面进行对比：

　　第一，衣。《辞过》载："古之民未知为衣服时，衣皮带茭，冬则不轻而煖，夏则不轻而清。圣王以为不中人之情，故作诲妇人治丝麻，梱布绢，以为民衣。为衣服之法：'冬则练帛之中，足以为轻且煖，夏则絺绤之中，足以为轻且清。仅此则止。故圣人之为衣服，适身体，和肌肤而足矣，非荣耳目而观愚民也。"即是说，上古三代时人们的穿戴衣服是丝麻做成，轻软柔和，冬暖夏凉，很适合保身护肤，且又省钱节用。可是，"当今之主"与"王公大人"其为衣服，冬则轻煖，夏则轻清，皆已具矣，却要违背圣王之制，"必厚作敛于百姓，暴夺民衣食之财，以为锦绣文采靡曼之衣，铸金以为钩，珠玉以为珮。女工作文采，男工作刻镂，以为衣服。""以此观之，其为衣服，非为身体，皆为观好。"（以上引文均见《辞过》）足以说明，墨家只见人的生命机体之生活需要，而不见生命精神之生活需要。

第二，食。墨家认为，远古之时，人的饮食很简单，随处渴饮，以草木野果充饥。到上古三代，圣人出，教导百姓男人"耕稼树艺，以为民食。其为食也，足以增气充虚，强体适腹而已矣。故其用财节，其自养俭，民富国治。"可是，当今却变了样，已无三代圣王时之古朴之风。"厚作敛于百姓，以为美食刍豢，蒸炙鱼鳖。大国累百器，小国累十器，前方丈，目不能徧视，手不能徧操，口不能徧味，冬则冻冰，夏则饰饐。人君为饮食如此，故左右象之，是以富贵者奢侈，孤寡者冻馁，虽欲无乱，不可得也。"（《辞过》）民以食为天，粮食是人的生命活动时刻不能缺少的，因此墨家最为重视。《墨子·七患》载："凡五谷者，民之所仰也，君子所以为养也，故民无仰则君无养，民无食则不可事，故食不可不务也，地不可不力也，用不可不节也。"

第三，住。《辞过》说，远古之民，不知有宫室，"就陵阜而居，穴而处，下润湿伤民，故圣王作为宫室。为宫室之法，曰：'室高足以辟润湿，边足以圉风寒，上足以待雪霜雨露，足以别男女之礼。'仅此则止。凡费财劳力，不加利者，不为也。修其城郭，则民劳而不伤，以其常正，收其租税，则民费而不病。民所苦者非此也，苦于厚作敛于百姓。是故圣王作为宫室，便于生，不以为观乐也。作为衣服带履，便于身，不以为辟怪也。"说明古圣先王建宫室、修城池，目的是居住防守以利于百姓的生存，防止自然灾害与敌人的侵袭。一言以蔽之，是为了保护人民的生命财产，而不是为了"观乐"。这样建宫室，修城池，不多花费百姓的劳力与税费，百姓也不觉得困苦。圣王以身作则，不仅自身节俭，还教导百姓节俭，"是以天下之民可得而治，财用可得而足"。可是，"当今之主"却违背圣王的法度，修建宫室与圣王大不相同。"必厚作敛于百姓，暴夺民衣食之财以为宫室台榭曲直之望，青黄刻镂之饰。"

而且，更为严重的是，"当今之主"的行径"左右皆法象之"，直接影响整个贵族阶层浮华享乐，极大地加重了百姓的负担，"是以其财不足以待凶饥，振孤寡，故国贫而民难治也。"（以上引文均见《辞过》）

第四，行。《辞过》载："古之民未知舟车时，重任不移，远道不至，故圣王作为舟车，以便民之事。其为舟车也，全固轻利，可以任重致远，其为用财少，而为利多，是以民乐而利之。法令不急而行，民不劳而上足用，故民归之。"可是，"当今之主"其为舟车与此大不相同。"全固轻利皆以具，必厚作敛于百姓，以饰舟车，饰车以文采，饰舟以刻镂。""人君为舟车若此，故左右象之，是以民饥寒并至，故为奸邪。奸邪多则刑罚深，刑罚深则国乱。君实欲天下之治而恶其乱，当为舟车不可不节。"

综上衣食住行四个方面，是人的生命活动的基本需求，也是人生的必要条件，缺少任何一项，都要危害人的生命，尤其饮食一项，是时刻都不能或缺的。当然，人的生命活动所必需，不止以上四个方面，还有空气、阳光和水，也是人的生命的必要保障。但因空气、阳光与水是自然的恩赐，又是无限的。并且在上古时代，这些生命所必需的自然条件还没有遭到人为的破坏，所以墨家并未论及，而非常看重衣食住行。墨家激烈反对"当今之主"及其"左右""厚作敛于百姓"，使自己的衣食住行不仅适用，还追求"文绣""刻镂"之美，以便"观乐"享受。可见，墨家对民生的关注，对百姓的无限同情。但墨家对衣食住行坚持古代的低标准，没有看到人的生命精神追求美，追求耳目之乐，这也是人的一种生命活动所必需，即人的精神生活需要；人的生命是生命机体与生命精神的有机统一，不可分割。说明墨家生命哲学思想缺乏发展的观点，不见生命精神的价值意义，与儒家、道家相比较，浅见、短视是很明显的。

（二）生则"节用"，死则"节葬"

《墨子》的《节用》与《节葬》两篇，也是围绕人生的衣食住行的基本需要，论述生与死都要节俭。节俭的标准就是实用，衣食住行所需物质，就是为了保障人的生命机体健康有精力，超出这个范围而花费人的劳力、财富去进行生命活动，是白费精力，是一种无用的浪费。而作这种无用的浪费，其物质来源是统治者"厚作敛于百姓"——剥削老百姓的劳力、财富的结果。墨家写《节用》《节葬》，也是为平民百姓代言。

《节用上》开篇即言："圣人为政一国，一国可倍也；大之为政天下，天下可倍也。其倍之非外取地也，因其国家，去其无用之费，足以倍之。"也就是说，圣人立治国治天下，比"当今之主"财富可成倍地增加。这种增加不是来源于国土的扩大，而是来源于"节用"。《节用》篇的主要内容，也是围绕衣食住行论述如何节用，与《辞过》大同小异，这里不多说。《节用》篇又谈到筑城防守与攻战问题，这便涉及武器装备与兵源之事。墨家说，圣王为政，"其为甲盾五兵何？""甲盾"是盔甲盾牌之类，"五兵"是五种兵器：戈、殳、戟、矛之类（说法不一）。"以为以圉寇乱盗贼，若有寇乱盗贼，有甲盾五兵者胜，无者不胜。是故圣人作为甲盾五兵。""凡为此物者，无不节用而为者，是故用财不费，民德不劳，其得利多矣。"战国时代，争夺攻伐，战乱频仍，"攻城野战死者，不可胜数"，人口锐减。因此，创造财富，极缺少劳力，因而"唯人难倍"。要想人丁兴旺，必须执行圣王之法。"昔者圣王为法曰：'丈夫年二十，毋敢不处家。女子年十五，毋敢不事人。'"也就是按时结婚生子，增加人口，增加劳动力。为此，必须保障国家安全、社会秩序，尤其要消灭战乱，国与国之间和平相处，人与人之间"兼相爱，交相利"，人口自然增加"可倍"。

《节葬》，实际上是《节用》的一部分，所以《节用》篇也讲节葬："古者圣王制为节葬之法曰：'衣三领，足以朽肉，棺三寸，足以朽骸，掘穴深不通于泉，流不发泄则止。死者既葬，生者毋久丧用哀。'"（《节用中》）厚葬久丧，丧礼的繁文缛节，为儒家所提倡，因而也是墨家《非儒》所批判的重要方面。《非儒下》载："且夫繁饰礼乐以淫人，久丧伪哀以谩亲"，"五谷既收，大丧是随，子姓皆从，得厌饮食，毕至数丧，足以至矣。"墨家之所以《非儒》《节葬》，都是以功利适用为根本，都是从"节用"的立场出发。所以这三篇文章紧密相连，互相补充。当然，关于丧葬之事，《非儒》《节用》都没有《节葬》说得具体详细，只是概括地说出厚葬久丧，劳民伤财，无用而有害。《节葬下》载："王公大人有丧者，棺椁必重，葬埋必厚，衣衾必多，文绣必繁，丘垄必巨；存乎匹夫贱人死者，殆竭家室；（存）乎诸侯死者，虚车府，然后金玉珠玑比乎身，纶组节约，车马藏乎圹，又必多为屋幕，鼎鼓几梴壶滥，戈剑羽旄齿革，寝而埋之，满意。若送从，曰天子杀殉，众者数百，寡者数十。将军大夫杀殉，众者数十，寡者属人。"毁财丧命，够野蛮的。不仅如此，处丧之法也扰乱正常生活秩序。"哭泣不秩声翁，缞绖垂涕，处倚庐，寝苫枕块，又相率强不食而为饥，薄衣而为寒，使面目陷陬，颜色黧黑，耳目不聪明，手足不劲强，不可用也。"而且，按丧礼规定，孝子守丧三年。如此必然影响王公大人早朝听政，伤害妨碍平民百姓的男耕女织与百工制器，无利而有害，害国害民。《节葬下》最后说："今天下士君子，中情将欲为仁义，求为上士，上欲中圣王之道，下欲中国家百姓之利，故当若节丧之为政，而不可不察也。"《节葬》的确击中了儒家厚葬久丧之礼弊端的要害。

（三）"非乐"——否定高尚的生命精神追求

墨家自己说，他们"非乐"，并不是因为他们对大钟、鸣鼓、琴瑟、竽笙之声音，不以为乐；刻镂文章之色彩，不以为美；刍豢煎炙之味道，不以为甘；高台、厚榭、邃野之居所，不以为安。而是因为观美求乐，吃喝享受，居住安逸等，都需要消耗大量的财富而害利的缘故。《非乐上》说："虽身知其安也，口知其甘也，目知其美也，耳知其乐也；然上考之，不中圣王之事，下度之，不中万民之利。是故子墨子曰：'为乐非也。'"墨家"非乐"的理由主要是乐舞活动以及听乐观舞的娱乐享受，都要消耗大量的财力物利人力，都是害"利"而不能生"利"的生命活动，因而是一种生命浪费。

首先，墨家没有认识到乐舞活动的生命价值，只见人生的物质生活重要，不见人生的精神生活需要，不知道"乐"是重要的"精神食粮"，因而否定

"乐"。特别是在人民群众物质生活极度困难的时候，乐舞活动更容易遮住墨家的眼光。墨家说："民有三患：饥者不得食，寒者不得衣，劳者不得息，三者民之患也。三者民之巨患也。然即当为之撞巨钟，击鸣鼓，弹琴瑟，吹竽笙，而扬干戚，民衣食之财，将安可得乎?"这种谴责有它的合理性。在人民大众的衣食住行的物质生活需要得不到满足时，少数人还在观美求乐，吃喝享受，这是不合理的，不正当的，应该谴责。但是即使生活艰难的时候，人民也是有精神追求，需要精神生活，只是可能要求标准低一些，却不可根本没有精神生活。因为人的精神生活需要与物质生活需要，有机地统一于身心一体的生命活动之中，不可截然分开。

其次，墨家只见到"乐"的创造及其乐舞活动，需要耗费大量的财力物力人力，因而便把乐舞活动与功利目的根本对立起来。墨家只见"利"不见精神，因而觉得为乐无益而有害。在墨家看来，如果把钱财物力用于圣王、国家、民众所必需，那也不好说什么，而是用于讲究美，追求安乐享受，这是白白浪费万民的金钱物力，是无法容忍的。墨家说，撞钟、击鼓及歌舞表演者，必然用青壮年男女。他们都是主要劳动力，用于乐舞活动上，纯属浪费。"使丈夫为之，废丈夫耕稼树艺之时，使妇人为之，废妇人纺绩织纴之事。"同时，观赏乐舞之人，不能只是王公大人自己，必有他们的家人、随从以及侍候他们的下人。"与君子听之，废君子之听治；与贱人听之，废贱人之从事。今王公大人，惟毋为乐，亏夺民之衣食之财以拊乐，如此多也! 是故子墨子曰：'为乐非也。'"为乐之事，与金钱财富，与听政，与劳动生产，的确存在着矛盾方面，应该加以正确处理。但为乐作为一种精神活动，一方面可以满足精神生活需要，另一方面也培养提高人的文明素质，调和社会秩序，如礼乐教化，这与"听政"、劳动生产、社会长治久安还存在着相辅相成的一致方面，是培养人的生命活动与社会统一事业不可缺少的方面。上古三代圣王提倡"乐教"，原因正在于此，墨家却视而不见。在当时的历史条件下，儒家认为，礼乐刑政都是社会所必需，应该把四者调和一致起来，而墨家则把礼乐与刑政与生产事业根本对立起来，以功利实业否定文化娱乐与艺术一审美活动，这不能不说墨家的这一思想是狭隘、片面的功利主义观点。

最后，墨家没有认识到乐舞活动有雅正与淫邪之分，雅正属于教化育人，淫邪属于纵欲享乐。墨家不分青红皂白，加以全盘否定。墨家强烈谴责"当今之主"与"王公大人"，"厚措敛乎万民，以为大钟、鸣鼓、琴瑟、竽笙之声。"挥霍浪费，劳民伤财，腐败社会政治。"昔者，齐康公兴乐《万》，《万》人不可衣短褐，不可食糠糟。曰：饮食不美，面目颜色不足视也；衣服不美，身体从容不足观也。是以食必粱肉，衣必文绣，此掌不从事乎衣食之财，而掌食乎人者也。是故子墨子曰：'今王公大人，惟毋为乐，亏夺民衣食之财以拊乐，如此多也！'是故子墨子曰：'为乐非也。'"（以上引文均见《非乐上》）墨家勇敢地站在人民的立场上，大胆地揭露、谴责"当今之主"与"王公大人"的骄奢淫逸的腐败行径，是一种难能可贵的社会正义，具有积极的历史意义。但没有把"当今之主""王公大人"的腐败享乐与乐舞活动的社会教育价值区分开来，把"当今之主""王公大人"的腐败堕落、纵欲享乐的罪过戴在乐舞头上，因此而否定乐舞，就是"不识庐山真面目"，让"乐"当了"当今之主"与"王公大人"腐败罪过的替罪羊。

综上所述，墨家"非乐"，认识不到乐舞艺术的精神本质，因而人生的精神生活便成为墨家视野的"盲区"。墨家的生命哲学思想，有些见物不见精神，思想不深刻，观点片面。一是唯"利"主义，只讲利害，不见美丑。对于人的生命活动需要，只看到衣食住行的物质生活与为满足这种需要的功利事业，而无视超越物质生活之上的精神生活与为满足这种需要的文化艺术教育事业。尤其是没有看到乐舞艺术的人生价值，看不到乐舞艺术是人的生命活动的一部分，是人的精神生活的必需品，乐舞活动为人的生命活动提供"精神食粮"。二是只见乐舞活动消耗物质利益的消极方面，无视乐舞活动可以培养教化人的生命精神的积极作用。乐舞活动固然要消耗一定的财力、物力、人力资源，但这是为了文化精神文化事业建设，不能等同于挥霍浪费。文化建设是为了使人长精神，提高德性，陶冶情操，调节人的身心健康，促进个体与社会的和谐。墨家看到"当今之主"与"王公大人"利用乐舞艺术享乐，美化腐败生活，因而站出来进行揭露、批判，坚决反对，这是正义之举。但因此断言否定乐舞艺术，要求取消禁止艺术活动，看不到乐舞艺术的生命精神价值，因而"非乐"。"非乐"思想，与古代生命哲学原创论思想相比较，无疑是一种后退。

墨家"非乐"的目光集中在物质财富与人的物质生活上面，只看到功利事业对人生之重要，而看不到人生还有精神生活需要，看不到人的生命精神既有以功利事业为目的，又有追求美乐、追求理想的高尚鹄的。

四 《吕氏春秋》"生生"之论

杂家的生命哲学思想主要记载于《吕氏春秋》一书中。《吕氏春秋》又名《吕览》，成书于战国时代末期，为秦国吕不韦及其门客多人合著之作，分《十二纪》《八览》《六论》三大部分。以吕不韦为首的这一派，形成于战国末期，一般称为杂家。杂家的特点，是搜集、整理古代及先秦各家的思想资料而成书，各种不同观点都包容其中。从整体观之，缺乏融通与独创性，因而显得"杂"，故以名之。当然，也不应把杂家的《吕氏春秋》看成是先秦各学派的思想资料集，而是一部学术著作。从思想体系看，杂家思想虽"杂"而不纯，但能把不同思想观点组成统一的一部著作，集众家之长于一体，这样的学术著作也是很有价值的。杂家对于思想资料的取舍、解释、论断、批评，也可见出杂家的折中观点。尤其从篇章结构方面，以一年四季十二月的时空形式构筑生命哲学思想体系，表现了杂家的独特构思与独到的建树。以一年四季十二月作为生命活动的背景，既有空间依托，又有时间流动变化过程，用时空一体、圜道循环之"象"，象征人的生命从生长到收藏（死葬），从收藏到生长，说明"物不可穷""原始反终"的道理，增强了真实感与信服力。

《吕氏春秋》比较全面地承传了春秋生命哲学原创论思想。对于古代文献

资料以及阴阳家的生命论、养生论，儒家的礼乐教化思想，道家的自然无为
思想，墨家的"节用""节葬"思想，都纳入自己的《十二纪》框架体系之
中，内容丰富，对于保存古代思想资料尤有贡献。所谓四季《十二纪》，就是
以一年四季十二个月的时序为框架论述人的生命活动过程，以四季运转交替
来划分人的活动过程四大不同阶段：即春生、夏长、秋收（成熟）、冬藏（死
亡）象征人的生命从生到死的转化，具体、真实地表现人的生命活动的时空
依托与变化过程，这在先秦生命哲学中是独一无二的结构形式，是杂家生命
哲学思想独创性的突出表现。陈奇猷先生说：

> 余嘉锡先生《四库提要辩证》云："《提要》谓'夏令言乐，秋令言
> 兵'，是也，谓'其余绝不可晓'者非也。今以春、冬之文考之，盖春令
> 言生，冬令言死耳"。猷案：余先生说是也。春夏秋冬四季，显系春言
> 生，夏言长，秋言收，冬言藏。每季所系之文，亦皆配合春生、夏长、
> 秋收、冬藏之义。春纪中《本生》《重己》《贵公》《去私》《贵生》《情
> 欲》等篇，主旨皆是言人当为其生而行事。至于《当染》，盖谓人所染当
> 则生，不当则死。故《当染》亦是言生。他如《功名》言民所归向则功
> 名成而生安，故《功名》所言亦是生。《尽数》言其生之天数，《先己》
> 言治身，《论人》言知己知人，《圜道》言不违天道，皆是存生之法。可
> 知春纪各篇皆是言生。孟夏后四篇言学，学所以长智，仲夏后四篇，季
> 夏后四篇言乐，乐者乐也，乐则体适而增长，故夏季十二篇系配合夏长
> 之义。秋纪十二篇言兵，兵者肃杀，而秋季之天气亦肃杀，万物收敛，
> 故秋季十二篇系配合秋收之义。冬纪十二篇言死、言葬、言安死、言死
> 之得当、言死而有价值，明是配合冬藏之义。（《吕氏春秋校释·孟春纪》
> 注释一）

陈先生的解释很中肯。《吕氏春秋》以一年四季十二月的天地之"象"
之"动"之"变"作为人的生命活动的依托，突出地表现了对人的生命活动
直觉观照的真实。春夏秋冬每季三个月，称孟纪、仲纪、季纪。每《纪》除

概论外，还有四个论题，每季三《纪》十二个论题，四季《十二纪》共四十八个论题，分别论述人的各种生命活动。如，春季第一个月即《孟春纪》，先概论这一月的时序、气候、节令、星宿方位、蛰虫鱼禽之动以及祭祀用物、天子与三公九卿诸侯大夫要做什么事等。接着就是《本生》《重己》《贵公》《去私》四个论题。第二个月是《仲春纪》，概论之后就是《贵生》《情欲》《当染》《功名》四个论题。第三个月是《季春纪》，概论之后就是《尽数》《先己》《论人》《圜道》四个论题。夏秋冬三季论列格式与春季同，这里就不多说。

（一）春生：生命之本与养生之道

孟春纪的《本生》、仲春纪的《贵生》，直接凸显"春生"之义。《吕氏春秋》的作者对古代生命哲学原创论的思想观点全面承传发挥，并批判现实的统治者种种不利于人的生存的罪恶行径。主要表现是把生命的起源归本于天；天是自然，而不是上帝神鬼。同时，指出"今世之惑主"违背天命而害生。《本生》篇云：

> 始生之者，天也；养成之者，人也。能养天之所生而勿撄之谓天子。天子之动也，以全天为故者也。此官之所自立也。立官者以全生也。今世之惑主多官而反以害生，则失所为立之矣。譬之若修兵者，以备寇也，今修兵而反以自攻，则亦失所为修之矣。

人的生命活动虽然发自个体，但必然依托于一定的社会环境，因此人的生命活动其性质意义却是社会的，因为人是"类的存在物"（马克思语）即社会存在物。在社会环境中，政治乃是"养成"人的生命生养的根本保障，而政治的主要职能就是"立官"，即设立组织机构及组成人员，其任务就是"全生"。《本生》认为，立官正确而恰当，才能"全生"——保全人的生命。否则，立小人为官，或官多而滥，政令不一，不仅不能"全生"，反而要"害生"。"今世之惑主"就是如此害生的。再譬如修兵，本为防寇。可是现实中的"惑主"拥兵自重，攻伐互残，此乃"害生"也。这是对战国时代各个政治统治集团互相攻伐、残杀的揭露与批判，认为他们是最大的"害生"者。《吕氏春秋》的生命论，紧密结合现实的社会政治，尖锐地批判残暴的政治统治者——"今世之惑主"。《孟春纪》的其他三篇是《重己》《贵公》《去私》，是《本生》论题的进一步发挥。强调做官之人的人格修养，要大公无私，推行仁义；大公无私，推行仁义，既是人格修养之道，也是治世之道。这些说论都是针对统治者而言。在论述中所列举的模范人物，都是上古的五帝三王，尤其尧舜及夏商周的圣君贤相，他们清廉节俭，德高望重，因而为《吕氏春秋》作者所推崇。《重己》载："昔先圣王之为苑囿园池也，足以观望劳形而已矣；为其宫室台榭也，足以辟燥湿也；为其舆马衣裘也，足以逸身煖骸而已矣；其为酒食酏醴也，足以适味充虚而已矣；其为声色音乐也，足以安性自娱而已矣。五者，圣王之所以养性也，非好俭恶费也，节乎性也。"说明先圣王衣食住行很节俭，不废听乐观美及声色犬马之游乐，是养性而非纵欲挥霍。这是因为："昔先圣王之治天下也，必先公，公则天下平矣。""天下非一人之天下也，天下（人）之天下也。阴阳之和，不长一类；甘露时雨，不私一物；万民之主，不阿一人。"（《贵公》）《去私》载："天无私覆也，地无私载也，日月无私烛也，四时无私行也，行其德而万物得遂长焉。"极力宣扬"天下为公"的理念，说的都是至理名言。

《仲春纪》的首要论题是《贵生》；贵生就是尊生，是以"完身养生"为上，功利事业乃"余事"。"故曰：道之真，以持身；其绪余，以为国家；其土苴，以治天下。由此观之，帝王之功，圣人之余事也，非所以完身养生之道也。"也就是说，"完身养生"是人生最主要的工作，帝王的功利实业，圣王治国理民，都是在"完身养生"的基础上进行的。可见，人的生命之重要，无生命也就无事业无国家。《贵生》篇又云：

> 圣人深虑天下，莫贵于生。夫耳目鼻口，生之役也。耳虽欲声，目虽欲色，鼻虽欲芬香，口虽欲滋味，害于生则止。在四官者不欲，利于生者则弗（衍字——引者）为。由此观之，耳目鼻口，不得擅行，必有

所制。譬之若官职，不得擅为，必有所制。此贵生之术也。

从"完身"的角度说，也是以养生为主，人的欲望要为养生服务。耳目鼻口四大官能器官是以"养生"为目的，不能从耳目口鼻的趣味嗜好出发任意所为，这是养生所要注意的四个方面。这四个方面都不得随意"擅行"，必须进行节制调和，才有益于生养。《贵生》载："子华子曰：'全生为上，亏生次之，死次之，迫生为下。'故所谓尊生者，全生之谓。所谓全生者，六欲皆得其宜也。所谓亏生者，六欲分得其宜也。亏生则于其尊之者薄矣。其亏弥甚者也，其尊弥薄。所谓死者，无有所知，复其未生也。所谓迫生者，六欲莫得其宜也，皆获其所甚恶者，服是也，辱是也。辱莫大于不义，故不义，迫生也，而迫生非独不义也，故曰迫生不若死。"《本生》是从生命所依托的外部环境（主要是社会政治）谈养生，环境和者益生，环境乱者害生。《贵生》则从生命个体的官能欲望方面谈如何节制而养生，认为"六欲"（耳目鼻口与生死）"皆宜"为上；"宜"就是"平"，就是"和"。生命本身及生命所依托的环境二者结合起来，才是完全的养生之道。因为"和实生物"既要求生命本身之"和"，又要求生命活动所依赖的环境也必须是"和"；不"和"而"乱"，必然"害生"；不仅伤害个体生命，也破坏社会安定。《贵生》之后，是《情欲》《当染》《功名》三个论题。《情欲》是对《贵生》的进一步发挥，认为情欲之动必须从"贵生"出发，然后生可养而身可安。后二论题都是针对生命的外在影响方面来谈养生，这里就不具体介绍了。

《季春纪》的首要论题是《尽数》。所谓"尽数"者，享尽其天年也。人的寿年乃天命所定，不可以人为之力强。要按照自然规律养生，养生的方法如果违背自然规律，对生命必然有损伤，甚至夭折。《尽数》开篇云：

天生阴阳寒暑燥湿，四时之化，万物之变，莫不为利，莫不为害。圣人察阴阳之宜，辨万物之利以便生，故精神安乎形，而年寿得长焉。长也者，非短而续之也，毕其数也。毕数之务，在乎去害。何谓去害？大甘、大酸、大苦、大辛、大咸，五者充形则生害矣。大喜、大怒、大忧、大恐、大哀，五者接神则生害矣。大寒、大热、大燥、大湿、大风、大霖、大雾，七者动精则生害矣。故凡养生，莫若知本，知本则疾无由至矣。

所谓"尽数"，就是享尽天命之寿数；寿数是生命有机生长过程，并非以短续长也；因为寿年是天命所定，不是自己想当然。"养生"就是宜生、便生，防止人为的害生。害生表现在三大方面：第一个是"五大"，是指人的饮食过量，第二个也是"五大"，指人的情感侈淫，最后的是"七大"，指生命所依托的自然环境过于刺激，三者都破坏了"和"的境界，因而有害于人的生命，使人不能"尽数"，养生者不能不注意也。《尽数》说，养生要知本，"知本则疾无由至矣"。什么是"本"？"本"就是"和"，"知本"就是"知和"，就是知"和实生物"之"和"。

（二）夏长：长身体长精神

夏季之三《纪》是记生命成长所需要的各种条件尤其是教育。孟、仲、季各《纪》的论题分别是：《劝学》《尊师》《诬徒》《用众》，《大乐》《侈乐》《适音》《古乐》，《音律》《音初》《制乐》《明理》。十二个题目，都是论人的生命成长的。人的生命，不同于动植物的生命。人的生命活动是有意识的，不仅有生命机体、生命本能，更有生命意识（思维）、生命精神；人的生命活动是生命意识与生命机体的统一。因此，所谓"夏长"，长什么？不仅长身体，更重要的是长智慧长德性长情性，是身体与精神同步相长。而夏季《三纪》主要论述长精神：《孟夏纪》论长知性长德性；《仲夏纪》《季夏纪》论长情性。总之，长精神都离不开教育。

《孟夏纪》有《劝学》《尊师》《诬徒》《用众》四篇。首要论题《劝学》开宗明义，指出"学"与"教"对于人的生命成长之重要：

先王之教，莫荣于孝，莫显于忠。忠孝，人君人亲之所甚欲也。显荣，人子人臣之所甚愿也。然而人君人亲不得其所欲，人子人臣不得其所愿，此生之不知理义。不知理义，生于不学。学者师达而有材，吾未知其不为圣人。圣人之所在，则天下理焉。在右则右重，在左则左重，是故古之圣王未有不尊师者也。尊师则不论其贵贱贫富矣。若此则名号显矣，德行彰矣。故师之教也，不争轻重尊卑贫富，而争于道。其人苟可，其事无不可，所求尽得，所欲尽成，此生于得圣人。圣人生于疾学。不疾学而能为魁士名人者，未之尝有也。疾学在于尊师，师尊则言信矣，道论矣。

首先指出，学是人生之天性，学才能知道天下之理义，才能扩充学问，才能彰显道德，才能成为君子乃至圣人。而学要靠老师教导，因此必须尊师。《尊师》篇则进一步申述君子与师、学与教的关系。"君子之学也，说义必称师以论道，听从必尽力以光明。听从不尽力，命之曰背；说义不称师，命之曰叛；背叛之人，贤主弗内之于朝，君子不与交友。故教也者，义之大者也；学也者，知之盛者也。义之大者，莫大于利人，利人莫大于教。知之盛者，莫大于成身，成身莫大于学。身成则为人子弗使而孝矣，为人臣弗令而忠矣，为人君弗强而平矣，有大势可以为天下正矣。"总之，当老师的就是传道、解惑、授业，当学生的就是学理义，尽忠尽孝；师道尊严，学生必须敬重老师。当然，师道尊严是有条件的，不是什么人都可以居"师教尊严"的地位，而是懂得与掌握修身齐家治国平天下的道术之君子。那些没有真才实学的人，不在"师道尊严"之列。《诬徒》篇正是揭露那些"误人子弟"的冒牌"师道"行径。

《仲夏纪》与《季夏纪》有《大乐》《侈乐》《适音》《古乐》与《音律》《音初》《制乐》《明理》八篇。《吕氏春秋》的作者，用四篇论述长知性长德性，而用八篇论述长情性。也就是用两倍的篇幅论述情性的教养，因为情性与生命欲望直接相联，欲望对于生命成长具有积极与消极二重作用，因此论长情性要比论长知性长德性更复杂，难度更大，因而自古以来生命欲望受到哲学家与教育家的重视。用什么来调节人的生命欲望而陶铸情操？用艺术即古乐。前者《孟夏纪》用四篇论述长知长德二性，这里用八篇论述长情性，如同前者一样系统介绍，所用文字就是前者的四倍，这样篇章结构太不均衡，所以《仲夏纪》《季夏纪》只介绍"重中之重"。

《大乐》篇云："凡乐，天地之和，阴阳之调也。始生人天也，人无事焉。天使人有欲，人不得不求。天使人有恶，人不得不辟。欲与恶所受于天也，人不得兴焉，不可变，不可易。"人有"欲""恶"都是天赋的，"欲""恶"如何发展需要人为的节制、引导。显然是接受了荀子的人性恶之观点，强调礼乐教化引导性恶而向善方面发展。"先王乐教"，就是要调节人的欲求适当，不过不淫，而处于中和之境。"大乐"正是中和之乐，也就是"正乐""雅乐"，能调节人的生命欲望使之雅正，而不放任自流。《大乐》对于乐的看法，显然继承了古代生命哲学思想，认同儒家观点。儒家有"大乐与天地同其和"之说。《大乐》篇说："大乐，君臣父子长少之所欢欣而说也。欢欣生于平，平生于道。道也者，视之不见，听之不闻，不可为状。""欢欣"即是"和"的状态，"欢欣生于平"即"和"状态生于"平"；"平生于道"，"道"分阴阳两种性能，阴阳相摩而产生平衡调和之境界，也可以说"平"是阴阳的和谐关系，是"和"之本体。要而言之，"和"与"平"密切相连，是因果关系。《大乐》认为，用"和"用"平"来调节人的生命欲望，是符合"天命"的，作用也很明显。可是，"世之学者，有非乐者矣，安由出哉？"显然是批评墨家"非乐"，违背人的天性。《大乐》篇是对乐的积极作用的充分肯定、赞扬，而《侈乐》篇是对乐的消极作用的批判、否定。何谓"侈乐"？就是奢侈之乐，也就是淫乐。陈奇猷说："所谓侈乐者，谓乐器之种类繁多，数量多，体型特大，形状奇异，组成一庞大乐队；其演奏之乐调则是俶诡殊瑰，发声则响若雷霆，或纷乱噪杂。"（《侈乐》注一）这样的乐，必然破坏雅正中和之境界。《侈乐》篇云：

> 乐之有情，譬之若肌肤形体之有情性也，有情性则必有性养矣。寒温劳逸饥饱，此六者非适也。凡养也者，瞻非适而以之适者也。能以久处其适，则生长矣。生也者，其身固静，或而后知，或使之也。遂而不返，制乎嗜欲，制乎嗜欲无穷则必失其天矣。且夫嗜欲无穷，则必有贪

鄙悖乱之心，淫佚奸诈之事矣。故强者劫弱，众者暴寡，勇者凌怯，壮者慠幼，从此生矣。

《大乐》与《侈乐》，从乐之"和"与乐之"侈"的不同方面论述对人的生命的正与负的不同作用，鲜明对照，明理有力。所谓"侈"，就是淫，就是过，其作用与"和"与"适"正好相反，使人心不适，不好受，因而不利于养生。所谓"适"，中也，与"平"意义相近，也是"和"的前提，有"适"才有"和"。

《适音》篇，发展了生命哲学思想，这就是"以适听适则和矣"观点的提出。生命哲学原创论与儒家论乐之"和"，一般都是从生命活动的对象方面即艺术作品方面谈和，如"乐从和，和从平"，皆是指艺术活动的作品对象之"和"之"平"。而《适音》则强调欣赏主体的"和"，即"心和"。作品对象之"乐和"来自"平"，欣赏主体的"心和"来自"适"，"适"与"平"是同一境界，都是"和"的前提，只是所指主客不同罢了。《适音》篇认为，耳之情欲声，心不乐，五音在前不听；目之情欲色，心不乐，五色在前弗视；鼻之情欲芬香，心不乐，芬香在前弗嗅；口之情欲滋味，心不乐，五味在前弗食。心不乐的原因，是心态不适所致。"故乐之务在于和心，和心在于行适"。"行适"即行为适当。要行为适当，关键"在于胜理"。所谓"胜理"，也就是按着自然之规律去满足心理欲望，祛除能引起心烦意乱、忧虑不安之因素，这样心情自然和乐起来。赏乐之"适心"，既利于身心健康，又利于治国安邦。"胜理之治身则生全矣，生全则寿长矣；胜理之治国则法立矣，法立则天下服矣。故适心之务，在于胜理。""适心"而有"心和"，"乐和"也存在"适"的问题，而"乐适"的关键在"音适"。乐是由音乐、舞蹈、歌诗构成的综合体艺术，而音乐起主导作用。音乐是由各种声响构成，是供人耳聆听的。

太巨则志荡，以荡听巨，则耳不容，不容则横塞，横塞则振；太小则志嫌，以嫌听小，则耳不充，不充则不詹，不詹则窕；太清则志危，以危听清，则耳谿极，谿极则不鉴，不鉴则竭；太浊则志下，以下听浊，则耳不收，不收则不抟，不抟则怒。故太巨、太小、太清、太浊，皆非适也。

也就是说，音声之大小、清浊都必须适当，"过"与"不及"皆非"适"，"适"乃"衷"（中）也。

何谓适？衷音之适也。何谓衷？大不出钧，重不过石，大、小、轻、重之衷也。黄钟之宫，音之本也，清浊之衷也。衷也者适也，以适听适则和矣。

真正的"和"，是人的生命精神活动之"和"与艺术表现境界之"和"相适应、相一致，是生命主体与客体对象融合为一的境界。

《古乐》篇的突出贡献是系统地记述了先王古乐的思想资料，从三皇五帝一直写到周成王等各开国之王作乐之事与乐章之名，保存这些远古思想资料很可贵，只是不知所本于何。《古乐》篇载：

乐所由来者尚也，必不可废。有节有侈，有正有淫矣。贤者以昌，不肖者以亡。

昔古朱襄氏之治天下也，多风而阳气畜积，万物散解，果实不成，故士达作为五弦瑟，以来阴气，以定群生。

昔葛天氏之乐，三人操牛尾投足以歌八阕：一曰《载民》，二曰《玄鸟》，三曰《遂草木》，四曰《奋五谷》，五曰《敬天常》，六曰《达帝功》，七曰《依地德》，八曰《总万物之极》。

昔陶唐氏之始，阴多滞伏而栈积，水道壅塞，不行其原，民气郁阏而滞著，筋骨瑟索不达，故作为舞以宣导之。

陈奇猷认为"陶唐氏"应是阴康氏，阴康氏与葛天氏相接，此乃《吕氏春秋》之误。陈先生之说是也。朱襄、葛天、阴康为三皇，黄帝为五帝之首，而陶唐氏为帝尧，远在黄帝之后，不能与三皇并举。按此材料，"三皇"时代已提出"气"这一生命论概念，查无历史根据，不敢信此之说。但从这些材料，可以看到古代气论生命哲学思想的影子。远古时代，音乐舞蹈是人的生命活动的直接表现，与人的生命活动、身体健康紧密联系在一起，并不超越功利活动之上。圣人作乐以调节阴阳二气，使五谷丰登，群生安定。至于跳舞，主要是舒筋活血，促进身体健康。对于"气"之功能，着重从物质性方面进行解释，符合古人对生命认识的实际。春秋时代的医和、子大叔、单穆公、伶州鸠论乐与气的关系，对于"气"之功能，则是物质性与精神性的统一，气既是生命机体的，又是生命精神的，二者密不可分。到了战国时代的孟子、庄子，论气的功能，则偏重于精神方面，但也不把二者截然分开，而是有机连在一起。总之，生命机体与生命精神是不能机械地分割开来。由此，我们可以说，"气"的功能既有物质性的一面，也有精神性的一面。正如人的才气、能力，既有物质性的方面（来自生命机体），又有精神性的方面（来自生命意识），二者是有机统一的。过去的唯物论哲学，或者把"气"说成是物质，或者说成是精神，把物质和精神根本对立起来，不符合气的实际性能，也不符合人的生命活动实际。

（三）秋收：兴"义兵"诛暴，拯救黎民

《孟秋纪》四个论题是：《荡兵》《振乱》《禁塞》《怀宠》。《荡兵》，就是用兵；《振乱》，就是平定世乱拯救黎民。这两篇乃是整个秋季三《纪》所讨论的主题。《荡兵》开篇云："古圣王有义兵而无有偃兵。兵之所自来者上矣，与始有民俱。凡兵也者，威也，威也者，力也，民之有威力，性也。性者所受于天也，非人之所能为也，武者不能革而工者不能移。兵所自来久矣，黄、炎故用水火矣，共工氏固次作难矣，五帝固相与征矣。递兴废，胜者用事。""与始有民俱"，有人民，就有兵事；兴兵征伐，胜者用事，自古皆然。历史事实告诉我们，兵事不是要不要的问题，而是不可避免。关键是兴义兵，除暴安良，保护黎民的生命财产。"兵诚义，以诛暴君而振苦民，民之说也。"

（《荡兵》）比如汤伐夏桀、武王伐纣就是兴义兵而除暴乱。《振乱》篇云：
"夫攻伐之事，未有不攻无道而伐不义也。攻无道而伐不义，则福莫大焉，黔
首利莫厚焉。""攻无道而伐不义"，是为了保护人民的生命安全，因而得到人
民的欢迎与支持。《禁塞》篇是驳斥"救守"论者。所谓"救守"，就是"守
无道而救不义"，因而有违于义兵吊民伐罪之义举，使暴君益暴，人民的苦痛
益深。《怀宠》篇是言义兵吊民伐罪，人民感怀其恩。综上四题所论，举义兵
而除暴安良，"递兴废，胜者用事"，自古皆然。唯有如此，才能铲除"救
守"，保天下太平，使人民安居乐业。

　　《仲秋纪》四个论题是：《论威》《简选》《决胜》《爱士》。《论威》就是
论兵威。兵威表现在哪里？"凡兵，天下之凶器也，勇，天下之凶德也。举凶
器，行凶德，犹不得已也。举凶器必杀，杀，所以生也；行凶德必威，威，
所以慑之也。敌慑民生，此义兵所以隆也。"义兵杀极少数暴君惑主，从而拯
救了大多数平民的生命，也就是"杀所以生也"。《简选》是论精选士卒与兵
器；《决胜》是论决胜之道；《爱士》是论主兵之将帅要爱护士卒。综上四题
所论，兵，凶器也，勇，"凶德也"，用兵征伐，必有杀戮；杀戮生命是凶事，
总是令人不忍。然而不如此，就无法"平定世乱拯救黎民"，就无法吊民伐
罪，惩恶扬善。

　　《季秋纪》四个论题是：《顺民》《知士》《审己》《精通》。《顺民》，就
是顺民心，即是按照民心所向而战，如此征战才能取胜。"先王先顺民心，故
功名成。夫以德得民心以立大功名者，上世多有之矣。"如"汤克夏而正天
下""文王处岐事纣"，越王灭吴等，都是先得民心而后一战取胜。"故凡
举事，必先审民心然后可举。"以下三篇与《顺民》一样都是论述举事之主
用兵的先决条件——顺从民心所向。有些论述似与前面重复，这里略去，
避免啰唆。综上四题所论，秋季万物收敛，五谷成熟，是动刀收割的季节。
这个季节，气候渐趋清冷，令人感到凄凉，乃有肃杀之气氛。但肃杀而有
收获，也就是前面所说的"杀所以生也"，这正应"兴义兵诛暴君以利万
民"之义。

（四）冬藏："节丧""安死""视死如归"

冬藏也是《三纪》十二个论题，孟、仲、季《三纪》的题目分别是：《节丧》《安死》《异宝》《异用》；《至忠》《忠廉》《当务》《长见》；《士节》《介立》《诚廉》《不侵》。十二个论题，唯有首先的《节丧》《安死》二篇，直接言死与藏之道，提出"视死如归""入土为安"的基本理念，而其他各篇乃是言士大夫与死藏相关联的智慧、观点、节操，并且多是讲述具体事例和历史故事。仅从题目上也可知其大概，这里不具体评述，只介绍《节丧》《安死》二篇，足以了解《吕氏春秋》作者的生死观。墨家反对儒家厚葬久丧的礼仪规定，主张"节葬"，《吕氏春秋》接受并赞同墨家的思想观点。也可以说，冬藏的《三纪》十二个论题，都是对墨家"节葬"主张的具体发挥。

《节丧》说："审知生，圣人之要也；审知死，圣人之极也。知生也者，不以害生，养生之谓也；知死也者，不以害死，安死者也。此二者，圣人之所独决也。"圣人对于生与死，是审慎重视的，因而有清楚的认识。知道生的道理，因而不害生，就是养生；知道死的道理，因而不害死，就是安死。养生与安死二者，乃"圣人之所独决也"。也就是说，如何看待生死问题圣人早已为我们解决了。圣人实施礼乐教化，就是为了调和人的生命欲望，以利生养，这是最大的养生之道。至于如何才算"安死"，也是圣人的独到之明。《吕氏春秋》的作者作了更详尽的论述。《节丧》说："凡生于天地之间，其必有死。所不免也。孝子之重其亲也，慈亲之爱其子也，痛于肌骨，性也。所重所爱，死而弃之沟壑，人之情不忍为也，故有葬死之义。葬也者，藏也，慈亲孝子之所慎也。慎之者，以生人之心虑。以生人之心为死者虑也，莫如无动，莫如无发。无发无动，莫如无有可利，则此之为重闭。"所谓"重闭"，就是重视入土为藏，使死者安享，而所藏之所不被发掘，不被偷盗，才能使死者安享。然而，世间所行的死葬之礼，却使死者不安。死者之所以不安，根本原因就是"厚葬"造成的。因为厚葬才吸引众多的盗墓者来发掘、盗窃随葬之珠宝，如此，死者何以能安？《节丧》批评说："今世俗大乱也，之主愈侈，其葬则心非为乎死者虑也，生者以相矜尚也。侈靡者以为荣，节俭者以为陋，不以便死为故，而徒生者之诽誉之务，此非慈亲孝子之心也。父虽死，孝子之重之不怠；子虽死，慈亲之爱之不懈。夫葬所爱所重，而以生者所甚欲，其以安之者，若之何哉？"如何才能做到"重闭"？主要是墨子所说的"节葬"。只有薄葬，才能使死者不受其辱。《安死》篇说："先王之所恶，惟死者之辱也。发则必辱，俭则不发，故先王之葬，必俭、必合、必同。何谓合？何谓同？葬于山林则合于山林，葬于阪湿则同于阪湿，此之为爱人。"人与天地同体，生养于天地之间，死则回归于天地。先王对于死葬从俭，主要是为了死者安眠，不受惊扰凌辱，"是故先王以俭节葬死也，非爱其费也，非恶其劳也，以为死者虑也。"以上充分说明，《吕氏春秋》完全继承了古代生命哲学原创论的生死观：乐天知命，视死如归。

《吕氏春秋》的生命哲学思想很系统，不仅论生命产生的根源，更论生命成长的资源；不仅论长生命机体，更论长生命精神；不仅论个体生命，更论群体、社会等"类"的生命，论个体生命与"类"的生命之关系，思想观点也很折中、全面。这种卓越的生命哲学思想，经过二千四五百年直到清人撰写《四库提要》，却仍然没有认识到它的真实面目和价值意义，可见后人对《吕氏春秋》生命哲学思想的忽视。从篇章结构的设计安排看，《吕氏春秋》以四季运转、交替与十二月的时序、节令作为人的生命活动的时空依托，充分表现了对人的生命活动直觉观照体验的真实。《吕氏春秋》的作者独创性的构思，周密的篇章结构设计，以及时空一体的生命直观形式与"立象以尽意"的表现方法，非常符合人的生命活动的思想表达。《吕氏春秋》的生命哲学，凸显了中华文化长于生命整体把握方式与生命具象表达这一民族特色。

第三章　艺术生命的思想之源与本质表现

　　生命哲学是研究生命活动的，而主要是研究人的生命活动。春秋生命哲学原创论以礼乐教化为主要的论述对象，这就告诉我们，古代的礼乐教化是人的一种生命活动。古代礼仪活动的形式是美感的，并且与音乐、舞蹈、歌诗三位一体的艺术——乐紧密结合；美感活动与艺术活动都是人的生命活动的一种感性显现。但古代礼乐教化不是人的一般生命活动，而是人的高尚的生命活动，因此可以调节、培养人的生命活动健康成长，提高社会精神文明。美感活动、艺术活动也常常被称为"实践"，实际上，它是人的一种生命精神活动实践，不同于物质生产实践与社会功利活动实践，这是应当注意的。美感活动、艺术活动之所以被称为"实践"，因为它是一种生命整体活动或身心一体的活动，而不是单纯的理性思维活动。总之，说艺术活动是人的生命活动的一种表现，这是不证自明的历史事实。若说艺术是有生命的，可是，艺术的"生命"与我们习以为常的生命概念大不一样，因而心中总是有些疑惑：艺术生命是什么？艺术生命是怎样产生的？凡生命都要死亡，艺术生命呢？等等。本章都将做出回答。

一　中国艺术生命论的源流传承

　　中国古代艺术生命论，受先秦生命哲学的思想影响，从古至今，形成独立发展的艺术历史传统。春秋"礼崩乐坏"之后，乐逐渐脱离对礼的依附而成为独立的艺术体系；同时，古乐分化，使音乐、舞蹈、诗歌、文学、绘画、书法等逐渐成为独立的艺术门类。但"生命"仍然是各个艺术门类的"灵魂"，生命整体论的观照与表现方法仍然是艺术创造的根本方法。春秋生命哲学原创论的三大范畴——"和""气""易象"，构成了中国艺术生命论的本体；"和"是艺术生命之美，"气"是艺术生命创造的原动力，"易象"是艺术创造的生命原型。中国艺术生命论具有悠久的历史传统，是生命哲学原创论这一思想古源分流之后，流淌最长久的两条支流之一（另一条支流就是中医学的生命论）。先秦生命哲学，是中国艺术生命与艺术民族风格形成的思想之源，而艺术生命论则是先秦生命哲学思想的衍变与发展。

（一）"和"是艺术生命美

以"和"为美，是中国各门艺术共同追求的理想境界。"和"作为中国艺术理论的一个核心范畴，从古贯穿至今。中国最早的一部系统的艺术理论著作《乐记》，完全继承了先秦生命哲学思想并运用于艺术生命论的建构。《乐记》认为，"乐"所追求的最高境界，乃是天地之和，因为天地人三才是一体的，并以天为"尊"。《乐论篇》云："乐者，天地之和也；礼者，天地之序也。和，故百物皆化；序，故群物皆别。"又云："大乐与天地同和，大礼与天地同节。"乐舞活动是人的生命活动的美感表现，人的生命之"心"乃是艺术生命产生的主要根源。《乐本篇》载：

> 乐者，音之所由生也。其本在人心之感于物也。是故其哀心感者，其声噍以杀；其乐心感者，其声啴以缓；其喜心感者，其声发以散；其怒心感者，其声粗以厉；其敬心感者，其声直以廉；其爱心感者，其声和以柔；六者非性也，感于物而后动。

《乐本篇》认为，哀、乐、喜、怒、敬、爱六者并非人性，而是人性的外在表现——情。因为"性"是静的，内在的，而"情"是"性"之实质，是动的，因而与"欲"相表里，"情欲"是生命活动的驱动力。《乐象篇》载：

"是故君子反情以和其志，比类以成其行。奸声乱色，不留聪明；淫声慝礼，不接心术；惰慢邪辟之气，不设于身体：使耳目鼻口心知百体，皆由顺正以行其义。然后发以声音而文以琴瑟，动以干戚，饰以羽旄，从以箫管，奋至德之光，动四气之和，以著万物之理。"充分说明，古代的音乐舞蹈歌诗活动，正是人的生命活动，而且是人的高级生命活动。《乐记》认为，乐之和是最佳的生命境界，这种生命境界不仅涵养个体生命之和，也调节伦理、政事等社会"大生命"之和。《乐化篇》载："是故，乐在宗庙之中，君臣上下同听之，则莫不和敬；在族长乡里之中，长幼同听之，则莫不和顺；在闺门之内，父子兄弟同听之，则莫不和亲。故乐者审一以定和，比物以饰节，节奏合一成文，所以合和父子君臣，附亲万民也，是先王立乐之方也。"《乐本篇》云："是故先王慎所以感之者：故礼以导其志，乐以和其性，政以一其行，刑以防其奸。礼乐刑政其极一也，所以同民心而出治道也。"总之，"和"是《乐记》的中心概念，辐射于《乐记》所论的各个方面；"和"是《乐记》各篇必论之项。

《乐记》论乐"和"总是与"气"紧密联系起来，因为"和"是生命的前提，"气"是生命活动的原动力，二者密不可分，都是生命存在的根据。《乐记》认为，"血气"乃是调和"心知"与"情欲"和谐之动力。《乐言篇》云："民有血气心知之性，而无哀乐喜怒之常；应感起物而动，然后心术形焉。"又云："合生气之和，道五常之行，使之阳而不散，阴而不密，刚气不怒，柔气不慑，四畅交于中而发于外，皆安其位不相夺也。""气"与"和"是一致的，气正则乐正，感人以和；气逆则乐淫，感人以邪。《乐象篇》曰："凡奸声感人，而逆气应之；逆气成象，而淫乐兴焉。正声感人，而顺气应之；顺气成象，而和乐兴焉。"人的"血气和平"与乐的和美境界是完全一致的。"和"是生命的起点，也是生命活动的目的；"气"则是从起点到达目的地推动力。《乐礼篇》云："地气上齐，天气下降，阴阳相摩，天地相荡，鼓之以雷霆，奋之以风雨，动之以四时，暖之以日月，而百化兴焉，如此，则乐者，则天地之和也。"说明"气"是艺术"天人合一"境界形成的原动力。

　　魏晋之际的阮籍、嵇康论乐，也完全继承先秦生命哲学思想。阮籍的《乐论》，坚持儒家乐教的基本观点，并对儒家的乐教思想有新的发展。嵇康的《声无哀乐论》，用道家的基本思想修正儒家的乐教思想，但并不否定儒家的礼乐教化，对"和"的艺术生命理念多有新的发挥。阮、嵇的乐论都主张"越名教而任自然"，都对儒家乐教思想进行反思，进行批判地继承，尤其对艺术生命境界的论述更为深刻。阮籍认为乐的本体是天地，其表现乃是万物性命之"生"。他说："夫乐者，天地之体，万物之性也。合其体，得其性，则和；离其体，失其性，则乖，昔者圣人之作乐也，将以顺天地之性，体万物之生也。故定天地八方之音，以迎阴阳八风之声；均黄钟中和之律，开群生万物之情气。故律吕协，则阴阳和；音声适，而万物类；男女不易其所，君臣不犯其位；四海同其观，九州一其节。奏其圜丘而天神下降，奏其方岳而地祇上应，天地合其德，则万物合其生，刑罚不用，而民自安矣。"(《乐论》)阮籍对于和与气的关系的看法与《乐记》完全一致，这里不细说。嵇康同阮籍一样，认为乐之本体为天地："夫天地合德，万物贵生。寒暑代往，五行以成。故章为五色，发为五音。音声之作，其犹嗅味在于天地之间。其善与不善，虽遭遇浊乱，其体自若，而不变也。"(《声无哀乐论》)他反对《乐记》"治世之音安以乐，亡国之音哀以思"的说法。认为人之哀乐之情不是来至客观的音声，而是来自人心。他说："和心足于内，和气见于外；故歌以叙志，儛以宣情。然后文之以采章，照之以风雅，播之以八音，感之以太和；导其神气，养而就之；迎其情性，致而明之；使心与理相顺，和与声相应。合乎会通，以济其美。""和心"是情之内在根源，而"和气"则是情之外在表现，与生命之外的声音无关。嵇康的《声无哀乐论》强调来艺术所表现的哀乐情感是来自生命主体，而非决定于客观对象。这个看法与《乐记》是不同的。

(二)"气"是艺术生命创造的原动力

　　中国艺术以生命为美，以"和"为艺术生命所追求的最高境界，从古至今皆然。"和"的生命理念对中国艺术生命论的形成、发展，其影响是一以贯之的。不仅古乐追求"和"，后起的艺术部类如文学、绘画、书法等，皆是如此。但是"气"与后起的这些艺术部类的密切关系，却很晚才被认识。这是因为古乐是音乐、歌诗、舞蹈三位一体的生命活动，与人的生命机体活动紧密联系在一起，很明显是"身体艺术"。但文学等部类的创造与审美活动，却不是这种情形。文学等部类，主要靠思维活动，与生命机体的联系比较潜藏，因此贯穿身心一体的动力之"气"，在文学活动中表现不太明显，所以直到魏晋时代"气"才被引进文学批评理论。书法、绘画等，都不直接表现为"身体艺术"，这大概就是"气"这个艺术生命活动的原动力较晚引入文学、书法、绘画等艺术部类中的缘故。

曹丕是文气论的最早提出者。《典论·论文》说："文以气为主，气之清浊有体，不可力强而致。譬诸音乐，曲度虽均，节奏同检，至于引气不齐，巧拙有素，虽在父兄，不能以移子弟。"这里的"气"，显然是指人的先天的气质、才气。"气"是人的生命结构的重要因素，是文学生命创作的才气。刘勰深受曹丕的影响，在《文心雕龙》中设《养气》篇，专论"素气资养"。他说："夫耳目鼻口，生之役也；心虑言辞，神之用也。率志委和，则理融而情畅；钻砺过分，则神疲而气衰。""是以吐纳文艺，务在节宣，清和其心，调畅其气，烦而即舍，勿使壅滞，意得则舒怀以命笔，理伏则投笔以卷怀，逍遥以针劳，谈笑以药倦，常弄闲于才锋，贾余于文勇，使刃发如新，腠理无滞，虽非胎息之迈术，斯以卫气之一方也。"《文心雕龙》的其他许多篇也贯穿着生命气论。《征圣》云："精理为文，秀气成采"；《辨骚》云："故能气往轹古，辞来切今，惊采绝艳，难于并能矣"；《杂文》云："智术之子，博雅之人，藻溢于辞，辞盈乎气"；《风骨》云："诗总六义，风冠其首，斯乃化感之本源，志气之符契也""情之含风，犹形之包气""意气骏爽，则文风清焉""情与气偕，辞共体并"，等等，不一而足。

魏晋南北朝之后，气作为艺术创作原动力的思想不仅贯彻于文学批评之中，也扩大到绘画批评、书法批评等艺术门类。唐代古文家韩愈说："气，水

也；言，浮物也。水大而物之浮也大小毕浮，气之与言犹是也。气盛则言之
长短与声之高下皆宜。"（《答李翊书》）也就是说，生命健康，气才能旺盛，
而气之旺盛，吟咏朗诵才能掌握好抑扬顿挫、跌宕起伏的节奏和韵律，令人
产生美感。白居易说："天地间有粹灵气焉，万类皆得之，而人居多；就人
中，文人得之又居多。盖是气，凝为性，发为志，散为文。"（《故京兆元少尹
文集序》）说明气是构成人性的重要元素，是"言志""为文"的动力源泉。
所谓"粹灵气"，就是纯真灵秀之气。它凝结为人的性情志向，并以美感形
式——文表现出来。宋代张戒接受曹丕的看法，认为气是来自天赋，不可学。
他说："若夫韵有高下，气有强弱，则不可强矣。此韩退之之文，曹子建、杜
子美之诗，后世所以莫能及也。"（《岁寒堂诗话》）朱熹论文倡"和气"说，
认为"和气"不关巧拙。他说："尝观嘉佑以前造词等，言语有甚拙者，而其
人才皆是当世有名之士。盖其文虽拙，而其词谨重，有欲工而不能之意，所
以风俗浑厚。至欧公文字，好底便十分好，然犹有甚拙底，未散得他和气。
到东坡文字，便已驰骋，忒巧了。及宣政间，则穷极华丽，都散了和气。"
（《朱子语类》卷一百三十九）朱熹认为，"和气"不在巧拙，而在天赋禀性，
即是说东坡禀性不够"和气"，所以文字表现"穷极华丽"。朱熹对苏轼文学
观点的批评，是抱有成见的。

　　尤其清代学者，对文气论多有创造性的发挥。廖燕认为，气于人乃是天
地赋予的才气即天才。他说："天地未辟，此气藏蕴于中，迨蕴蓄既久，一旦
奋迅而发似非寻常小器足以当之，必极天下之岳峙潮回海涵地负之观，而后
得以尽其怪奇焉。其气之愤见于山水者如是，虽历今千百万年，充塞宇宙，
犹未知其所底止。故知地愤者，又天地之才也。非才无以泄其愤，非愤无以
成其才；则山水者，其非吾人所当收罗于胸中而为怪奇之文章者哉？"（《二十
七松堂集》卷四《刘五原诗集序》）贺贻孙提出为文要"炼胆与炼气"说。
他说："昔吾先君子尝以养气养胆之学训贻孙矣。其言曰：养气者养之使老，
养胆者养之使壮；气老欲其常翕，胆壮欲其常张；以气驭胆，以老用壮，以
翕主张，天下无难事矣。间尝窃取其言，以衡人衡文，鲜不合者。今安世诗

文具在,虽其旨激,其魄昌,然其行文之势,则如春水弥漫盈科后进,渐放乎大壑,此其于养固不习而自得,不符而自合者。"又说:"孟、庄两贤书,其言养气皆谆谆矣,而无一语及胆者。胆周一身而有相,气塞两间而无形。"(《水田居遗书》文集卷三《皆园集序》)他认为,养胆养气兼备互补,才能神形(体)具壮。清代史学家章学诚主要是论气与情的关系,认为只有阴阳调和才能"气平",感情才能"正",才能写出天地正义的好文章。他说:"凡文不足以动人,所以动人者气也;凡文不足以入人,所以入人者情也。气积而文昌,情深而文挚;气昌而情挚,天下之至文也。然而其中有天有人,不可不辨也。气得阳刚而情合阴柔,人丽阴阳之间,不能离焉者也。气合于理,天也;气能违理以自用,人也;情本于性,天也,情能汩性以自恣,人也。史之义出于天,而史之文不能不借人力以成之;人有阴阳之患,而史文即忤于大道之公,其所感召者微也。夫文非气不立,而气贵乎平;人之气,燕居莫不平也,因气生感,而气失则宕,气失则激,气失则骄,毗于阳矣。文非情不得,而情贵于正;人之情,虚置无不正也,因事生感,而情失则流,情失则溺,情失则偏,毗于阴矣。"又说:"夫气胜而情偏,犹曰动于天而参于人也;才艺之士,则又溺于文辞以为观美之具焉,而不知其不可也。"(《文史通义》内篇五《史德》)姚鼐以阴阳二气论文章之美。他说:"天地之道,阴阳刚柔而已。苟有得乎阴阳刚柔之精皆可以为文章之美。阴阳刚柔并行不容偏废,有其一端而绝亡其一,刚者至于偾强而拂戾,柔者至于颓废而暗幽,则必无与于文者矣。然古君子称为文章之至,虽兼具二者之用,亦不能无所偏优于其间,其故何哉?天地之道,协合以为体,而时发奇出以为用者,理固然也。其在天地之用,尚阳而下阴,伸刚而绌柔,故人得之亦然。文之雄伟而劲直者,必贵于温深而徐婉。温深徐婉之才,不易得也;然其尤难得者,必在乎天下之雄才也。"(《昔抱轩文集》卷四《海愚诗钞序》)他认为,阴阳调和浑正不偏不倚才能创造最美之文。这只有"圣人之言"能"统二气之会而弗偏",他人,即使是贤人也很难做到这一点。不过,阴阳偏胜不失为一种美的风格,如果偏废便无从论文矣。

"气"与"和"一样，也是中国艺术理论的基本范畴，并且贯穿古今。在中国艺术批评中，形成许多以"气"为词根的概念，如气韵、气力、气度、气势、气象、血气、骨气、生气、神气、志气、笔气、墨气等，广泛运用于古今艺术生命论中，"血气"畅旺不衰。

（三）"易象"是艺术创造的生命原型

"易象"是圣人模拟万物生命活动而树立的生命之象，是艺术创造的生命原型。艺术家以"易象"为型范，通过想象、构思，对生命原型进行加工、雕刻、藻饰等，创造出完美的艺术生命之形象，或曰艺术生命之美。

首先，"易象"这一生命原型的创构，其观照、感知、体验的认识途径与艺术认识途径是一致的。《易·系辞传》所说的"仰观俯察""综览六合"，这种直觉观照体验的生命整体把握方式也是艺术直觉观照体验的途径。刘勰《文心雕龙》的第一篇《原道》，认为文学生命的根源是"道"，而"道之文"就是"易象"，就是文学的生命原型。生于"天地之心"，"心生而言立，言立而文明"。《原道》说：

> 文之为德也大矣，与天地并生者何哉！夫玄黄色杂，方圆体分，日月叠璧，以垂丽天之象；山川焕绮，以铺理地之形；此盖道之文也。仰观吐曜，俯察含章，高卑定位，故两仪既生矣。惟人参之，性灵所钟，是谓三才。为五行之秀，实天地之心，心生而言立，言立而文明，自然之道也。傍及万品，动植皆文；龙凤以藻绘呈瑞，虎豹以炳蔚凝姿；云霞雕色，有逾画工之妙；草木贲华，无待锦匠之奇；夫其外饰，盖自然耳。至于林籁结响，调如竽瑟；泉石激韵，和若球锽；故形立则章成矣，声发则文生矣。夫以无识之物，郁然有彩，有心之器，其无文欤！

这完全是对创化、养育生命的"天地之大德"的颂扬。言辞优美，音调铿锵，形式华丽，情文并茂，虽为论说，而美感十足矣。刘勰所提出的"天地之心"和"道心"两个概念，其实是一个意思，都是指圣人之心；天地与道本无心，"道心"乃是圣人体道之心之谓。"故道沿圣以垂文，圣因文而明道。"由此可知，"道之文"与"易象"一样，是生命本体的感性显现，是圣人所创构的生命原型。《原道》篇是论述文的生命根源——道，《征圣》《宗经》是圣人树立的经典而成为文的创造榜样。"文心雕龙"这一题目可以说就是对文学生命创造的概括："文心"，即文与心合一而化生为感性显现的生命原型，经过"雕龙"即经过雕绘藻饰的功夫，而变成龙飞凤舞的艺术生命之美。

其次，"近取诸身，远取诸物"与"立象以尽意"，是先秦生命哲学理论建构的基本方法，也是中国艺术生命的基本表现方法。圣人远近取物而"立象"，就是为了表达天理物情与自己的生命感受体验。圣人为什么用"立象以尽意"的方法？因为认识与表现生命活动，离不开对个别、具体的观照、感知、体验。而要表达这种观照、感知、体验，仅靠语言文字不能完全说明白。所以，圣人才选择"立象以尽意"的方法，并辅之语言文字加以说明，如卦象、爻象的说明辞。"立象以尽意"，其"象"是生命之象，其"意"则是人的心意。从艺术的角度说，"象"就是艺术生命形式，"意"就是人的创造意识，生命形式与人的创作意识融合化一就是艺术生命。《易·系辞传》说："其称名也小，其取类也大。其旨远，其词文，其言曲而中，其事肆而隐，因而以济民行，以明失德之报。"所谓"其称名也小，其取类也大"，就是说"立象以尽意"的表现方法，都从个别的一般上升的具体之"象"，以表现具体的生命活动。以生命具象作为生命活动的名称，当然很"小"。但是，它却表现"类"的生命活动的普遍意义，因而是"大"。以个别生命之象表现一般，其旨意深远，其词优美，其言说曲折变化而中肯，其事态恣肆而含义深刻，这些都与艺术生命活动的要求颇为一致。这种"立象以尽意"的表现方法，与艺术表现及审美观照一致相通。

生命哲学的"立象以尽意"表现方法与艺术生命之美的表现方法是相通的。但"立象以尽意"的表现方法最终通向哪里？先秦生命哲学没有具体论述这个问题。后来的哲学家提出要"得意忘象"之说，使"立象以尽意"走向抽象的理性认识途径，而与艺术生命表现方法分道扬镳。我们知道，艺术生命形象、审美意象，都是不能"忘象"的；"忘象"就是抽掉艺术—审美的生命感性，留下抽象概念，到哪里去见艺术生命之美？因此，又不能把"立象以尽意"完全当作艺术生命的表现方法。

最后，"易象"论对书法艺术生命的创作，其影响更为突出。书法是线的艺术，完全继承了《周易》以卦、爻之"立象"方法，表现生命之动之变的。汉代文字学家许慎说：

> 古者包牺氏之王天下也，仰则观象于天，俯则观法于地，观鸟兽之文与地之宜，近取诸身，远取诸物，于是始作《易》八卦，以垂宪象。及神农氏结绳为治，而统其事，庶业其繁，饰伪萌生。黄帝之史仓颉，见鸟兽蹄之迹，知分理之可象异也，初造书契。（《说文解字》序）

书法艺术与天地万物的生命活动是相通的，书法的形象正是万物生命活动情状的表现。这种表现方法，是从天地"生生"之"易象"那里学来的。

中国书法理论于汉唐最发达，他们一致把书法艺术生命论的根源追溯到三皇五帝时代，也一致用"立象以尽意"的方法进行书法评论。汉末的书法家蔡邕用各种生命活动之象，来形容书法艺术之美：

> 字画之始，因于鸟迹。仓颉循圣，作则制文。体有六篆，要妙入神。或象龟文，或比龙鳞，纤体放尾，长翅短身。颓若黍稷之垂颖，蕴若虫蛇之棼缊。扬波振激，鹰跱鸟震，延颈协翼，势似凌云。或轻举内投，微本浓末，若绝若连，似雾缘丝，凝垂下端。从者如悬，蘅者如编，杳杪邪趣，不方不圆，若行若飞，蚑蚑翾翾。远而望之，若鸿鹄群游，络绎迁延。迫而视之，湍漈不可得见，指扬不可胜原。研桑不能数其诘屈，离娄不能睹其隙间。般倕揖让而辞巧，籀诵拱手而韬翰。处篇籍之首目，粲粲彬彬其可观。摘华艳于纨素，为学艺之范闲。嘉文德之弘蕴，懿作者之莫刊。思字体之俯仰，举大略而论斿。（《全后汉文》卷八十）

以上是通过对篆书的各种"生命之象"的描绘，表现篆书的生命之美。蔡邕的《笔论》和《九势》等文，是一般的书论，同样是以表现"生命之象"为美的。如说："为书之体，须入其形。若坐若行，若飞若动，若往若来，若卧若起，若愁若喜，若虫食木叶，若利剑长戈，若强弓硬矢，若水火，若云雾，若日月，纵横可有象者，方得谓之是矣。"（《笔论》）蔡邕用那么多的动词形容词，都在说明书法艺术必须表现"动""变"的生命之象才美。

汉字的结体，最早是模仿万物之形，是"象形"（如篆书），经过漫长的历史过程而演变为抽象符号（如楷书），即用抽象的线条的组合结构为汉字的形体。用抽象的线条，上升为生命之具象的表现方法，这是从"易象"那里学来的。唐代书法家李阳冰说：

> 缅想圣达立卦造书之意，乃复仰观俯察六合之际焉：于天地山川，得方圆流峙之形；于日月星辰，得经纬昭回之度；于云霞草木，得霏布滋蔓之容；于衣冠文物，得揖让周旋之体；于须眉口鼻，得喜怒惨舒之分；于鱼虫禽兽，得屈伸飞动之理；于骨角齿牙，得摆拉咀嚼之势。随手万变，任心所成，可谓通三才之品汇，备万物之情状者矣。[1]

中国书法艺术与音乐一样，使用的媒介高度抽象，然而正是这种高度抽象的线条与声音，却是表征着具体、生动的生命活动之"意象"。这种表现方法，正是从《易》那里学来的。

综上所述，乐和论、文气论、书法易象论，从艺术的不同方面介绍了"和""气""易象"是构成艺术生命论的三大根本范畴。"和"是艺术生命美的境界，是艺术理想。"气"是艺术生命创造的原动力。"易象"是审美观照与艺术创造的生命原型。足以说明，中国古代的艺术理论与先秦生命哲学是天然地联系在一起的。先秦生命哲学的整体把握方式与"立象以尽意"的表现方法，与艺术的生命认识、生命体验、生命表现是直接相通的。中国自古

---

① 《中国美学史资料选编》上，中华书局1980年版，第268页。

以来，就把生命活动作为艺术表现的根本内容，艺术作品就是人的生命意识的对象化的结晶。成功的艺术作品，美的艺术形象，必然是栩栩如生，表现旺盛的生命精神。不见生命精神，那就不是艺术而是僵尸躯壳，毫无价值。

二　艺术生命的现代美学论证

现代中国与西方许多美学家都认为，艺术只有表现生命才美。他们对生命何以成为美，以及艺术生命是怎样产生的，艺术生命的规定性是什么等问题，进行深入的美学论证。这些美学论证，进一步证明中国古代艺术生命论是真知灼见，洞见了艺术的本真，具有深远的历史意义与现实意义。

（一）席勒：美是"活的形象"

席勒所谓"活的形象"，就是生命形象。形象"活"起来才能见出"生命"，才是美。席勒说：

> 一个人尽管有生命和形象，却不因此就是活的形象。要成为活的形象，那就需要他的形象就是生命，而他的生命就是形象。只要我们只想到他的形象，那形象就还是无生命的，还是单纯的抽象；只要我们还只是感觉到他的生命，那生命就还没有形象，还只是单纯的印象。只有当他的形式活在我们的感觉里，他的生命在我们的知性中取得形式时，他才是活的形象。凡是我们判断人是美的时候，情况总是如此。①

席勒所说的"一个人"，显然是指艺术中的人物，而不是现实中的人。艺术中的人物，只有生命不是美，只有形象也不成为美，唯有生命与形象"同一"才是美，才是"活的形象"。从审美主体方面说，只感觉到生命不是美

_____

① 席勒：《美育书简》，中国文联出版公司1984年版，第87页。本节凡引此书，均在行文中注明，不再作脚注。

（感），只看到形象也不是美（感），唯有看到的形象"活"在我们的感觉里才是美。是什么使生命与形象由"二"而化为"一"？是人的生命意识。因为人的生命"活动"是以意识为先，而人的形象只有表现人的生命意识才可见出"活"来，所以是人的生命意识把生命与形象融合而化为"活的形象"。"活的形象"是不可分割的，分割了，生命也就不见了，形象就是死的形式。所以席勒才说"形象就是生命""生命就是形象"；二者"同一"才是"活的形象"。席勒所说的生命之美，实际上是指人性之美。人性如何才美？人性健全、完整，人才能成为美。人性，大而言之，可分为感性与理性两个方面。感性与理性的和谐统一，才是完整的人性，才美；只有感性而无理性，或是只有理性而无感性，都是片面的人，当然不是美。人性之美，不仅有天赋自然的因素，更是后天教养的成果。席勒认为，现代教育本身也有片面性，如智育、德育都是理性教育而缺乏感性教育。只由德育、智育培养的人是片面的人，席勒称之为"道德人"或"野蛮人"。席勒把没受教育的人称为"自然人"或"原始人"。"自然人"只有感性，"道德人"只有理性，都是片面的人，都是人性不健全的人。席勒说：

> 人能够以这种双重方式对立起来：或者当他的情感支配了他的原则时，成为一个原始人；或者当他的原则破坏了他的情感时，成为一个野蛮人。原始人忽视艺术并把自然当作至高无上的情侣；野蛮人嘲弄和蔑视自然，然而他比原始人更为丢脸，他进而成了自己的奴隶的奴隶。有教养的人把自然当作自己的朋友，他尊重自然的自由，而只是抑制了自然的专横。（《美育书简》，第45页）

席勒所谓"他进而成了自己的奴隶的奴隶"，是说理性本是人类文化教育所获得的属性，而现代人却成了理性的奴隶。解决人性的片面问题，仍然需要教育。但不是依靠片面的理性教育，而是依赖感性与理性相统一的审美教育。席勒所说的"有教养的人"，正是指有美育修养的人。只有审美教育才能培养完整的人性，因为审美教育是感性与理性融为一体的教育。

作为一个艺术中的人物形象，何以不能成为"活的形象"，不能成为美？席勒认为，主要是因为对艺术生命的实在性（物质性）和形象的必然性（精神性），还没有适当的媒介把二者融合在一起。只有游戏活动能够充当二者的媒介，使人物生命成为"活的形象"。因为游戏活动是感性与理性相统一的活动，这种活动既保持了生命的物质性（感性），又使生命形式（形象）具有必然性（理性）。席勒说：

> 美不应只是生命，也不应只是形象，而是活的形象。也就是说，只要美向人暗示出绝对形式性和绝对实在性的双重法则，美就存在。因此理性也在说，人应该同美一起只是游戏，人应该只同美一起游戏。（《美育书简》，第90页）

席勒所说的"双重法则"，指的正是理性与感性各自的法则；两种法则融合化一才产生"活的形象"，才成为美。可见，"活的形象"并不是把生命与形象两种不同的东西随意联系起来就是美，而是把生命与形象化为同一的东西，即通过某种媒介消除二者的对立而成为同一，生命就是形象，形象就是生命。席勒所说的"生命"，是美的生命和艺术生命，而不是现实生命。所谓美的生命和艺术生命，都是人创造的生命。实际上是人通过生命意识活动，而创造生命形式（也就是一般所说的美感形式），以表现人的生命精神。只有生命意识活动不是美或艺术，只有生命形式也不是美或艺术，唯有生命意识活动与生命形式二者化合为一的"新生儿"，才是美，才是美的艺术。促成这种化合为一的媒介，就是游戏活动。

值得注意的是，席勒所说的"游戏"，并不是现实中的世俗游戏，而是席勒设想的理想游戏。席勒说："当然，我们在这里不能想到现实生活中流行的那种游戏，它通常只是针对真正物质的对象。但是，我们在现实生活中去寻找这里所谈的美也是徒劳的。现实存在的美配得上现实存在的游戏冲动，但是理性提出的美的理想也给出了游戏冲动的理想：这种理想应该显现在人的一切游戏中。"（《美育书简》，第89页）席勒认为，现实中的游戏是"轻薄"的，甚至是争名夺利的，都是指向"物质的对象"。而理想的"游戏"既是现实的生命活动，又是超越物质功利目的的精神娱乐。可见，席勒所说的"游戏"，实际上就是审美活动或理想的娱乐活动。这种游戏冲动，一方面，它是一种生命活动，是感性冲动，却又超越现实的功利之上；另一方面，这种生命活动又在理性精神引导下，完全是纯粹的形式冲动，毫无物质目的。所以，"终于可以这样说，只有当人在充分意义上是人的时候，他才游戏；只有当人游戏的时候，他才是完整的人。"（《美育书简》，第90页）所谓"完整的人"，就是感性与理性和谐一致的人，也就是体智德美全面发展、人格健全的人。席勒之所以提出，通过审美教育培养人性完整的人，是因为在资本主义私有制度下的异化劳动，造成人的本质的异化，使人性片面发展，并向动物性蜕化。席勒认为，要改变这种状况，只有通过审美教育的途径。他说：

> 从感觉的受动状态到思维和意志的能动状态的转变，只有通过审美自由的中间状态才能完成。虽然这种状态本身并不完全决定我们的见解和信念，不会由此而否定智力和道德的价值。然而，这种状态仍然是我们获得见解和信念的必要条件。总之，要使感性的人变成理性的人，除了首先使他成为审美的人，没有其他途径。（《美育书简》，第116页）

生命活动始终都是一种感性活动，生命冲动所指向的是物质存在。但是，人的生命活动由于有理性的参与，其生命冲动是可以改变方向的。美是感性和理性相统一的产物，审美活动便有调节感性与理性和谐统一的功能。正如席勒所说："我们已经看到，美是从两种对立冲动的相互作用中、从两种对立原则结合中产生出来的，所以美的最高理想要在实在与形式的尽可能完善结合与平衡里去寻找。"（《美育书简》，第92页）"通过美把感性的人引向形式和思维，通过美使精神的人回到素材和感性世界。"（《美育书简》，第97页）席勒认为，审美活动与认识活动是不同的：认识真理是要排除一切感性材料和偶然性的东西，从而得出纯粹抽象的产物，是不附带主观限制的纯粹对象，真理也是不混杂任何感受的纯粹自动性。然而，从最高度的抽象也有一条回到感性的道路。因为理性的思想、观念能引起内在的感觉，逻辑和道德相统一的概念会转化成感性上和谐的情感。孟子说："礼义之悦我心，犹刍豢之悦我口。"（《孟子·告子上》）礼义是理性的抽象概念，却可以"悦我心"，即理性通过"心"转化为情感愉悦而表现出来。这正是席勒所说的"从高度的抽象也有一条回到感性的道路"。但是，席勒又特别指出，由认识产生的快乐与美感快乐是不同的：当我们以认识为快乐时我们就十分严格地把我们的概念和我们的感觉区别开来，并把感觉看成某种偶然的东西，忽略它并不会使认识中断、真理不成其为真理了；要把美的观念和感觉能力的联系分开却是徒劳的。也就是说，由认识所得到的快乐与审美快乐的不同就在于：我们享受认识的快乐时，认识活动已经结束，客观对象已不在我们的快乐之中，快乐完全属于主观一方。与此相反，我们享受审美快乐时，活动和受动交替进行、互为因果、无法区分，主客融为一体。席勒说：

　　在这里思索与情感是完全交织在一起的，以致我们认为自己直接感受到形式，因此，美对我们是一种对象，因为思索是我们感受到美的条件。但是，美又是我们主体的一种状态，情感是我们获得美的观念的条件。美是形式，我们可以观照它，同时美又是生命，因为我们可以感知它。总之，美是我们的状态，也是我们的作为。（《美育书简》，第130—131页）

　　这就是说，认识活动，主与客是对立的；认识活动结束，客体变为无生命的抽象概念或结论，主体自以为乐。而审美活动，既是"主体的一种状态"，又是主体观照的对象，"思索与情感完全交织在一起"；审美活动始终是生命活动，美的对象与主体的美感即形象与生命是"同一"的，因此美是"活的形象"。

（二）黑格尔：自然生命美与艺术生命美

黑格尔的名言："美就是理念的感性显现。"① 黑格尔认为，理念是客观存在，是有生命之物。他说："只有有生命的东西才是理念，只有理念才是真实。"（《美学》第一卷，第153页）理念之所以美，正在于它有生命，而生命活动正是感性显现。有生命的理念在现实的生命活动中如何可以认识与表现？黑格尔说："第一，生命必须作为一种身体构造的整体，才是实在的；第二，这种整体不能显现为一种固定静止的东西，而要显现为观念化的持续不断的过程，在这过程中要见出活的灵魂；第三，这种整体不是受外因决定和改变的，而是从它本身形成和发展的，在这种过程中它永远作为主体的统一和作为自己的目的而自己发生关系。"（《美学》第一卷，第158页）也就是说，生命的特点是结构的"整体"性，而这种整体不是固定静止的，而是不断地"动"与"变"的，从"动"与"变"中"见出活的灵魂"，表现出生命灵魂，因而不同于物质的机械运动。黑格尔的看法与中国古代生命哲学不谋而合，易象论正是用"整体"（象）、"动"、"变"三者表示生命的特点。这一特点是从身体构造的整体显现出来，说明生命是"活"的，"活"乃是人的心灵显现，是生命精神的标志。黑格尔一再强调，生命是一个有机的整体，这个整体是"生气灌注"的，生命活动及其发展、变化，不决定于外因，不是受动的，而是主动的、自发的。

生命作为美，黑格尔区分两个不同的层次：一是自然生命作为美即自然美；一是艺术生命作为美即艺术美；前者是低度的美，本身还存在着缺陷，后者是高度的美，是完全的美，所以黑格尔又称艺术生命为"理想"。黑格尔深入细致地讨论了自然美与艺术美的关系与差异，认为自然美来自于自然生命，艺术美来自于艺术生命。艺术生命是人创造的，从而弥补了自然生命的缺陷而成为完美即理想，因此自然生命与艺术生命虽然都是美，却有高低之

---

① 黑格尔：《美学》第一卷，商务印书馆1979年版，第142页。本节内凡引此书，均在行文中注明页码，不再作脚注。

分。黑格尔说：

> 自然生命的顶峰是动物的生命，但是动物的生命尽管已经表现出生气灌注，却还是很有限的，受一些完全固定的性质束缚着的。它的存在范围是狭窄的，而它的兴趣是受食欲色欲之类自然需要统治着的。就作为内在的东西在形体上得到表现来说，它的生命是贫乏的抽象的，无内容的。还不仅此，这内在的东西并不显现为内（疑为"外"之误）在的，自然生命并不能看到它自己的灵魂，因为所谓自然的东西正是指它的灵魂只是停留在内在的状态，不能把自己外现为观念性的东西。（《美学》第一卷，第170—171页）

由此可以看出，黑格尔之所以只强调生命的"活的灵魂"，而忽略生命机体，说明美的本质是精神而不是肉体，这是对的。但是，动物本无意识、灵魂，不能与自身及客观存在形成对象性关系。动物生命之所以能成为美，而是由于人对其生命活动观照、欣赏的结果。黑格尔认为，动物和人都有"灵魂"或"心灵"，也是为了使自己的理论能自圆其说而不自相矛盾的主观臆测。实际上，这两个概念是指人和动物都有心肺肝胆等内在的生命器官，而不是指内在的意识、智慧。把以上这段话说得更直白一些，就是：动物只有内在的生命器官和机体动作，属于"自然生命"，无法外化为生命精神。因为动物没有意识，不能返躬自察，不能认识自己，也无法把自己的灵魂（假如动物有灵魂）对象化。因此，动物的生命活动作为"生气灌注的整体"也是内在的、有限的，显得贫乏、抽象而无内容。这也正是黑格尔所说的自然美比较艺术美，低一等、有缺陷的根据所在。正因为动物没有意识，作为"自然美的顶峰是动物的生命"，不能自成为美，不能为自己而美，而要借助人的意识，为人而美。这大概也是自然美的一个缺陷。他说："自然美只是为其他对象而美，这就是说为我们，为审美的意识而美。"（《美学》第一卷，第160页）黑格尔的这句话倒是说到点子上了，动物没有审美意识，也没有意识；动物与它的生命活动是同一的。人的生命活动是有意识的、自由自觉的，而动物的生命活动是本能的、自在的，不能将自己的生命活动对象化。动物的内在的"心灵"不能把其生命活动外化为美的形象，"显现出来的只是一种实在的整体，其中最内在的统摄一切的生气灌注作用却还是作为内在的因素而隐藏起来。"（《美学》第一卷，第189页）

黑格尔认为，自然美不外有两种：一是自然形式美，即整齐一律、平衡对称、符合规律与杂多的统一等抽象形式美；二是自然生命美，动物的生命是自然生命美的顶峰。但动物的生命虽然已经表现出生气灌注，却只限于身体动作。它的存在范围是狭窄的，它的兴趣是受食欲色欲之类自然需要束缚着，生命活动是很有限的。因为动物没有意识，不能把自己的生命活动对象化，更没有审美意识，没有美的创造能力，无法把自己的生命活动独立地显现为美，必须借助人的审美意识，才能见出美来。由于自然美存在着根本缺陷，人们才需要有一个较高的领域来实现心灵的自由。这个领域就是艺术，艺术创造出美的境界就是理想。

> 艺术的必要性是由于直接现实有缺陷，艺术美的职责就在于它须把生命的形象，特别是把心灵的生气灌注现象按照它们的自由性，表现于外在的事物，同时使这外在的事物符合它的概念。只有这样真实的东西才能从它的有时间性的环境中，从它的在有限事物行列中浪游的迷途中，解脱出来，才能获得一种外在的显现。这外在的显现使人看到的不是自然与散文世界的贫乏，而是一种与真实相适应的客观存在，而这客观存在也显现为自由独立的，因为它的定性是从它本身得到的，而不是由其他事物外加到它身上的。（《美学》第一卷，第195—196页）

艺术美或艺术理想之所以能弥补自然美的缺陷，主要是因为艺术的生命归根结底是人的生命意识，是人的生命意识创造的。黑格尔认为，艺术创作是人的"心灵的生命"表现。它使外在事物摆脱了单纯的有限性和条件制约性，而与灵魂的内在生活结合为一种自由的和谐的整体。在这种境界中，外在的东西可以显现出心灵的自由。"只是由于这个缘故，理想才托身于与它自己融会在一起的那种外在的现象里，享受着感性方式的福气，自由自在，自足自乐。这种福气的歌声在理想的一切显现上面都荡漾着，因为外在的形象无论多么广阔，理想在它里面都不会丧失它的灵魂。只有由于这个缘故，理想才真正是美的，因为美只能是完整的统一。但也是主体的统一。因此，理想的主体也必须显现为从原来个体及其目的和希求的分裂状态回原到它自己，汇合为一种较高的整体和独立存在。"（《美学》第一卷，第202页）说得直白一点，理想之所以美，就美在感性形象显现一个有机整体和独立存在的生命精神世界。这个独立存在的整体——艺术生命整体，是"较高"级别的，因为艺术理想显现的不是现实的生命整体，既不是动物的生命整体，也不是人的现实生命整体，而是超越了时空的有限性而具有普遍意义的人的生命精神世界。

黑格尔对于艺术的形式与内容的关系的论述，也是由"生命"贯穿起来。在西方，形式与内容是哲学认识论的一对范畴，形式与内容的统一是主观认识符合客观存在，是认识论的目的——抽象概念，而不是美，不是艺术。将这一对范畴引进艺术领域要经过重新解释、转化，赋予新意，才能成为美学范畴。黑格尔认为，艺术的形式是感性的、美感的，而不是一般形式，艺术的内容是"理念"，而理念是"作为生命"而存在的，是真实的。生命是"单一的整体"，是"具体"的感性形象，而不是"抽象"的概念。艺术的内容是具体的、感性的，艺术的形式当然也是具体的、感性的，因此艺术的形式与艺术的内容二者"同有的具体性"才构成"生气灌注"的艺术生命"整体"。"拿人的自然形状为例来说，它就是这样一种感性的具体的东西，可以用来表现本身也是具体的心灵，并且与心灵符合。"而且，这种"符合"并非出于"偶然"，不是"碰巧"，"而是由于具体的内容本身就已含有外在的、实在的，也就是感性的表现作为它的一个因素。但是另一方面，在本质上是心灵性的内容所借以表现的那种具体的感性事物，在本质上就是诉诸内心生活的，使这种内容可谓观照知觉对象的那种外在形状，就只是为着情感和思想而存在的。只有因为这个道理内容与艺术形象才能互相吻合。"所谓艺术内容的"具体性",并非"象感性事物那样具体",而是同"抽象的心灵性和理智性的东西相对而言"(以上引文见《美学》第一卷,第 87—88 页)。与"抽象的心灵性和理智性的东西相对而言"是什么?黑格尔没有解释。我的理解是,"抽象的心灵性和理智性"就是指人通过抽象思维所得到的认识——概念、结论,与此相对的"东西"应该是"具体的心灵性和情感性",也就是通过艺术的具象思维而得到感性的具体的形象表现,那就是艺术的生命精神境界。艺术的生命精神境界是具体的,因此才能令人观照、感受、体验。但应该注意:第一,生命活动是动态结构,生命精神是生命器官综合的、整一的表现,不同于固定、静止的"具体",虽然中国画论认为画好眼睛最能表现人的精神,但又不是只有眼睛就能表现人的精神;第二,生命精神境界的"具体",不同于感性事物那种"具体",而是从抽象一般上升的精神具体,虽然具体可感,却又不见边界,无时空的局限,因为精神境界是有限与无限的统一。

(三) 吕澂:"移情"产生艺术生命

20 世纪 20 年代,在西方心理学美学影响下,中国现代美学也标举艺术生命说,主要表现在吕澂、范寿康、陈望道各自编写的同名之作《美学概论》中。三本《美学概论》,都以里普斯的"移情说"为主要线索构建理论体系,认为"移情"乃是艺术生命形成的根源与路径。三本《美学概论》虽为编译,也有作者的发挥。尤以吕澂的一本,发挥得较多较好,这里只介绍吕澂。

吕澂在前言中说,这本《美学概论》是为适应艺术学校的教学需要,借鉴日本学者的研究成果编译而成,并于 1923 年出版。其后,他又接受了摩伊曼的"美的态度"说,并与"移情"说融合而撰写《美学浅说》于 1931 年出版。他的"艺术生命"说,就是依据这两本书。

吕澂认为,美感就是生命感。"移情"是美感产生的桥梁,也是艺术生命产生的桥梁,艺术生命与美感一也。一块大理石,本是无知无欲无情的"死物"。可是经过艺术家之手刻琢出一尊雕像,立刻使这块石头有了"生命",

这是为什么呢？吕澂说：

> 吾人所发见之对象生命，仍不外从对象之特质加以强调或抑制之自己生命。即以之移入对象而后觉其对于吾人为有情者。惟此属于感情，而得直接经验。故生命之移入，其实则感情之移入也。官能的物象果何由见其生命乎？可答之曰，即由于感情移入。①

　　雕像中的感情或生命，是艺术家赋予的。在"通感"的作用下，也会唤起欣赏者的某种经验、联想与想象，从而产生情感交流。艺术家是向对象"移情"而成为艺术生命，而欣赏者是通过自己的感情移入，赋予艺术生命以新的意义（不可能与艺术家所要表现的意义完全相同），从而产生自己的美感愉悦。什么叫"感情移入"？吕澂解释说："要从心理学说，这样在物象里重行经验自己的感情，既不是虚幻，也不为错误；凡人们能理会别人的表情，乃至从事事物物上见出精神的意义，一概由此现象成立。现在便称这现象做'感情移入'。"② 这里还要特别指出，吕澂所说的"感情移入"是一种深刻的感情体验，从而产生一种"纯粹的同情"，与一般的喜怒哀乐不同，即不含利害观念也无概念参与。吕澂在《美学概论》中，反复强调"感情移入"之"深"。"深"在哪里？那就是透过官能欲望与功利概念的层面，而深入到生命内核，从而创造艺术生命。也就是说，"感情移入"超越功利计较、官能感觉的层面而创造艺术的生命精神。吕澂说，人的生命活动就好像琴瑟上的弦，高低各不同，如果弹拨得不调和、不一致，就产生不出美的音乐，因此必须加以协调一致，才有生命之美。这种生命之美，"却因生活上必须统一，自然以一种组织做中心；凡我们精神上一起一伏，莫不系属于他，对着他有一定的意义。现在便称这中心组织做'生命'。所谓感情发动的根柢，可就在这里。我们当'感情移入'很纯粹的时候，自随着事物构成一种生命，发动那

---

①　吕澂：《美学概论》，商务印书馆 1923 年版，第 28 页。
②　吕澂：《美学浅说》，商务印书馆 1931 年版，第 23 页。

样感情，临了就觉事物自有那样的生命"①。吕澂对"生命"构成的说明，似乎还不能令人感到满意。只有统一而不见多样性与生机活力，也不是生命的规定性。生命的规定性，主是黑格尔所说的那三点：整体性、具体性、个体性。吕澂认为，美感与艺术创作紧密联系在一起："美感是孕育，创作便是结果，他们仍然一气。"② 艺术创作之所以必要，就在于它能把个体暂短的美感感受，通过物质媒介变成一种"客观存在"（艺术作品），突破时空的局限，而变成人人可以欣赏享受的具有社会性的东西，因而具有普遍意义。吕澂解释说，因为作家："他个人的生命却顺着普遍向上性开展才有美感，才有创作；所以艺术品上面表白的不单在各个特殊的生命，还须从各个特殊上将生命最普遍的意味显示出来。从这里说，艺术品的性质依然是种社会的；但不像平常所说的那样浅薄，所以须仔细分别。"③ 吕澂针对当时文艺批评界的一种错误倾向，即用社会性（特别是阶级性）吞没个体性而特别强调艺术的个性特点，具有积极意义。关于艺术的内容与形式的关系，也是《美学概论》论述的重要问题。吕澂认为，艺术的形式是官能的形象，艺术的内容就是生命；艺术形式与内容是密不可分的。吕澂说：

> 艺术之形式与内容关系若何，自来为艺术上重要问题。如前各章所言，艺术乃封闭生命于官能的形象之中，使与现实及其观念的世界切离，以成其直接之结合。所谓官能的形象即形式，所表现生命之全部即内容。故二者必相一致。即内容唯于形式表现始获为艺术之内容，形式亦唯能表现其内容时始得为艺术之形式。内容不过官能的物象中之一种形式，形式不过内容之官能的存在方式。两者间一有动移，他亦随之动移。是故艺术之形式特可名之为内容之象征。④

"内容不过官能的物象中之一种形式，形式不过内容之官能的存在方式"，

---

① 吕澂：《美学浅说》，商务印书馆1931年版，第23页。
② 同上书，第28页。
③ 同上书，第30页。
④ 吕澂：《美学概论》，商务印书馆1923年版，第57页。

这句话用现代的语言说就是：艺术内容是"官能的物象中之一种形式"，艺术形式是"官能的存在方式"，其实形式与内容是一回事。

形式与内容同一，才是艺术生命。所谓"象征"，就是知觉对象直接与一种生命印象相结合之谓。他在《美学浅说》中解释说："凡无形无质，不可闻见的一切事实，要从一定的形质最直接表白出来，然后由那样的形质便可直接感到那样的事实；如此的形质便是一定事实的象征。"① 譬如说，艺术的内容是作家所表现的生命精神，这生命精神便无形无质，只能从艺术的形式上感受得到。并且，也只能从那一种的具体形式感受到，除此之外，别无他法。

（四）宗白华：艺术生命是心灵的"肉身化"

宗白华继承中国古代生命哲学思想，认为对生命的直觉体验与整体把握，既是哲学的知觉方式，也是艺术的知觉方式；"圣哲"与艺术家是一致的。他以《易·系辞传》易象论的"生生"思想和气论的生命思想，阐述艺术生命的由来和价值意义。他说：

> 早在《易经》《系辞》的传里已经说古代圣哲是"仰则观象于天，俯则观法于地，观鸟兽之文与地之宜。近取诸身，远取诸物"。俯仰往还，远近取与，是中国哲人的观照法，也是诗人的观照法。而这观照法表现在我们的诗中画中，构成我们诗画中空间意识的特质。②

他认为，不仅诗画，整个中国艺术的观照法，都是根基于中国古代的生命哲学的。尤其中国画，他的节奏正是生命节奏的体现。

> 《易经》的宇宙观：阴阳二气化生万物，万物皆禀天地之气以生，一切物体可以说是一种"气积"（庄子：天，气积也）。这生生不已的阴阳

---

① 吕澂：《美学浅说》，商务印书馆1931年版，第35页。
② 宗白华：《美学散步》，上海人民出版社1981年版，第93页。

二气组成一种有节奏的生命。中国画的"气韵生动",就是"生命的节奏"或"有节奏的生命"。①

不仅绘画是人的生命活动的表现,书法乃用字来表现或形容生命结构之平衡以及生命各器官之间的联系。他说:"中国古代的书家要想使'字'表现生命,成为反映生命的艺术,就须用他所具有的方法和工具在字里表现一个生命体的骨、筋、肉、血的感觉来。"(《美学散步》,第136页)不仅书画艺术要表现生命,一切艺术都要表现生命才有价值,否则,就不是艺术。即使无生命的山水岩石,艺术家也要赋予它以生命,让它表现人的生命情趣。中国艺术创作的题材非常广阔,不仅取材于人类自己的生活,更要取材于自然万物,表现人与自然亲和关系的作品非常发达、丰富。有生命者,固然要表现他的生命;无生命者,艺术家也要创造出生命来,以表现人的生命精神。宗白华说:

艺术家创造的境界尽管也取之于造化自然,但他在笔墨之间表现了山苍木秀、水活石润,是在天地之外别构一种灵奇,是一个有生命的、活的,世界上所没有的新美,新境界。(《美学散步》,第36页)

"山苍木秀、水活石润"为什么能表现出"生命"来?是画家使山木水石"活"起来,实际上是画家的生命意识使山木水石显出"生命"来。

宗白华论艺术标举意境说,认为艺术生命的最高最美的境界是艺术意境。20世纪40年代,他撰写了长篇论文——《中国艺术意境之诞生》,论述了什么是意境,中国意境诞生的哲学思想根源,以及意境的价值意义,意境创造的民族特色等。在长篇论文中,"生命"是贯穿整个篇章结构的"纽结"。他说:

以宇宙人生为具体对象,玩赏它的色相、秩序、节奏、和谐,借以

① 宗白华:《美学散步》,上海人民出版社1981年版,第110页。本节以下,征引该书,只在行文中注明页码,不再作脚注。

窥见自我最深心灵的反映；化实景而为虚境，创形象以为象征，使人类最高的心灵具体化、肉身化，这就是"艺术境界"。艺术境界主于美。（《美学散步》，第 59 页）

他一再强调，艺术创作要将"心灵具体化""肉身化"。所谓"心灵的具体化"，就是要表现人的生命精神，说法与黑格尔一致。所谓"肉身化"，是宗白华的独特用语，就是要将艺术"生命化"，用生命形式表现人的生命情趣。

艺术意境是中国艺术美，是艺术理想。宗白华认为，意境美的创造，其思想不仅来源于《周易》及儒道的生命哲学，同时又吸收了"禅的境界"思想。禅的境界也是生命境界，是灵动的生命境界。他说：

禅是动中的极静，也是静中的极动，寂而常照，照而常寂，动静不二，直探生命的本原。禅是中国人接触佛教大乘义后体认到自己心灵的深处而灿烂地发挥到哲学境界和艺术境界。静穆的观照和飞跃的生命构成艺术的二元，也是构成"禅"的心灵状态。（《美学散步》，第 65 页）

"静穆的观照"就是"静照"，"静照"是宗白华美学思想的重要范畴。他的"静照"概念来自王羲之的诗句："争先非吾事，静照在忘求。"宗白华说："'静照'是一切艺术及审美生活的起点。这里，哲学彻悟的生活和审美生活，源头上是一致的。"（《美学散步》，第 184 页）他说，"静照"与生命，是构成艺术的两大元素。二者的关系，静照是源，因为静照才有生命的感性显现。他很欣赏唐人张璪的"外师造化，中得心源"的一句话，认为心灵是艺术创作的源泉，客观存在只是提供素材。意境是艺术家幽深心灵的具体外化，山川大地乃是诗心的影现，是"心源"与"造化"接触时"突然地领悟和震动中产生的"（《美学散步》，第 66 页）。意境不是一种二维平面的反映，而是有深度、高度和阔度，是深邃宏伟绚丽的境界。艺术意境不是对客观现实平面的模仿或反映，而是一种生命创造。这种创造，有对客观存在物的形象"模写"，而这种模写不是目的，目的是传达内在的生命而创造一种高尚的精神境界。"从直观感相的模写，活跃生命的传达，到最高灵境的启示，可以有三层次。"（《美学散步》，第63页）"最高灵境"就是"道"。他说：

> 中国哲学是就"生命本身"体悟"道"的节奏。"道"具象于生活、礼乐制度。道尤表象于"艺"。灿烂的"艺"赋予"道"以形象和生命，"道"给予"艺"以深度和灵魂。（《美学散步》，第68页）

中国艺术意境之深刻而宏伟，这是"道"的生命与"艺"的生命合而为一的"大美"境界。生命的主要特征是活动、变化，是跳跃、飞舞。中国艺术直接受生命哲学的影响，突出体现生命活动的特征。宗白华认为，中国艺术的民族特色可以用一个"舞"字来概括。"舞"是最高度的韵律、节奏、秩序、理性，同时也是最高度的生命、旋动、力、热情，它不仅是艺术表现的究竟状态，且是宇宙创化过程的象征。"艺术家在这时失落自己于造化的核心，沉冥入神，'穷元妙于意表，合神变乎天机'（唐张彦远论画语）。'是有真宰，与之浮沉'（司空图《诗品》语），从深不可测的玄冥的体验中升华而出，行神如空，行气如虹。在这时只有'舞'，这最紧密的律法和最热烈的旋动，能使这深不可测的境界具象化、肉身化。"只有"舞"的飞动的生命体验，才能深入那不可言说的玄冥深处，才能把这一玄冥境界具象化、生命化。艺术创造的这种"神秘性"，不是认识论所能说清楚的。它是作家从自己的生命体验所得到的一种"灵感"，这种"灵感"来无踪去无影。它是作家的天赋才能，就是人们常说的"天才"。宗白华说："诗人杜甫形容诗的最高境界说：'精微穿冥涬，飞动摧霹雳。'（《夜听许十一诵诗爱而有作》）前句是写沉冥中的探索，透进造化的精微的机缄，后句是指着大气盘旋的创造，具象而成飞舞。深沉的静照是飞动的活力的源泉。反过来说，也只有活跃的具体的生命舞姿、音乐的韵律、艺术的形象，才能使静照中的'道'具象化、肉身化。"（以上引文均《美学散步》，第67页）

（五）朱良志："中国艺术的生命精神"

朱良志的《中国艺术的生命精神》一书，是一部很有创见的系统的学术专著。本书洋洋 30 多万言，分四编十五章，对中国艺术的生命精神的思想之源、具体体现、生命体验论、生命原型等四个方面，分章立节进行细致深入的研究，提出一系列的独到的见解。并且，通过对中国艺术的生命精神的研究，探索中国艺术的民族特色。对于这部具有独创性而又不可多得的著作，这里难以进行全面评论，只围绕"生命精神"这一主题采撷精粹之论。

第一，中国艺术生命精神的根源。本书认为，中国艺术生命精神之源来自中国古代哲学思想，主要是儒家、道家的生命论，即"生生"之论。作为艺术生命之源的哲学思想，也分四个方面，即"生——生命结构论""时——生命时间论""气——生命基础论""象——生命符号论"。关于这四个方面的意义及其内在联系，作者说：

> 中国哲学在一定程度上说，是一种生命哲学，这一哲学实际上存在着一种内在结构，此结构以"生命即本体即真实"为其基本纲领，并通过时空两位的纵向横向展开，形成一个无所不在的有机生命之网。本编对时间问题投入特别的注意，认为中国人时间观中有一些迥异于西方的特点，如重视四时、时空合一、以时统空无往不复以及强调时间的节奏化等，这些都对艺术产生直接影响。气也是中国艺术生命精神形成的主要根源之一，本编将气作为一种生命基础，由此展示中国艺术创造推重生理的独特的生命观。本编还从"象"入手，来讨论中国艺术符号的民族特点，并重在从汉字、易象两种符号研究中，试图找出艺术符号生命构成的内在根源。①

第二，中国艺术生命精神的具体体现。作者认为，生命是中国艺术的本体，艺术则是生命本体的感性显现。艺术创作就是对生命活动的直觉体验，观照生命活动的各种形态和特征，体验生命本体的奥秘，通过美感形式和技巧，把生命本体活泼泼地表现出来。本书以绘画、书法、园林艺术为例，论

---

① 朱良志：《中国艺术的生命精神》，安徽教育出版社 1995 年版，第 1 页。

证中国艺术的生命表现。作者说，中国画是以表现生命为创作的"最高纲领"。"中国画家对生命的独特理解，就是要攫取宇宙盎然生意，借艺术之笔点画万物，提升性灵，追求自我生命和普遍生命的相融，从而在山光鸟性中表现生命流转无限之趣。"这种生命之趣，表现在三个方面："一是通过绘画创作来体验生命"；"二是以绘画形式来显现生命"；"三是在绘画空间中安顿生命"①。

书法艺术对生命的表现不同，因为书法除了篆字还保留一些模仿物象的"象形"外，其他书体都是高度抽象而与"易象"接近。所以书法的取象不是生命具体实象，而是生命活动整体的动态结构所显现的"虚象"。正如作者所指出的几点："取道：探取创化元精"；"取势：创造生命的动感"；"取韵：追求生命的趣味"②。

园林艺术不同于其他艺术部类，它是自然美与艺术美集于一身，既是生命活动登临俯仰的大舞台，又是生命精神静观激赏的小天地，所以，园林艺术的生命精神表现与众不同。作者指出，园林创造要遵循生命原则：一是"通"，"通天下一气耳，因而世间万事万物都在这庞大的世界气场中浮沉，中国人强调，以自己的生命之气和天地之气相'交通'"。二是"流"，"园林作为造型艺术，是一种空间艺术，它必然受到静态空间的束缚。而对流的重视，正是要于静中显动，在空间中体现出时间，在流动中展露生机"。三是"隔、抑、曲"，也就是在造园中"有时故意封闭空间、隔开景区，使各个景区自我成一生命单元，一生命整体，由此再与其他园景襟带环映。这样既见出园景的参差错落，富有变化，又可使人有迤逦不尽之感，景外有景，象外有象，壶中天地于是变宽了，一勺一拳亦更具幽水之味了"③。以上是从创造的角度，论述园林创造不同于其他艺术门类，如何才能适应生命活动，如何才能激发生命精神。以下是从审美的角度，论述园林艺术生命精神的体现。作者从三

---

① 朱良志：《中国艺术的生命精神》，安徽教育出版社1995年版，第179—180页。
② 同上书，第217—244页。
③ 同上书，第261—269页。

个方面进行论述：一是"生命之寄托"，二是"生命之愉悦"，三是"生命之超越"。对园林艺术的审美，与其他艺术门类大同小异，故不细说。

第三，中国艺术的生命体验理论。关于生命体验的理论，该书主要分析、论证"虚静""共感""物化"三个审美范畴。"虚静"分三层：一是"虚"，即虚廓心灵，空诸一切。二是"静"，即是审美感知中最静的一霎。三是"动"，虚静不是消极的等待，它以无载动有，以静追求动，以平和的情怀拥抱大千世界。"虚静"就是审美主体的一种超越的心理定式。"共感"，是虚静心灵所产生的一种生命运动，就是物我彼此往复、交相融洽的审美共感运动。"物化"，物化是一种心理特征。物化心理中主体最大限度地向客体彼岸靠近，最终与客体泯然相契。虚静、共感、物化三者的关系，作者说：

> 中国古代审美体验论包括三个重要的理论层面，这三个层面大致形成一种由此及彼、渐进深入的心灵程序。虚静是体验的发端，共感是体验的展开，而物化是由此而达到的高峰体验。虚静是神定，通过心斋而凝神于一；共感是神入，物我之间呈现交相往复的运动；物化则是神合，物我浑然一体。①

第四，中国艺术的生命美感论。生命是"整一"即独立的整体，不可分割。美感是生命活动所产生的快感，是生命整体的一种快感，因此中国古代的美感论是生理快感与心理快感、伦理快感或者说是五官快感与实践（道德）快感、精神快感的一致。朱良志认为，中国古代"是一种带有伦理倾向的审美愉悦观"，"审美愉悦中混同着生理快感"。他说："在先秦典籍中，食、色、性等生理享受人们谈之甚多，而味觉、听觉、视觉、触觉、嗅觉等外在感官享受也受到人们充分的重视。春秋战国以后，这种情况有所变化，如'乐'的含意有所缩小，主要指诗、乐、舞等纯艺术的内容，艺术形式引起的快感受到了人们的重视，它标志着人们对快感的认识渐渐从外在的感官转向

---

① 朱良志：《中国艺术的生命精神》，安徽教育出版社 1995 年版，第 287 页。

精神的悦适。"但是，这并不等于说，中国古代的艺术美感论也与西方现代美学的美感论一样排斥官能快感、生理快感、道德快感，而是说中国古代的美感论有发展、有变化。其主要表现是官能快感、生理快感在审美愉悦感中所占比重所占地位逐渐减少减轻，但官能、生理始终是美感愉悦产生的基础。"生理快感虽带有粗鄙的成分，但在中国人看来，人的心理变化不能离开生理的基础，感官的生理作用可以与心理相违，但如果把此种生理转化为支持心理的具体力量，那便获得了心理愉悦的生理基础，生理快感与心理快感同时并致，形成一种混合快感，悦耳悦目促使悦心悦意的深入，使后者更扎实更充盈。"① 朱良志的上述论说具有重要的理论价值：一是，符合中国古代美感论的历史实际。中国古代的美感论是生理快感与心理快感、五官快感与精神快感的一致，美感不是"纯粹理性"，而是感性与理性的统一，美感论符合事实，因而是正确的。二是，西方现代美学的美感论排斥生理快感、道德快感，把美感变成纯而又纯的"精神愉悦"，追求理性愉悦，不符合艺术—审美活动的实际，是主观想当然的。中国现代美学的美感论，放弃中国古代美感论的优良传统，盲目地追随西方的美感论，是一种错误地选择。朱良志对中西方美感论的比较研究，对中国美感论优良传统的肯定，为中国现代美学研究树立了好榜样。

三　马克思生命论的哲学启示

艺术与美是有生命的，中国古代的艺术活动的历史经验与现代美学家的美学理论，都作出充分的证明。但艺术生命是什么？艺术生命是如何产生的？艺术生命的价值意义何在？这其中的奥妙，作者反复读了马克思《1844 年经济学哲学手稿》有所领悟，因而也作出解释。马克思的生命论具有深刻的哲学意义，本书的许多论断，都是得到马克思生命哲学思想的启迪才写成的。

---

① 朱良志：《中国艺术的生命精神》，安徽教育出版社 1995 年版，第 403—404 页。

（一）人有意识，人是"类的存在物"与人的本质

马克思在《手稿》中，以"生命活动"为根本词语深刻地论述了人与动物的本质区别。这种区别的根本标志，就是人"有意识"与人是"类的存在物"，因而人"才是有意识的存在物"。因为"有意识"人的生命活动是自由的，从而表现出"类的特性"；因为人是"类的存在"，人才"有意识"。马克思指出：

> 动物是和它的生命活动直接同一的。他没有自己和自己的生命活动之间的区别。它就是这种生命活动。人则把自己的生命活动本身变成自己的意志和意识的对象。他的生命活动是有意识的。这不是人与之直接融为一体的规定性。有意识的生命活动把人跟动物的生命活动区别开来。正是仅仅由于这个缘故人是类的存在物。换言之，正是由于他是类的存在物，他才是有意识的存在物，也就是说，他本身的生活对他说来才是对象。只是由于这个缘故他的活动才是自由的活动。①

由此可知，人与动物的本质区别就是人"有意识"与人是"类的存在物"两个方面，而动物既无意识，也不是类的存在物。马克思所说的"人的生命活动是有意识的"，这个"意识"不是"自我意识"，而是"对象化意识"。"对象化意识"可以把自己的生命活动一分为二（生命机体与生命意识），可以把生命活动变成自己的意志与意识的对象。但人的生命意识的对象性活动，最根本的方面是人与人之间的意识联系，因而人才成为"类的存在物"即社会存在物。又说，因为人是"类的存在物"，他才有意识。可见，"有意识"与"类的存在物"是互为因果的。马克思也讲，人的本质是社会关系的总和。"总和"是什么？"和"是杂多的统一，是一种境界；"总和"是整个社会关系之间所达到的和谐一致的境界。这是谈人的本质的

---

① 马克思：《1844 年经济学哲学手稿》，人民出版社 1979 年版，第 50 页。本节内凡引此书，均在行文中注明页码，不再作脚注。

外在精神表现，这种表现的内在原因却是社会意识。因为人的社会关系也属于社会存在，社会关系是人与人之间所形成的各种关系，如经济关系、政治关系、阶级关系、伦理关系、民族关系等，这些关系是错综复杂的，是对象化意识——文化思想把这种错综复杂的关系凝聚为一种"和"的境界，这就是马克思所说的"人的本质力量"。但人的本质是内在的，"总和""力量"都是人的本质的外在表现。人的内在本质是人的智慧、德性、情操、爱，归根结底，是人的对象化意识即社会意识。重温一下前面所援引的马克思关于人与动物的本质区别的论述，人的本质是什么，会看得更清楚。马克思所谓"类"是指一个物种的社会群体，人"有意识"才使这一社会群体成为"类"；"类"意识不是"自我意识"（黑格尔语）而是对象化意识即社会意识。动物也有群体活动，为什么不称某种动物是"类的存在物"？马克思说："生命活动的性质包含着一个物种的全部特性、它的类的特性，而自由自觉的活动恰恰就是类的特性。"考察一下动物，也有生命活动群体，如狼群为了充饥而追逐羊群，这是生存本能把它们联系为群体，不是"有意识"，因而不具有"类的特性"，不能与人的生命活动同日而语。人有类的社会普遍意识，社会普遍意识使"类"的活动变成"自由自觉的"，因而"自由自觉"的生命活动乃是"类的特性"表现。由此可知，"类的特性"就是人的社会性。马克思说，"类的特性"，"不是人与之直接融为一体的规定性"。这是说人的本质规定不是"自我意识"，而是人的内在的社会意识与外在的社会关系互为因果化成的。马克思的上述所论告诉我们，人的生命活动可分为"我"（个体）的与"类"（社会群体）的两个方面，"我"的生命与动物一样很有限，而"类"的生命却是无限的。所以，人与动物的本质区别在于人有"类"的社会意识（内在）与社会关系（外在），"内在"与"外在"相互依附、互为因果，"内在"是人的本质，"外在"是人的本质表现。要而言之，社会意识乃是人的内在本质，社会关系的总和乃是人的本质表现。

我国美学界在讨论美的本质问题的年代，很多人都说"美的本质与人的本质密切联系在一起"。但"人的本质"是什么？谁也没有给出具体答案，因此美的本质是什么，便也不了了之。"美的本质与人的本质密切联系在一起"，这个命题不是错误，而是太空洞。我想，人的本质是社会意识，不是人们没有意识到这一点，而是不敢如实地说出来，因为说出来便有可能被人说成是唯心主义者，而唯心主义那时就是反动思想。所以对"美的本质"问题反反复复地进行讨论，却只有讨论，而没有结论。

（二）社会意识具有先在性

人的生命活动是"自由自觉"的，最突出的表现是人的意识的对象化活动。对象化活动是以社会意识为先，行动在后，人的社会意识具有预设性。人和动物都需要进行"劳动生产"，以维持生命活动持续下去而不致死亡。例如，都需要饮食与住所，人要吃食物果腹，要建造房屋居住；动物也需要吃，也为自己构筑巢穴栖居，如蜜蜂、海狸、蚂蚁等所做的那样。但人与动物的劳动生产与生活，却有本质区别，劳动生产与生活的方式、过程、结果则大不一样。马克思说：

> 动物只生产它自己或它的幼仔所直接需要的东西；动物的生产是片面的，而人的生产是全面的；动物只是在直接的肉体需要的支配下生产，而人则甚至摆脱肉体的需要进行生产，并且只有在他摆脱了这种需要时才真正地进行生产；动物只生产自己本身，而人则再生产整个自然界；动物的产品直接同他的肉体相联系，而人则自由地与自己的产品相对立。动物只是按照它所属的那个物种的尺度和需要来进行塑造，而人则懂得按照任何物种的尺度来进行生产，并且随时随地都能用内在固有的尺度来衡量对象；所以，人也按照美的规律来塑造物体。（《1844 年经济学哲学手稿》，第 50—51 页）

马克思列出动物的生产与人的生产的种种不同，归根结底是人有"内在固有的尺度"。而"内在固有的尺度"正是指人的社会意识，因有社会意识

"则懂得按照任何物种的尺度来进行生产"，并且随时随地用社会意识衡量对象，并按照美的规律进行创造。所以人能超越自然，创造属于人的"第二自然"。人有意识，人是社会存在物，因而能把他们的同类组成国家和各种组织机构，建立制度、法律及道德规范等进行人为的治理，使社会井然有序。而这一切之所以可能，是人以自己的社会意识作为凝聚力，把独立、分散的个体凝聚为一个整体的"类"。总之，人的劳动生产有动机、有预设、有目的，而动物的劳动生产只凭生命感觉，只受本能的驱使。人与动物的劳动生产的不同，关键在于人有社会普遍意识，动物没有。社会普遍意识是人的劳动生产的出发点，可以事先计划、构思、预设方案、目标，动物没有这个出发点，因而也没有目的。马克思在《资本论》中，在谈到人与动物的劳动生产的区别时，重申了他在《手稿》中的观点：

> 蜘蛛的活动与织工的活动相似，蜜蜂建筑蜂房的本领使人间的许多建筑师感到惭愧。但是最蹩脚的建筑师从一开始就比最灵巧的蜜蜂高明的地方，是他在用蜂蜡建筑蜂房以前，已经在自己的头脑中把它建成了。劳动过程结束时得到的结果在这个过程开始时就已经在劳动者表象中存在着，即已经观念地存在着。①

劳动成果在劳动过程开始时"即已经观念地存在着"，说明人的意识、思想、理论具有先在性，是人高于动物的根本原因，是人的本质力量之所在。

（三）"人的感觉""感觉的人类性"与"人化的自然"

人与动物的生命活动都依赖于自然，但动物只能与自然同一，而人既依赖自然又超越自然。人不仅有物质生活，还有精神生活。同时人的生命感官与动物的生命感官有本质区别。主要表现是人的感官感觉可以与自然建立对象化关系，可以"人化自然"。人既依赖自然又创造"第二自然"，以满足人

---

① 《马克思恩格斯论艺术》第一卷，中国社会科学出版社 1982 年版，第 279 页。

的物质生活需要；人既依赖自然又意识化自然，创造"精神食粮"，以满足自己的精神生活需要。马克思说：

> 无论在人那里还是在动物那里，类的生活从物质方面来说都表现于：人（和动物一样）赖无机自然界来生活，而人较之越是万能，那么，人赖以生活的那个无机自然界的范围也就越广阔。从理论方面来说，植物、动物、石头、空气、光等，部分地作为自然科学的对象，部分地作为艺术的对象，都是人的意识的一部分，都是人的精神的无机自然界，是人为了能够宴乐和消化而事先准备好的精神食粮；同样地，从实践方面来说，这些东西也是人的生活和人的活动的一部分。[①]

人与自然的关系，从物质生活方面说，人与动物一样都依赖于无机自然界，与自然不可分离。但人与动物又不同，人既是自然的一部分而又"人化自然"使自然成为人生的一部分。人类是"万能"的，能变自然为"人的无机的身体"。马克思说，"从理论方面来说"，植物、动物、石头、空气、光等，都可以成为科学研究的对象和艺术描写的对象，因而"都是人的意识的一部分"。"从实践方面来说"，这些东西也是人的生活与活动的一部分，"人在物质上只有依靠这些自然物——不管是表现为食物、燃料、衣着还有居室等——才能生活"（《1844 年经济学哲学手稿》，第 49 页）。同时，人在精神上、在理论上可以把自然万物加以"人化"而成为人的"精神的无机自然界"，成为人生的"精神食粮"；在物质实践上，经过劳动生产，运用科学技术、工具改造自然面貌，"人化"而成为"第二自然"，成为人生的一部分。所谓"第二自然"与"精神食粮"，都是人的创造物，都是"人化了的自然界"，动物无法创造也无法享受这个"人化了的自然界"。由此可知，马克思所说的"人化了的自然界"，并不像有的人说的那样，是专指人对自然界的实践改造，而是既包括对自然界的实践改造又包含着人对自然界的意识化、情

---

① 马克思：《1844 年经济学哲学手稿》，人民出版社 1979 年版，第 49 页。

感化。并且可以肯定地说，马克思在《手稿》中所说的"人化了的自然界"，主要是谈"人的感觉"与"感觉的人类性"，谈人的感官感觉与动物不同，而对自然界进行实践改造方面说得很少。因为《手稿》所论的重点，是人与动物的生命活动的本质区别，而本质区别是人有类的普遍意识，有表现普遍意识的生命感官，这种生命感官是"类的特性"表现。"人的感觉"和"感觉的人类性"，都是人的本质表现。人与动物都有耳朵、眼睛，而其性能却有本质区别。马克思说：

> 只是由于属人的本质的客观地展开的丰富性，主体的、属人的感性的丰富性，即感受音乐的耳朵、感受形式美的眼睛，简言之，那些能感受人的快乐和确证自己是属人的本质力量的感觉，才或者发展起来，或者产生出来。因为不仅是五官感觉，而且所谓的精神感觉、实践感觉（意志、爱等）——总之，人的感觉、感觉的人类性——都只是由于相应的对象的存在，由于存在着人化了的自然界，才产生出来的。（《1844 年经济学哲学手稿》，第 79 页）

这里所谈的"属人的本质的客观地展开的丰富性"，都是为了适应"人的感觉"与"感觉的人类性"的多样性需要。人不仅"五官感觉"与动物不同，更有动物根本谈不上的"精神感觉""实践感觉"。这些生命感觉正是人区别于动物生命感觉的本质表现，人类的这些生命感觉不是天生的，是人类的生命意识对象化活动的结晶，是人类历史形成的。

"总之，人的感觉，感觉的人类性——都只是由于相应的对象存在，由于存在着人化了的自然界，才产生出来。"（《1844 年经济学哲学手稿》，第 79 页）"人的感觉"与"感觉的人类性"，产生的根基是"是人化了的自然界的存在"，是人类意识对象化的结果。特别是精神感觉，如艺术感觉、审美感觉，不仅动物没有这种感觉，就是社会中的人，也同样存在有无高低之区分。马克思说：

> 五官感觉的形成是以往全部世界史的产物。囿于粗陋的实际需要的

感觉只具有有限的意义。对于一个饥肠辘辘的人说来并不存在着食物属人的形式而只存在着它作为食物的抽象的存在；同样的，食物可能具有最粗糙的形式，并且不能说，这种食物与动物的食物有什么不同。忧心忡忡的穷人甚至对最美丽的景色都无动于衷；贩卖矿物的商人只看到矿物的商业价值，看不到矿物的美和特性；他没有矿物学的感觉。因此，一方面为了使人的感觉变成人的感觉，而另一方面为了创造与人的本质和自然本质的全部丰富性相适应的人的感觉，无论从理论方面来说还是从实践方面来说，人的本质的对象化都是必要的。(《1844年经济学哲学手稿》，第79—80页)

"人的本质对象化"是经过漫长的历史过程，才使人类的五官感觉发展到今天这样的高度，这是以往全部世界史的产物。所谓"人的本质对象化"，就是人类意识的对象化。但人类意识也是"用进废退"的，如果不将人的生命意识对象化，只停留在"自我意识"的内在层面上，不进行对象化活动，也就是不在"类"的对象性关系中进行外化、运用，包括不在教育上进行学习、培养、训练，人的五官感觉也可能蜕化到动物性那里，资本主义社会的异化劳动已经造成了人类意识蜕化的历史事实。

（四）"人的本质力量对象化"与"直观自身"

由于人有普遍意识，人才不仅有感性感觉（生命感官感觉），也产生理性感觉（精神感觉）；感性与理性的统一乃是人的生命活动区别于动物生命活动的本质表现。由于人的生命活动是在意识理性支配下进行的，其生命感觉与动物的生命感觉大不一样。人不仅有五官感觉，还有精神感觉，实践感觉（意志、爱等）。即使是五官感觉，也与动物不能同日而语。人类这些丰富而强大的感觉性能，是人的本质力量对象化的成果。所以马克思说，无论是在思想上还是在实践上，"人的本质对象化都是必要的"。

因此，正是通过对对象世界的改造，人才实际上确证自己是类的存在物。这种生产是他的能动的、类的生活。通过这种生产，自然界才表现为他的创造物和他的现实性。因此，劳动的对象是人的类的生活的对象化：人不仅象在意识中所发生的那样在精神上把自己化分为二，而且在实践中、在现实中把自己化分为二，并且在他所创造的世界中直观自身。（《1844年经济学哲学手稿》，第52页）

两个"化分为二"，前者是就生命活动本身而言，可区分生命机体与生命意识两部分，这是在"精神上"的区分，实际上生命机体与生命意识不可分割；后者是就人的生命活动需要而言，可区分为物质生活与精神生活两部分，这是在"实践中"也就是在"现实中"的区分，是可以分割开来。不管人的物质生活还是人的精神生活，都要与自然发生对象性关系。从物质生活需要方面说，人既依赖自然，利用自然，又改造自然，创造"第二自然"；从精神生活需要方面说，人既"人化"自然，又创造各种文化精神产品，尤其是艺术作品，统称为"精神食粮"。马克思的"人的本质力量对象化"是概括性极高的命题，既包括人的社会物质生产实践对自然的征服、改造，又包括人的精神活动对自然万物的意识化、情感化。而且在《手稿》中所用笔墨，主要是论述人对自然万物的意识化和情感化方面，主要论述"人的感觉"和"感觉的人类性"。

马克思在《手稿》中提到的"人的本质的对象化"或"人的本质力量的对象化"，虽然不是谈论艺术创作，但却包含着艺术创作。人的本质力量，来自于人的普遍意识，来自于人是"类的存在物"，因而人的对象化活动正是人的本质力量的表现，对象化活动的产品乃是人的本质的客观化结晶。人的本质力量的对象化，区分为两种形态：一是通过物质生产实践改造自然，创造"第二自然"；二是经过对自然的意识化情感化而创造"精神"产品，如科学理论、艺术作品。两种创造都是来自人的本质力量。人的本质力量，从根本上说是人的智慧力量、精神力量，而不是物质力量。因为即使是物质生产实践，也是在意识、智慧支配下进行的，劳动成果是由人的意识、智慧预设的，生产工具是根据人的意识、智慧预设而制造的。意识、智慧使自然变成自己的"无机的身体"，意识、智慧的力量可谓"神"矣！所以，人的本质力量，归根结底都是来自人的意识、智慧、精神。人的本质力量之大，无与伦比。人的本质力量是精神力量而不是物质力量。人的物质力量，没有牛马虎豹大，但却可以驯服驾驭牛马虎豹，这是人的智慧、类的力量所致，而人的智慧、类的力量，都是来自于人的普遍意识。所以类的普遍意识是人的本质，是人的本质力量的源泉。

马克思在《手稿》中，虽然没有直接论述人的生命活动与艺术活动的关系，但对人的生命感官的形成，对艺术修养的强调，对现代人精神生活的缺失以及本质的异化，所进行的深刻论述与尖锐批评等，都是画龙点睛之论。他的"人的本质对象化"命题，包含着艺术创作与生命活动的关系。从哲学的角度看艺术创造，正是"人的本质对象化"活动。马克思所说的"在他所创造的世界中直观自身"，就是在他所创造的劳动成果中直观自己的生命活动。所谓"直观自身"，就是通过对自己的劳动成果和生产产品，观照自己的生命活动及这种活动所显现的本质力量，从而确证自己是"类的存在物"。劳动生产者所直观到的是自己创造的产品，科学家所直观到的是自己创造理论及设计、制造的技术、工具、机器，艺术家所直观到的是自己所创造的艺术生命和美，这些都是人的本质力量的显现。"直观自身"，正是观照自己的生命活动所显现的本质力量，而艺术活动乃是"直观自身"的典型范例。不管是工农业产品，还是高科技产品，都不如在艺术作品中"直观自身"具体、完整、活灵活现。艺术创造作为一种劳动，主要是脑力劳动，是精神活动。它的产品，它的成果，是再现一种人的生命精神世界。艺术活动，是人的生命精神活动，是人的生命活动的高级形态。艺术作品，是人类的生命意识生命本质最为直接的对象化，最真实、最生动地表现人的生命精神。因而人在艺术世界中"直观自身"，最具美感价值，是其他劳动生产的对象化产品无与伦比的。

四 艺术生命的本质与表现

艺术生命的本质是什么？由于受到马克思生命论的启示，本书也将作出回答。艺术生命不是自然生长的，而是人为创造的。艺术生命与自然生命，其本质是不同的。认识艺术的生命本质与生命表现，是艺术生命创造与欣赏的至关重要问题。

（一）艺术认识与"立象以尽意"

有人说，艺术不是认识，而是人的心灵表现。这话说得太偏激，只知其一，不问其二。艺术创作，是人把万物生命活动对象化，是人同自然、社会，同客观存在发生各种对象性关系而创造出来的。在这种对象化活动中，没有直觉观照与感知体验，艺术创造活动如何进行？艺术活动需要观照、感知、体验，而且必须进行观照、感知、体验。这难道不是认识吗？说艺术是心灵的表现，也是片面之词。心灵的表现，用什么表现？怎样表现？心灵不与客观存在结成对象性的关系，是无法"自我表现"的。既然心灵表现是以客观对象为前提，便存在一个认识客观对象问题。总之，艺术活动不能没有认识，只是艺术认识具有自己的特殊性，不同于一般认识，不同于科学认识；科学认识是理性的抽象认识，而艺术认识则是理性与感性相统一的直觉感知，是生命整体认识，是认知与感觉、直观与体验的统一。这就是中国古代"立象以尽意"的认识途径。艺术认识的主体是人的生命活动整体，而科学认识的主体（实际是主观）是单纯的理性思维活动，二者是不同的认识，而不是认识的有无问题。

艺术认识不是认知，而是感知，是全身心的感觉认识，不仅认知，还有情感体验、态度评价，观照、认知，感受、体验、想象、联想都包括在内，是生命活动的"整一性"（亚里士多德语）认识，不同于科学的理性认识。

科学的理性认识与艺术生命认识有相通之处，都是与自然及客观存在结成对象性关系，通过观照、感知、思考、联想等把握自然及客观存在。但把握的方式方法和媒介、途径又不相同。观照、感知、体验和描写、表现各种生命活动，艺术家不应排斥理性认识。不过，艺术认识中的理性不是抽象地独立存在，不是凌驾在感性之上，而是包含或溶解在直觉体验、整体把握的生命形式之中。生命形式不同抽象的一般形式，是由抽象一般上升的具体感性形式，是直觉观照与生命体验相融合的形式，是感性化理性于生命形式之中。艺术创造的成果，不是抽象知识、概念，不是科学分析和实证，而是生命活动的重塑与表现，是艺术生命的刻画、描绘与美的创造。单纯的理性分析、抽象认知不能解决艺术认识问题。黑格尔特别指出："知解力是不可能掌握美的，因为知解力不能了解上述的统一，总是要把这统一里面的各差异面看成独立自在的分裂开来的东西，因而实在的东西与观念性的东西，感性的东西与概念，客体的与主体的东西，都完全看成两回事，而这些对立面就无从统一起来了。所以知解力总是困在有限的、片面的、不真实的事物里。"① 黑格尔所谓"上述的统一"就是指理性与感性的统一。人的生命活动正是感性与理性相统一的整体，不容"知解"。所谓"知解力"，就是认知与分析能力，这是科学认识的方法能力。靠这种方法能力"是不可能掌握美的"。因为把美的生命整体"知解"了，剖判了，生命也就不存在了，何谈生命认识！同时，科学的理性认识是主客对立的，主体冷静地观察客观对象，然后加以解剖、分析，舍弃感性具体，认识内部结构构成成分及其联系，经过逻辑推论、判断，综括出抽象的本质和概念结论。认识活动过程结束，主客分离。而艺术认识，是人的生命整体认识，是感性与理性不可分割的"整一"认识。这种认识的结果，是主客互动交融、对立泯灭而化生一新的生命表现——艺术美。也就是说，艺术生命整体认识是为了创造新的生命形式，而不是要得出什么抽象结论。

---

① 黑格尔：《美学》第一卷，商务印书馆 1979 年版，第 143 页。

（二）艺术生命的规定性

艺术认识就是生命认识与认识生命，艺术家认识生命是为了创造艺术生命。艺术生命是来自于对人与天地万物生命活动的模仿与表现，不仅模仿"形"，更要模仿"动"与"变"，实际是模仿生命的动态结构，必须"像"真实生命，因而受真实生命的规定。黑格尔所提出的"生命的规定性"，就是个体性、具体性和整体性三项。这三项规定，是艺术认识与艺术创造都必须遵循的原则。

第一，所谓个体性，是说生命的存在是独立的、自在的，不依赖不牵连外物，生命离开个体就意味着死亡。所以，艺术创造、美的创造，都是通过模写、刻画个体的生命活动而创造生命形式作来表现的。艺术创造与审美活动是不能离开个体生命活动，离开个体生命活动，就无法创造生命形式，无以见审美活动。特别是人体艺术如音乐舞蹈戏剧等门类，都是个体生命活动本身，是艺术生命个体性的明显例证。艺术感觉，审美活动，不是外在强加的，而是内在自发的。个体生命活动与生命形式也不是主客对立，而是主客融为一体，也就是中国古代艺术生命论所说的"心物化一"境界。因为艺术感觉，审美活动，乃是人的生命活动本身，作为"对象"的生命形式就在个体生命活动的观照之中，个体生命与"对象"处于"俯仰往复"的交融状态。席勒说，美是形式可以观照，美是状态可以感知体验，说的正是艺术生命的个体性特点。

第二，所谓具体性，是说艺术生命所显现的是感性的具体，可以观照和感受。具体性与抽象性相对而言，譬如实物与其名称，实物是具体，名称是抽象。但艺术表现生命活动并不都是单一的生命个体，如单一的人物肖像，而经常是众多生命个体，众多生命个体出现必然形成一定的关系，无论表现众多生命个体还是单一的生命个体，也常常要有自然环境衬托，这众多的生命个体及其关系以及自然环境都不是个体性所能涵盖的，而是具体性要求。"具体性"就是众多生命个体联系在一起，与"个体性"相区别。艺术表现生命个体和生命具体，都需要模仿真实生命活动。正如"易象论"所指出的，生命活动是通过"象""动""变"显现的。"象""动""变"构成生命活动的主要特征：感性具象、生气灌注、流动不居，都是形容生命之象的感性特点。因为艺术生命都是具体的，感性显现的，因此可以直觉观照，可以感知，可以体验。具体与抽象相对待；抽象是理性概念，完全排斥具体。艺术的具体，就是生命形式，就是感性形象，是生命活动及其所依托的具体环境。

第三，所谓整体性，是说生命活动是密不可分的整体，整体即"牵一发而动全身"之谓。生命是天然赋予的一种有机的动态结构，不容剖判分割，如若剖判分割，即用解剖、分析的方法去对待生命活动，便破坏了生命的整体性，生命也就不存在了，何以谈审美观照与体验？生命机体是由多种不同因素构成的，但是这些不同的因素不表现为对立和矛盾，而是互相联系，互相依存，和谐一致。黑格尔举例说，譬如人的手，在生命整体上有很大的作用，这个作用与其他生命器官协调统一，相依为命。如果把手割下来，生命机体就成为不完整的生命体，生命功能也成为不完整，而离开生命整体的手，也就没有了生命，哪里会有生命功能？生命的各种器官，是构成生命整体的一个部分，各种器官的联系是有机联系，不同于由各种零件拼凑的工具整体，而是天然生成的生命整体。所以，艺术家历来反对用"机械拼凑"方法进行艺术创造，因为这种方法破坏了艺术生命的整体性。

要而言之，个体性、具体性和整体性都是生命活动的规定性，三者贯穿于艺术认识与艺术创造过程的始终。艺术认识与艺术创作，都是以生命为本体，没有生命便没有艺术认识与创造。艺术创作不是建立在科学认识论的基础上，而是建立在生命哲学的整体论认识的基础之上，通过形象思维的方法创构生命形象。中国古代艺术，从"立象以尽意"命题得到启示而进行艺术生命创作。在创构过程中，始终保持生命的规定性，才能栩栩如生地显现出生命精神来。

（三）艺术生命创造的思想之源

艺术生命根源于人的生命活动与天地万物所形成的对象性关系，是人的主观心灵与客观存在之"物"互动交融而产生的新生命即艺术生命。自然生命是真实的,艺术生命是艺术家对真实生命的模仿,在模仿的基础上经过加工、改造、重构、美化的功夫而创造比真实生命更完美的艺术生命美。真实的生命形式是自然赋予的,而艺术的生命形式却是"人化"的文化形式;真实生命活动是个体的,生命个体也是自然赋予的,而艺术生命是类的"大生命",是艺术家赋予社会大生命的生命形式。艺术生命不是自然赋予的,而是艺术家创造的,是社会大生命与艺术家个体生命融合化一而产生的新生命,就是艺术生命。

按照习惯的说法,艺术有"形式",便有"内容"与之相对待。但艺术形式不是一般形式而是"生命形式",艺术内容也不是抽象概念而是"生命活动"。生命活动与生命形式,二者都是感性具体,同是艺术生命。把生命分为"形式"与"内容"两部分这种说法,不仅违背生命整体性的规定,于艺术创造及其理论建构也无多大意义,甚至起副作用。席勒把"生命"与"形象"对待使用,认为生命就是形象,形象就是生命,二者是"同一"的,二者构成"活的形象"。所谓"活的形象",就是美或艺术的生命形式,也就是美或艺术生命。艺术是有生命的,其"形式"就是"生命形式",其"内容"就是"生命活动";"生命活动"与"生命形式"都是生命的感性显现,二者是"同一"之物。因此,所谓艺术生命就是艺术的生命形式;生命形式已经涵盖了"生命内容",另提"生命内容"不是多此一举吗!"生命形式"就是"活的形象",艺术生命创造归根结底就是"生命形式"或"活的形象"的创造。

艺术生命形式创造,是模仿自然生命,以自然生命为根据,不是凭空捏造的。古希腊的哲人柏拉图与亚里士多德认为,艺术是对自然的模仿。这种思想观点,影响西方艺术思想两千多年,但到现代社会受到批判与否定。批判是可以的,完全否定是要不得的。说"艺术是对自然的模仿",是以偏概全,并不是完全错误。因为艺术不仅模仿自然,还对自然进行修正、加工、美化和再创造,并不和自然完全相同。但艺术的确有模仿自然的因素,也是不容否定的。艺术创造包含着模仿的因素，中国古代也是如此看法。《易·系辞传》云：易者，象也；象者，像也。像什么？像自然生命。中国的艺术批评常常用"像"与"似"为标准评价艺术的优劣，说的也是模仿问题。不过，中国古代的"像"，不是"像"物之形体，而是像物之生命活动；不是像自然形式，而是像自然生命。这是与西方模仿说相区别的要点。艺术的想象创造，是为了弥补自然生命的缺陷，创造完美的艺术生命。没有想象创造，也就没有艺术美，艺术生命也就成不了黑格尔所说的"理想"。艺术生命就是美，就是人的生命理想境界。由此可以说明，艺术创造、美的创造离不开模仿，但又不全是模仿。模仿作为学习知识、掌握技巧，也是必需的。例如绘画，西方有自然"写生"，是模仿自然，中国是对前人作品"临摹"，是模仿成功作品，二者都把模仿作为创作必不可缺的准备。用模仿代替创作是要不得的，但作为艺术创造的准备——学习知识、技巧，学习前人，模仿又是不可少的。

（四）艺术生命的本质与表现

要回答艺术的生命本质问题，首先，要明了艺术生命是如何产生的。概括地说，艺术生命的形成，是人的生命意识与自然、社会的客观存在"物"形成对象性的关系，作家用心灵的眼睛进行直觉观照与体验，并与客观对象发生互动作用，从而创造艺术的生命形式，使艺术形象"活"起来。这里举个例子加以说明。明代哲学家王阳明和他的朋友的一段对话很有意思。"先生游南镇，一友指岩中花树问曰：'天下无心外之物，如此花树，在深山中自开自落，于我心亦何相关？'先生曰：'你未看此花时，此花与汝心同归于寂，你来看此花时，则此花颜色一时明白起来，便知此花不在你的心外。'"（《王文成公全书》卷三《语录·传习录下》）人心与花没有形成对象性的关系时，"同归于寂"，因而无法产生生命之美感。"你来看此花时"，便与此花形成了互动交融的对象性关系，"此花的颜色一时明白起来"，人的生命活动使花树也"活"了起来，因此花树由寂静转化为审美观照的生命之美。这充分说明，人的美感活动就是人的生命意识对象化活动。

艺术家的生命意识与客观对象形成审美观照，从而产生"活的形象"，进一步按照艺术的方法、规则对"活的形象"进行加工、重构、美化，创造完美的艺术生命形式，从而使"活的形象"成为艺术生命的客观存在即艺术作品。由美感活动转化为艺术生命形式，是人心与景物交融化一的结晶，心与物是艺术生命形成的双重根源。中国古代艺术理论所说的"心物化一""虚实相生""情景交融"等命题，都是描述美的生命与艺术生命产生过程中的重要结论（详后）。艺术生命是人的生命活动的精神表现。人的生命精神是由人的生命意识与客观对象互动合和而产生的，人的生命意识是主动的，客观对象是受动的，但不管谁主动谁受动，都是双方互应相动，而不是一厢情愿。艺术不仅描写人的生命活动，也描写动物、植物的生命活动，甚至于无生命的金石矿物，也赋予人的生命意识而成为艺术生命。可见，艺术生命的形成也包含着自然万物的生命素材；生命素材赋予人的生命意识便成为艺术生命形式。

按照黑格尔的说法，艺术生命是"生气灌注"通体内外的，是"一种较高的"生命存在。"高"在哪里？高就高在艺术生命是由人的生命意识生成的，是人的生命精神表现。艺术生命是美的，是艺术理想。艺术生命是对自然生命的模仿与表现，黑格尔称之为"心灵的生命"，实际上就是指人的生命意识的精神表现。艺术生命的创造，是艺术家在模仿自然生命的基础上而创造的一种新的生命形象，这一新的生命形象因为涵融作家的生命意识而使生命形象"活"了起来，即成为席勒所说的"活的形象"，从而与自然生命区别开来。黑格尔认为，动物生命是自然美的"顶峰"，但与艺术生命美相比较却是低级的。低就低在它无法把自己的生命之美显现出来，而显现出来的只是生命机体，而不是"心灵的生命"。黑格尔说："显现出来的只是一种实在的整体，其中最内在的统摄一切的生气灌注作用却还是作为内在的因素而隐藏起来。"[1] 即是说，动物的"心灵"（实际是指心脏器官）无法外化为感性

———————

[1]　黑格尔：《美学》第一卷，商务印书馆 1979 年版，第 189 页。

显现。因为动物没有意识，无法把自己的生命活动"对象化"，因而无法把自己内在"心灵的生命"显现出来。动物的生命之所以美，之所以成为艺术，是借助于人的审美意识才得以显现的。人的生命审美意识，不仅可以把自己的生命活动"对象化"而成为美，成为艺术，也可以把自然万物（包括动植物与无生命的山水矿石）加以对象化而成为艺术，成为美。由此说明，以自然山水和飞禽走兽为题材的诗画音乐散文等艺术之所以美，因为它们都有生命。但是它们的生命美，并不完全是美在自然山水和飞禽走兽本身，而是需要人的生命审美意识加以美化，加以艺术化，才成为艺术美或艺术理想。人用什么进行美化、艺术化？用生命意识，进行想象创造。因此，自然万物和人的生命活动的一切方面都可以成为艺术生命创作的题材，成为艺术生命的活动内涵。但是艺术生命的本质只能是人的生命审美意识，其表现只能是人的情趣、理想、人格——人的生命审美精神。艺术生命不同于自然生命，就在于艺术生命已经摆脱了自然生命的生死界限，艺术的生命形式突破了时空形式的局限，而具有了普遍性与永恒性。

综上所论，艺术家用他的生命意识观照体验自然万物的生命活动，以此为素材创造出艺术的生命形式或美感形式，以表现人的生命情趣。艺术生命的本质是人的生命审美意识，艺术作品、艺术活动则是人的生命意识的审美表现。

第四章　人生观与艺术的历史传统

"人生"概念是土生土长的,"人生观"是从西方引进的概念。所谓"人生观",就是对人的生命活动及其社会存在的总观点。人生观属于哲学世界观的一部分。蔡元培早期介绍西方哲学时写了一篇叫作《世界观与人生观》的文章(1912年),视人生观为人生理想。

人生观或曰人生理想,是中国艺术的历史传统形成的思想源泉。尤其"和"的生命理念、"气"的生命理念,在中国艺术传统形成、发展的悠久过程中,一直起主导作用。

一　何谓"人生"

马克思的生命论,是在人的生命活动与动物的生命活动比较中论述人的本质。"人的生命活动"这一短语,既具体又非常概括,具有广阔而深邃的内涵。人的衣食住行,劳动生产,社会政治,文化娱乐,以及人自身的生命繁衍等方方面面,都包含在内。"人生"是什么?简单说,就是"人的生命活动"。人的生命活动有开始(生),有结束(死),有时间过程,有空间依托,时空一体构成人的生命活动世界。人对人生世界如何观看,希望他是个什么样子,就是人生观。人的"生活""生存""生育""生长"以及社会群体的各种活动、相互交往，不都是"人的生命活动"吗？"人生"及"生活""生存"等概念，是哲学、美学、艺术等经常使用的概念，也是本书的三个关键词。

（一）"人生"概念的由来及含义

"人生"概念，形成于何时，不敢断言。这里只能说，"人生"一词，先秦时代已经出现了。"人生几何，谁能无偷？朝夕不及，将安用树？"（《左传·襄公三十一年》）"人生始化曰魄，既生魄，阳曰魂。用物精多，则魂魄强，是以有精爽至于神明。"（《左传昭公七年》）这里的"人生"，作为一个词还不太凝固。先秦诸子常说"人之生"。孔子曰："人之生也直，罔之生也幸而免。"（《论语·雍也》）庄子云："人之生也，固若是芒乎？其我独芒，而人亦有不芒者乎？"（《齐物论》）可见，"人"与"生"两个字联系还不够紧密，可分可合。先秦时代，"人"与"民"同义，《诗经》中互用的情况很多。不过多数情况下，"人"是指个体，"民"是指多数，所以少用"人生"而多用"民生"。《国语下·晋语》载："民生安乐，谁知其他？"屈原《离骚》曰："长太息以掩涕兮，哀民生之多艰。""民生各有所乐兮，余独好修以为常。"这里的"民生"，就是"人生"。

"人生"概念，在中国诗词中出现的频率是比较高的。汉代《乐府·羽林郎》载："人生有故新，贵贱不相逾。多谢金吾子，私爱徒区区。"东汉的《古诗十九首》，都是咏叹人生的，其中有四首直接出现"人生"一词："青青陵上柏，磊磊涧中石。人生天地间，忽如远行客。"（《青青陵上柏》）"人生寄一世，奄忽若飚尘。何不策高足，先据要路津。"（《今日良宴会》）"人生非金石，岂能长寿考？奄忽随物化，荣名以为宝。"（《回车驾言迈》）"浩浩阴阳移，年命如朝露。人生忽如寄，寿无金石固。"（《驱车上东门》）以上所引诗句，都是产生在东汉末期，社会走向没落，人心更容易感到悲凉。

三国魏晋南北朝三百多年间，分裂割据，你攻我伐，改朝换代频繁，是人生苦难沉重的时代，咏叹人生短暂、命运多舛的诗句就更多了。曹操的

《短歌行》云："对酒当歌，人生几何？譬如朝露，去日苦多。慨当以慷，忧思难忘。何以忘忧，唯有杜康。"此乃是家喻户晓、千古传诵的名句。曹植《赠白马王彪》云："人生处一世，去如朝露晞。年在桑榆间，影响不能追。自顾非金石，咄唶令心悲。"陶渊明《归园田居五首》云："一世异朝市，此语真不虚。人生似幻化，终当归空无。"《己酉岁九月九日》载："万化相寻绎，人生岂不劳！从古皆有没，念之中心焦。"《庚戌岁九月中于西田获早稻》云："人生归有道，衣食固其端。孰是都不营，而以求自安。"《杂诗十二首》的第一首云："人生无根蒂，飘如陌上尘。分散逐风转，此亦非常身。落地为兄弟，何必骨肉亲！"鲍照《拟行路难》其二云："含歌揽涕恒抱愁，人生几时得为乐？宁作野中之双凫，不愿云间之别鹤。"其三云："泻水置平地，各自东西南北流。人生亦有命，安能行叹复坐愁！"三国魏晋时代，诗的悲凉情绪更浓了。

唐诗产生于封建社会的鼎盛时代，但"人生苦短"的咏叹，多得无法一一列举。这里只援引几位名家。李白："君不见黄河之水天上来，奔流到海不复回。君不见高堂明镜悲白发，朝如青丝暮成雪。人生得意须尽欢，莫使金樽空对月。"（《将进酒》）杜甫："人生有情泪沾臆，江水江花岂终即？黄昏胡骑尘满城，欲往城南望城北。"（《哀江头》）又曰："永痛长病母，五年委沟豀。生我不得力，终身两酸嘶。人生无家别，何以为蒸黎！"（《无家别》）韩愈："君歌且休听我歌，我歌今与君殊别。一年明月今宵多，人生由命非由他，有酒不饮奈明何。"（《八月十五夜赠张功曹》）又曰："人生如此自可乐，岂必局促为人鞿。嗟哉吾党二三子，安得至老不更归。"（《山石》）李商隐《无题》载："益德冤魂终报主，阿童高义镇横秋。人生岂得长无谓，怀古思乡共白头。"唐代政治比较开明，经济发达繁荣，国势强盛。但唐诗却很少歌功颂德、粉饰太平，更多是揭露社会矛盾、黑暗、腐败，抒发愤恨、悲痛的情感。

五代两宋的诗词中，"人生"一词的出现频率就更高了。"林花谢了春红，太匆匆！无奈朝来寒雨晚来风。胭脂泪，相留醉，几时重？自是人生长恨水长东。"（李煜《相见欢》）这是一首很著名的词。两宋二三百年间，不断地遭受北方游牧民族侵掠，咏叹悲欢离合之事就更多了。"更尽一杯酒，歌一阕。叹人生里，难欢聚，易别离。"（寇准《阳关引》）"一声声，齐唱太平年。人生百岁，离别易，会逢难。无事日，剩呼宾友启芳筵。星霜催绿鬓，风露损朱颜。"（晏殊《拂霓裳》）"尊前拟把归期说，未语春容先惨咽。人生自是有情痴，此恨不关风与月。"（欧阳修《玉楼春》）"人生到处知何似？应似飞鸿踏雪泥：泥上偶然留指爪，鸿飞那复计东西？"（苏轼《和子由渑池怀旧》）"春去，尚来否？正江令恨别，庾信愁赋。苏堤尽日风和雨。叹神游故国，花记前度。人生流落，顾孺子，共夜语。"（刘辰翁《兰陵王》）"清明时节雨声哗，潮拥渡头沙。翻被梨花冷看，人生苦恋天涯。"（张炎《朝中措》）都是抒发由于人生短暂多悲愁而产生的痛苦怨恨，抒发生离死别而又无可奈何的情绪。

元明清三代，尤其明代中叶以后，人性解放的思潮渐起，更重视人的个体生命。不仅在诗词中提倡性灵说、情性说，在小说、戏曲、散文的批评中也强调要表现人的真情实感，而不是教训、明道之类。尤其是"离经叛道"的李卓吾倡导的"童心说"，影响深远、广泛。这里就不具体引证了。

"人生"一词从古贯穿至今，既是古汉语的常用词，也是现代汉语的常用词，而且词的含义没有多大变化。以现代诗人美学家王国维的诗词为例，足以说明这一点："门外青骢郭外舟，人生无奈是离愁。不辞苦向东风祝，到处人间作石尤。"（《红豆词》二）"湖光槛底明，山色尊前坠。人生苦局促，俯仰多悲悸。"（《游通州湖心亭》）"试问何乡堪著我？欲求大道况多歧。人生过处惟存悔，知识增时只益疑。"（《六月二十七日宿硖石》）"我身即我敌，外物非我虞。人生免襁褓，役物固有余。"（《偶感二首》一）"野花开遍真娘墓，绝代红颜委朝露。算是人生赢得处：千秋诗料，一抔黄土，十里寒螀语。"（《青玉案》）。王国维的诗词，可以说，都是他的悲观主义人生观的情感表现。

以上足以说明，无论古代还是现代诗句中的"人生"，含义相同，多数是指个体的生命活动过程。由于个体生命太短促，更令人感怀悲叹，并常常以饮酒自慰。个体生命是人生的基点，在个体生命活动的基础上才形成人类生命活动的无限延伸的历史过程。正如唐代诗人张若虚《春江花月夜》开篇所描写的那样："春江潮水连海平，海上明月共潮生。滟滟随波千万里，何处春江无月明。江流宛转绕芳甸，月照花林皆似霰。空里流霜不觉飞，汀上白沙看不见。江天一色无纤尘，皎皎空中孤月轮。江畔何人初见月？江月何年初照人？人生代代无穷已，江月年年只相似。不知江月待何人，但见长江送流水。"这一段描写与咏叹，涵具深刻的哲理。它告诉我们：个体的生命活动过程虽短暂，却是代代传承，如同江水长流，潮起潮落，明月显隐，循环往复。说明由个体生命所汇聚而成"类"的生命链条，是无限延伸的。马克思所说的"人的生命活动"既包含个体生命又包含类的"大生命"。这其中的奥秘是人有意识，人是社会存在，可以创造文化，可以记载历史；人与动物有本质区别。人的生命活动、生命精神，通过文字、书册、器物、艺术作品，代代流传下去，永垂不朽。正如文天祥所慷慨陈词："人生自古谁无死，留取丹心照汗青！"（《过零丁洋》）

根据以上所述，便可以给"人生"下个定义：人生就是人类生命活动（包括人类自身的生育繁衍）的历史过程；这个历史过程是由无数的个体生命活动和无数而又无限的个体生命活动链条即"类"的生命活动构成的；个体的生命活动很短暂，很有限，而"类"的生命活动却是无限延伸的，个体生命活动与类的生命活动合起来才是完整的人生。用"人的生命活动"涵盖人生的方方面面，无所遗漏而又明白确切。难怪马克思以人的生命活动为事实根据论述人的本质，论述人与动物的根本区别！人不仅有生命机体，还有生命精神；不仅有个体生命，还有"类"的"大生命"，这个"大生命"是以社会（物质存在）与文化（精神存在）为载体使生命无限地"活"下去，这就是人生的历史。"人生"作为人的生命活动的历史过程，不仅是自然物质运动、变化的循环往复，更是人类文化精神世界的发展、扩大与无限延伸的过程。

（二）"人生"的主要内涵——"生活"

所谓"生活"，乃是指人为了"活"而进行的各种生命活动，是人生的主要内涵。但因"生活"没有标明是"谁的"，所以有人便望文生义地解释这个概念，说"生活"就是："人或生物为了生存和发展而进行的各种活动。"（《现代汉语词典》）这种解释是大误。因为不识人的生命本质而把人的生命活动与动植物的生命活动混为一谈。人的生命活动是有意识的，具有"类的特性"，因而是自由自觉的。人的生活有目的，有计划，有秩序，有理想，"生活"是在自觉意识支配下进行的。而动物没有意识，不是类的存在，只有本能的生命活动，谈不上"为了生存与发展"（先在的意识活动）。如果一定要说动物有"生活"，那也不能与人的"生活"相提并论。至于植物连生命活动的本能都不完全，又怎么能和人的"生活"相提并论！"生活"是人的生命活动表现，是在文化精神指导下的生命活动，不能与生物的自然活动相混同。"生活"是"人生"的主要内涵，而不是人生内涵的全部。"人生"的内涵还有"生存""生产""生态""生育"（人自身的生产）等，都包含在"人生"之中，都是人的生命活动。所以不能把"生活"与"人生"相等同，更不能把人的生命活动与生物的生命活动相等同。

《现代汉语词典》解释"人生"概念是"人的生存与生活"。这又是望文生义式的解释，只分解概念，并没有深入到人生概念的本质内涵。生存与生活，还有生育、生长等都是人的生命活动，都在"人生"概念的内涵之中，说"人生"是"人的生存与生活"，等于没有解释。"生活"是现代艺术理论中的重要概念，如"深入生活""反映生活""美是生活""生活的艺术化"，等等，都是围绕"生活"而论艺术。许多学者，把"人生"与"生活"两个概念经常等同混用，并不加以区分，也是根源于没有真正理解"人生"与"生活"两个概念各自的含义的缘故。例如，梁启超在《人生观与科学》中说："人类从心界物界两方面调和结合而成的生活，叫作'人生'，我们悬一种理想来完成这种生活，叫作'人生观'。"① 朱光潜也是"人生"与"生活"不加区分。他的《谈美》（十五）说，"艺术的生活"和"实际人生"合而成为"整个人生"，就是一例。仅就"生活"而言，含义也十分宽泛而错综复杂。从人生的大系统说，社会、政治、经济、文化、民族、宗教以及阶级、党派、团体、群伦、个体等都有自己的"生活"在，各自的"生活"边界已经不同而互相交叉。我们过去的文艺理论提出"生活是文艺的唯一源泉"，抽象地看，这一论断可以认同。但从具体的论述看，由于唯物的功利主义把生活含义狭窄化、阶级化，用社会生活、政治生活、物质生活替代了人生的整个生活，而精神生活以及其他种种生活，都是不算数的。

我不赞成用政治的阶级的标准把"生活"划分为各种界限分明的领域，然后用某一领域替代普遍的生活并与艺术发生关系，因此概括出一种似是而非的结论。如此，必然破坏生活与艺术的普遍联系。我认为，把"生活"区分为物质生活和精神生活两大方面，对于艺术—审美的研究，具有重要意义。人为了活得像个人样，要求物质生活与精神生活的统一，否则人性就要"异化"，这是马克思在《手稿》中论述过的问题。在中国现代史上，许多美学家所提倡的"生活的艺术化"，正是针对中国现代半封建半殖民地社会中，物质生活与精神生活发展不平衡而提出的一种生活目标。尤其是广大的平民群众，他们没有艺术修养，缺乏文化娱乐，更谈不上高尚的艺术欣赏和审美享受。宗白华说，中国本来有悠久的艺术传统，有丰富的文学艺术遗产。但不知何故，到了现代，这个传统似乎有些中断了。人们，特别是一般的平民，几乎纯粹过着一种机械的、物质的、肉体的生活，而感觉不到超越现实的精神生活、理想生活的需要。长此以往，中国新文化运动也将失去动力。"因为一般既觉不到精神生活、理想生活的需要；那么一切精神文化，如艺术，学术，文学都不能由切实的平民'需要'发生伟大的发展了。所以我们现在的责任，是要替一般平民养成一种精神生活，理想生活的'需要'，使他们在现实生活

---

① 《梁启超哲学思想论文选》，北京大学出版社1984年版，第445页。

以外，还希求一种超现实的生活，在物质生活以上还希求一种精神生活。"①
朱光潜在《谈美·开场话》中说，不会用艺术的眼光去欣赏人生，只知终日
拼命地去"争温饱"，这种人不懂得什么是人生，也就不会感到人生的乐趣和
希望。因为艺术是情趣活动，"情趣愈丰富，生活也愈美满，所谓人生的艺术
化就是人生的情趣化"。丰子恺说："人生中无论何事，第一必须有'趣味'，
然后能欢喜地从事。这'趣味'就是艺术的。""艺术的生活，就是把创作艺
术、鉴赏艺术的态度来应用在人生中，即教人在日常生活中看出艺术的情味
来。我不相信世间有全无'兴趣'的机械似的人。"② 以上这些，都是针对受
帝国主义侵略、掠夺，受封建统治者压迫、剥削的现代旧中国的现实而发的
议论。

中国现代美学家一再提倡"生活的艺术化"，其实质就是要加强劳苦大众
的精神生活，提高他们艺术—审美活动的能力，从而使人性得到健全发展。
人的生活有物质生活与精神生活的区分，但二者不能截然分开。只是由于人
们的社会政治地位、经济条件和职业分工等的不同，物质与精神两种生活而
各有所偏重罢了。虽然可以偏重，却不可以偏废。物质生活和精神生活互补
相辅、均衡发展，才有健康的生命，才有健全的人性。

（三）"人生"的存在方式——"生存"

生存与生活，是人生的两翼，共同表明人生的活动过程（时间）和存在
方位（空间），二者构成人生的活动与存在形态。在整个人生中，生活主要展
现生命活动的时间过程，突出人生"动"的方面；生存主要呈现生命活动的
空间位置，表明人生的存在方式，突出人生"静"的方面。生命活动，不是
一味地动而不静，也不是一味地静而不动，而是动静相伴的。如同心脏一跳
则止一止又跳。人们白天上班工作、劳动，晚上回家休息睡觉，也是一动一

---

① 宗白华：《美学与意境》，人民出版社 1987 年版，第 30 页。
② 丰子恺：《关于学校中的艺术科》，《中国现代美学名家文丛·丰子恺卷》，浙江大学出版社
2009 年版，第 46 页。

静。生命活动都是动静相伴、循环往复的时空过程，过程停止，就意味着生命活动的结束。

所谓"生存"，就是生命存在的意思。存在就要有根基，有依托，就要有衣食住行的各种食物、用品、工具，才能使生命得以生养、存活。生存不管采取哪种存在方式，都必然要以天地自然为依托、为根基。否则，就是空中楼阁，或是海市蜃楼。人生的任何一种存在方式，都要以一定的天空、大地、山水、空气、阳光以及动植物等构成的生态环境为依托、为根基。如此，一定的时空中的土地、山水、空气、阳光以及动植物等所构成的自然环境，也成为人生的一部分。人生的边界也随之外延到自然界，从而使人生与自然形成一定的关系。自然环境为人的生命存在划出范围，奠定"平台"。自然环境与人生同在，密不可分，是人类生存的必要前提。自然环境不仅是人的生活与存在的"场所"，更是生活与存在的源泉。人类衣食住行的物质生活需要，都是由自然提供资源；自然作为科学研究的对象和艺术描写的对象，也为人类生活提供"精神食粮"。论人生不能忘记自然，忘了自然，就是忘本。这是中国自古以来奉天地为父母，视自然万物为朋友的原因所在。亲近自然，热爱山水，使中国人的审美眼光敏锐，很早就发现自然之美。由这种审美眼光所创造的艺术，尤其是中国的音乐、诗歌、绘画，游记散文，自然山水是主要的吟咏题材。

天地自然，本来是和谐的，因而才成为人生存在的依托、根基，才成为人生生养、居住的生态环境。但由于人类对于天地自然没有真正的认识，对自然万物进行过度的开发，无限的索取，甚至故意的破坏，尤其是近代以来的工业化、现代的战争等，极大地破坏了自然的和谐秩序，使自然生态失去平衡，因此"天运"激变，自然也给人类报之以各种灾难，以示惩罚。自然对人类的谴告，从而使人类有所觉醒，并为恢复生态平衡而努力。中国古代生命哲学的"和实生物"早已指出，人与天地万物，都是由于"和"才生存，才发展。"和"既是生命的内在结构又是生命所依赖的环境；政和、民生之和是社会环境，"天人合一"是生态环境、自然环境。无论自然，还是社会，还有艺术，都以"和"为佳境，以"和"为乐。"和"的境界就是美的境界，美的境界给人带来无限的快乐。因美而乐，因乐而美，美乐都根源于"和"的境界，"和"使艺术美、居住环境美与生态环境美合而为一了。

以上三小节分别解释了人生、生活、生存三个概念。这三个概念，是人人皆知、雅俗通用的。但由于内涵深邃，联系的方面太宽广，难以全面深入地把握，容易产生误读或片面理解，所以作者不惜笔墨，唠叨成篇。三个概念，内含三大主要矛盾关系：人生概念，内涵个体与社会的矛盾关系；生活概念，内涵物质生活与精神生活的矛盾关系；生存概念，内涵人生与自然的矛盾关系。对于这三大矛盾关系，以上三节分别予以辨析与论说。由于人生、生活、生存都与艺术—审美活动密切联系，因此，艺术—审美活动也内含这三大问题。对于这些问题，在以下一些章节中，将得到进一步的解释与论述。

二　人生与艺术

许多人把人生与艺术二者看成是截然不同的两回事，实在是误解，问题的症结是对"人生"内涵没有完全的理解。概念，是思想交流和学术研究所必需的最基本的媒介工具。准确而明晰的理解概念，才能达到传达、交流的目的。在历史上，在现实中，由于对概念的理解、认识的模糊、歧异而发生争论是屡见不鲜的。中国现代艺术史上，曾发生过"为人生而艺术"与"为艺术而艺术"的激烈争论，原因正在于此。

（一）"人生"概念的误读与艺术争论

对于"人生"概念存在种种不同的理解，不同的认识，这妨碍对人生与艺术关系的认识。20 个世纪 20 年代，文学研究会与创造社所发生的"为人生的艺术"与"为艺术的艺术"的争论，之所以谁也说服不了谁，没能取得共识，关键正在于对"人生"概念没有正确而全面理解的缘故。

茅盾说："有过一个时期，文学研究会被目为提倡着'为人生的艺术'。特别是创造社成立以后，许多人把创造社看作'艺术派'，和'人生派'的文学研究会对立。创造社当时确曾提倡'艺术至上主义'，而且是一种集团的活动。"① 文学研究会与创造社两派争论的焦点，是艺术有无目的，艺术创作是服从社会需要，还是出于个体内在的心理诉求。文学研究会主张艺术创作有目的，目的就是为人生，因而"文学是一种工作，而且又是于人生很切要的一种工作"②。创造社主张艺术创作是人的内在情感的自然表现，艺术无外在的目的。两派争论的具体情况，这里无须细说，只把两派的代表言论援引在这里，以说明两派对"人生"概念的含义，都是模糊不清的，理解都是片面的。

鲁迅是文学研究会一方的代表人物。他说："创造社是尊贵天才的，为艺术而艺术的，专重自我的，崇创作，恶翻译，尤其憎恶重译的，与同时上海的文学研究会相对立。那出马的第一个广告上，说有人'垄断'着文坛，就是指着文学研究会。文学研究会却也正相反，是主张为人生的艺术的，是一面创造，一面也看重翻译的，是注意于介绍被压迫民族文学的，这些都是小国度，没有人懂得他们的文学，因此也几乎都是重译的。"③ 鲁迅又说："说到'为什么'做小说罢，我仍抱着十多年前的'启蒙主义'，以为必须是'为人生'，而且要改良这人生。我深恶先前的称小说为'闲书'，而且将'为艺术而艺术'，看作不过是'消闲'的新式的别号。"④ 鲁迅所说，精神可嘉，而认识不免片面。鲁迅的"人生"，显然排除了个体天才、个体审美娱乐方面。鲁迅的"人生"只有社会而无个体，只有为社会而工作、而奋斗才是"人生"。可见，鲁迅的"人生"，不是人的生命活动的全部内涵，只有社会政治等功利事业方面，却没有个体休闲、娱乐的空间，把个体的生命需要排除在艺术活动之外。

---

① 茅盾：《关于"文学研究会"》，《现代》第 3 卷第 1 期，1933 年 5 月 1 日。
② 《文学研究会宣言》，《小说月报》第 12 卷第 1 号，1921 年 10 月 1 日。
③ 《鲁迅全集》第 4 卷，人民文学出版社 1981 年版，第 295 页。
④ 同上书，第 513 页。

创造社的代表人物是郭沫若。他说："有人说文艺乃有目的的，此乃文艺发生后必然的事实。为艺术的艺术和为人生的艺术，这两种派别大家都知道是很明显的争执着。其实这不过是文艺的本身与效果上的问题。如一株大树，就树的本身来说并非为人们要造器具而生长的，但我们可以用来制造一切适用的器物。"① 又说："我们知道艺术有统一群众的感情，使趋向同一目标的能力，我们又知道艺术能提高我们的精神，使个人的内在生活美化，那在我们现代，这样丑化了的国家中，不正是应该竭力提倡的吗?"② 以上是郭沫若被动的辩解词，还看不出创造社的真正主张。真正的主张认为艺术创作是"出自内心的要求，原不必有什么预定的目的"③，坚持"唯美唯真的精神来创造文学"④。这种艺术主张并没有错，错在这种主张的人也没有把自己的艺术创作看作是"人生"之内的事，所以郭沫若在进行答辩之时步步退却防守，而不是理直气壮地进攻。

艺术无目的，这本来是康德以来超功利主义美学一派的主张，并遭到功利主义美学的反对。两派一直争论不休，关键在何谓目的，争论双方没有共同的标准。例如，马克思说人的生命活动是有意识的；有意识就有对象性的活动，"对象性"是不是目的? 艺术创作要"构思"，要"拟提纲"，先打"腹稿"等，是不是目的? 艺术派与人生派，各有各的说法，无法认同。艺术派强调艺术活动是"个人的内在生活美化"，强调艺术创作是"出自内心的要求"，并且也不忽视社会需要的一面，这种看法是比较全面的。但由于没有认识到"为艺术的艺术"并没有超出人生范围之外，所以对人生派的反驳是无力的。艺术派与人生派一样，对于人生概念所涵盖的意义、范围，同样没有准确而明晰的认识。一言以蔽之，艺术派与人生派都没有对人生概念进行深思熟虑的考察，因而没有全面而正确的理解、认识，这是双方只有争论而无结果的根本原因。

---

① 郭沫若：《文艺论集》，湖南人民出版社 1984 年版，第 115 页。
② 同上书，第 119 页。
③ 成仿吾：《新文学之使命》，《创造周报》第 2 号，1923 年 5 月 20 日。
④ 郁达夫：《创造日宣言》，《中华新报》1923 年 7 月 21 日。

（二）对争论的反思批评

20世纪20年代发生的"为人生的艺术"与"为艺术的艺术"的争论，由于没有取得积极的成果，所以很多学者、美学家在30、40年代还要旧话重提，反思这段历史，指出这场无谓争论的症结所在。一致认为，两派都没有正确把握人生概念的基本含义。梁启超说：

> 人生目的不是单调的，美也不是单调的，为爱美而爱美，也可以说是为人生目的。因为爱美本来是人生目的的一部分。诉人生苦痛，写人生黑暗，也不能不说是美。因为美的作用，不外令自己或别人起快感。痛楚的刺激，也是快感之一，例如肤痒的人，用手抓到出血，越抓越畅快。像情感怎么热烈的杜工部，他的作品自然是刺激性极强，近于苦叫人生目的那一路。主张人生艺术观的人，固然要读他。但还要知道，他的哭声，是三板一眼的哭出来，节节含着美。主张唯美艺术观的人，也非读他不可。[1]

梁启超一针见血地指出两派的错误。他说，"爱美本来是人生目的的一部分"，不能说"为艺术而艺术"就不是为人生。例如杜诗就是"近于苦叫人生目的那一路"，但是他的"哭声"不同于一般的哭声，"是三板一眼的哭出来，节节含着美"——艺术的人生。也就是说，杜诗既是为人生，也是为艺术，两派都要读它。说得形象、生动，也很令人信服。梁启超的言外之意是，所谓"人生的艺术"与"艺术的艺术"都在"人生"之中，二者的争论毫无意义。借用荀子的话"不全不粹之不足以为美也"，说明人生与艺术的关系，可能是最恰当的。人生是"全"，即全局、整体，艺术则属于全局的一个部门，是整体中的精华部分，所以是"粹"，即精粹。人生缺少了艺术就缺少了精华，就"不全"了，而艺术缺少了人生，就成为无根之花，也是不全的，

---

① 梁启超：《饮冰室合集·文集》第十三册，中华书局1941年版，第35页。

早晚是要枯死的。人生只有既全又粹，才是美的。朱光潜在撰写《谈美》《文艺心理学》等著作时，针对这场争论的基本缺陷而长篇大论地对人生概念进行论辩。他说：

> 人生是多方面而却相互和谐的整体，把它分开来看，我们说某部分是实用的活动，某部分是科学的活动，某部分是美感的活动，为正名析理起见，原应有此分别。但是我们不要忘记，完满的人生见于这三种活动的平均发展，它们虽是可分别的而却不是相互冲突的。"实际人生"比整个人生的意义较为窄狭。一般人的错误在认为它们相等，以为艺术对于"实际人生"既是隔着一层，它在整个人生中也就没有什么价值。有些人为维护艺术的地位，又想把它硬纳到"实际人生"的小范围去。这般人不但误解艺术，而且也没有认识人生。我们把实际生活看作整个人生中的一片断，所以在肯定艺术与实际人生的距离时，并非肯定艺术与整个人生的隔阂。严格地说，离开人生便无所谓艺术，因为艺术是情趣的表现，而情趣的根源就在人生；反之，离开艺术也便无所谓人生，因为凡是创造和欣赏都是艺术的活动，无创造无欣赏的人生是一个自相矛盾的名词。①

朱光潜把人生区分为广义和狭义即"整个人生"与"实际人生"两部分，"整个人生"可区分为实用活动、科学活动、美感活动各个部分。他认为，这样区分是为了析理，并不表明各个部分是相互冲突的，而是谐调一致的整体，从而提醒人们认识、处理好它们之间的关系。朱光潜的反思批评很有意义，用人的各种活动解释人生，已经接近我们对人生所作的定义。但"人的活动"形式多种多样，种类千差万别，范围大小无数，没有一个统一边界，与人生概念无法完全相符合。如果用"人的生命活动"来界定人生，用"生命"统一活动，用"人的"来区别于动物的生命活动，概念的内涵界限

---

① 朱光潜：《谈美》，开明书店 1932 年版，第 127 页。

便十分清楚。总之，应该承认，梁启超、朱光潜对人生概念的理解、认识，比原地踏步的两派争论大大地前进了一步。

由于对人生概念的理解片面，两派的艺术观点也走向极端，因而批评两派艺术观点的人就更多了。这里只举两例，以见一斑。胡风在 1936 年撰写的《文学与生活》的小册子中说："在中国，新文学运动开始就发生了为人生而艺术和为艺术而艺术的争论。主张为人生而艺术的人们说，文艺应该描写现实生活，尤其是现实生活黑暗、痛苦、残酷等等，但为艺术而艺术的主张者却以为文艺底目的只应该是创作者底理想的境界，美的境界，作者应该表现的是他自己底热情、幻想、信仰等等。"① 胡风的分析，实际上是认为"为人生的艺术"一派属于现实主义，而"为艺术的艺术"一派乃属于浪漫主义；现实主义主张写实，客观反映社会现实，浪漫主义主张自我表现，创造理想境界，艺术观点是各执一端，都是片面之论。蔡仪比较倾向"人生派"，反对把艺术当成"游戏"或"白日做梦"。但他不掩饰"人生派"理论的片面性。他于 20 世纪 40 年代出版的《新艺术论》认为，"人生派"由于"疏忽了艺术之所以为艺术的特点，疏忽了艺术本身应有的要求以及艺术美，甚至于认为艺术的价值仅在于它的实际效用，而要求艺术内容的有益于世道人心，则是有意无意地把艺术当作单纯的说教的工具、时代精神的号筒，由此产生了劝诫小说、口号标语诗之类，并以为这样的作品才是好的艺术作品。这种偏向不能不说是错误的"。② 批评可谓中肯。胡风、蔡仪一致指出，"人生派"与"艺术派"都没有正确认识人生，致使各自的艺术观点走向不同的极端。这种批评，也使人们的认识提高一步。但是，以上两种批评还有必要深入下去，以便认识争论的实质在哪里。因为"人生派"看到的是人生的群体、社会事业方面而忽视艺术的个体创作根源、审美需要方面，"艺术派"抓住艺术创作的个体根源与个体审美需要，却不知如何与人生的社会方面统一起来；二者各执一端，都是片面的。人生包含个体与社会两个方面，艺术活动既是

---

① 胡风：《胡风评论集》（上），人民文学出版社 1984 年版，第 268 页。
② 蔡仪：《美学论著初编》（上）上海文艺出版社 1982 年版，第 174 页。

个体的，又是社会的，只有个体与社会的统一，才是人生的全部含义，才是真正的艺术。真正的艺术—审美活动，既出自个体的真情实感，又符合社会群体的普遍要求，这样的艺术才具有最大价值。

人生所内含的本质关系，是个体与社会两个方面。是艺术创作与审美教育所要解决的主要矛盾。如何解决这一矛盾，使二者和谐一致。人生派与艺术派都没有认识到这一主要矛盾，更谈不上解决这一矛盾。这一点，当时的批评者也没有指出来。个体生命活动与群体社会的生命活动两个方面虽有矛盾，却不是根本对立的，而是互相依存、互为因果，不可分离。但两派各执一端，敌视、打压对立派，甚至要"吃掉"对立派，根本不认识对立派是自己存在的前提。因此，争论双方各自片面性的艺术观点，正是对人生本质关系认识的片面性表现。如何认识、处理艺术中个体与社会的关系，是艺术理论中极为重要的问题。艺术—审美活动，必须坚持个体与社会、感性与理性的和谐统一才能达到目的。并且认识到个体、感性是基础，社会、理性是升华。艺术—审美活动，如果离开个体、感性，就不是艺术—审美活动，升华便是一句空话；如果只在个体、感性那里打转转，抛开社会、理性而不顾，那就是个体、感性自甘沉沦、堕落，也会受到社会、理性的鄙弃。艺术活动是人的生命活动，离开个体、感性，就是失去了艺术生命的精神本体，活动也就不是艺术活动。但是，也不能忘记，艺术的生命活动是个体与社会、感性与理性完美的和谐统一体，具有提升人性的功能，具有深刻的社会教育力量。如果艺术活动不含有理性、社会性，教育力量从哪里产生？

（三）艺术与人生是同体的

综上所述，"人生派"把"人生"的含义功利化、狭窄化，不把艺术当人生，认为"艺术派"脱离人生。"艺术派"也没有认识到"人生"的丰富内涵，不知道"为艺术"也是为人生，实际上自己也默认是脱离人生。两派都没有真正理解"人生"概念，所以争论不休，无法认同。"人生"概念的完整含义，是"人的生命活动"，艺术活动也是人的生命活动，而且是高尚的生命活动，都包含在"人生"之内。

人生是人类生命活动的历史过程，艺术是人类生命活动的一部分，艺术与人生是同体的。艺术与人生的关系是人的生命活动全局的内在关系，是同一种事物中不同因素的关系，而不是两种不同事物之间的外在的本质关系。人生好比一棵大树，大树有根干，有枝叶，有花朵，艺术就是这棵大树的花朵。如果一定要把艺术从人生中区别出来，那么，没有艺术的人生也就不是完整的人生；没有人生的艺术也失去了生命根据。人们经常提出所谓艺术与人生的关系问题，确切的说法是："艺术人生"与"现实人生"的关系或曰艺术与现实的关系。从人生的历史源头上说，先有现实，后有艺术；现实是艺术赖以产生、发展的根基，艺术是现实的升华，使现实变得绚丽多彩。所谓"人生的艺术化"或"艺术化的人生"，是说要将现实世界转化为艺术境界，使整个人生都是艺术的、美的，此乃是人们所追求的人生理想境界。

三　艺术的喜剧性倾向与"大团圆"结局

中国古代有喜、悲概念，却没有悲剧、喜剧之概念。美、崇高、悲剧、喜剧，是西方美学四大范畴，也是艺术性质上的四大分类。中国古代艺术的基本倾向是喜剧性的，悲剧极不发达，小说、戏曲一味地追求"大团圆"的结局。这一艺术历史传统的形成，其思想根源是古代生命哲学尤其是"和"的生命理念。"和"的生命理念，在艺术中的表现就是追求中和之美。"和"是艺术批评的根本标准。以"和"为标准，要求喜怒哀乐的艺术情感要适度，要乐而不淫，哀而不伤，怨而不怒，喜而不狂。因此，艺术要调和悲与喜二者，使之不处于对立两端而趋于冲和状态。

（一）"乐天精神"与喜剧倾向

一般地说，中国艺术的悲剧性与喜剧性不是截然分开的，没有西方那种悲剧性与喜剧性的严格界限。悲喜一体，以喜剧性为主导，悲剧性为衬托以凸显喜剧性。人的生命，对于个体来说，实在太短促，几十年，上百年，一忽而过，便不得不永远离开这个绚丽多姿、神秘莫测的世界，着实令人留恋而感叹。但中国传统的艺术思想，对于艺术的情感表现都要求控制在"哀而不伤"的限度之内。这种"哀而不伤"的艺术要求，乃是来自"和"的生命理念。爱恋人生，歌咏人生，中国诗歌必然追求"和"的生命主题。"人生苦短"，"生命无常"，必然赋予中国诗歌的悲剧色彩。但是，中国诗歌悲剧色彩的主要人生根源，是来自个体生命活动方面，而不是来自整个人生，不包括社会生命活动方面。社会"大生命"，文化生命，是无限扩展延伸的，致使中国的诗人艺术家对于人生又满怀希望，持乐观态度。个体生命虽短暂，而社会生命活动总是不停地向更美好的未来推进，这是人生的主流，也是人生希望之所在。同时，作为个体的生命活动，生命机体虽然"物化"了，消亡了，但他的生命精神却可以永远活在人们的心中，随着社会生命活动历史过程而永垂不朽。只要你对社会、国家、民族做出贡献，你的精神就会无限地活下去。这才是陶铸中国艺术精神的主导根源。从古至今，主导中国诗歌的艺术精神，不是个体生命方面的悲剧色彩，而是对社会生命、文化生命的乐观精神，是来自"乐天知命"的思想认识。面对人的生命活动过程之"短"（个体生命）"长"（社会生命）的不同结局，常常使诗人艺术家悲哀感叹与乐天希望两种不同的情态共存，使其艺术作品的悲剧性与喜剧性常常融为一体，不必在悲与喜中间划出界限分界线。但是，中国艺术情感发展的方向及其结果，总是用乐天希望冲淡悲哀感叹。李白的《宣州谢朓楼饯别校书叔云》："弃我去者昨日之日不可留，乱我心者今日之日多烦忧。长风万里送秋雁，对此可以酣高楼。蓬莱文章建安骨，中间小谢又清发。俱怀逸兴壮思飞，欲上青天揽明月。抽刀断水水更流，举杯消愁愁更愁。人生在世不称意，明朝散发弄扁舟。"虽"愁"却不失望。因为人生的天地广阔，时空无限，此时此地不称意，明日离去另求自由。杜甫的《赠卫八处士》："人生不相见，动如参与商。今夕复何夕，共此灯烛光。少壮能几时，鬓发各已霜。访旧半为鬼，惊呼热中肠。焉知二十载，重上君子堂。惜别君未婚，儿女忽成行。怡然敬父执，问我来何方。回答未及已，儿女罗酒浆。夜雨剪春韭，新炊间黄粱。主称会面难，一举累十觞。十觞亦不醉，感子故意长。明日隔山岳，世事两茫茫。"从整篇看，虽然前面写道："少壮能几时，鬓发各已霜。访旧半为鬼，惊呼热中肠"，但只是感叹，却毫无悲观色彩。诗的主题，则是描写老朋友家人丁兴旺，人情温暖，见面时的喜悦，离别后的挂念。诗开始对"人生苦短"的悲哀感叹已经转化为怀有无限希望的人生快乐。

在中国艺术的描写中，不仅人与社会关系的和谐重于对抗、争斗，人与自然关系的描写也是如此。古代的音乐、诗歌、绘画、建筑、园林、工艺，以及小说、戏曲、游记散文等艺术门类中，人与自然万物，尤其与山水林木花草禽兽和谐相处，亲如朋友，宠爱有加。对于大自然的描写很少有神秘、恐怖的气氛，多是明亮、清晰，或静谧空灵，或生机勃勃，使人妙趣横生，心旷神怡。像《西游记》中出现那么多的妖魔鬼怪，也不具有神秘、恐怖的悲剧色彩。妖魔鬼怪和人一样，也有善恶的区别。它们和人的命运相同，善有善报，恶有恶报，不是不报，时候未到。尤其是以才子佳人为题材的小说、戏曲，其情节故事常常是先穷困、遭难、离散、受陷害，经过种种磨难而终于苦尽甜来，或升官发财，或考中状元，使有情者终成眷属，离散者终于团圆，美满结局，皆大欢喜。王国维在《红楼梦评论》一文中，早已指出这一艺术传统的思想根源。他说："吾国人之精神，世间的也，乐天的也，故代表其精神之戏曲小说，无往而不著此乐天之色彩，始于悲者终于欢，始于离者终于合，始于困者终于亨，非是而欲厌阅者之心难矣！若《牡丹亭》之返魂，《长生殿》之重圆，其最著之一例也。"又说："《西厢记》之以《惊梦》终也，未成之作也；此书若成，吾乌知其不为《续西厢》之浅陋也？有《水浒传》矣，曷为而又有《荡寇志》？有《桃花扇》矣，曷为而又有《南桃花扇》？有《红楼梦》矣，彼《红楼复梦》《补红楼梦》《续红楼》者，曷为而作也？又曷为而有反对《红楼梦》之《儿女英雄传》？"在小说戏曲创作上"续书"之风盛行，同样表现吾族的乐天精神。

（二）"大团圆"的症结是"千篇一律"的俗套

王国维 1904 年所写的《红楼梦评论》，最早指出中国小说、戏曲缺乏悲剧性，批评"大团圆"结局，乃是五四"文学革命"的先声。"文学革命"是五四新文化运动的重要内容，是中国现代史上批判旧文学建设新文学的一次最彻底的思想批判运动。新文化运动中的"白话文运动"主要是批判文学的旧形式，废文言用白话，为通俗文学正名。而"文学革命"主要是批判文学旧观念、旧传统。蔡元培《在北京通俗教育研究会演说词》中说，中国的戏曲小说，其情节总是"千篇一律"，结局都是"大团圆"，历史上和现实中有无数的悲剧事件，而"我国人绝无演此类于舞台之上者"，其根源就在于"我国人之思想，事事必求其圆满"①。刘半农在《我之文学改良观》一文中说，中国的小说戏曲其结果大多是"夫妻团圆""妻妾荣封""白日升天"数种，《红楼梦》《水浒》能稍稍破其谬见矣，"而不学无术者，又嫌不全而续之②"。鲁迅在《中国小说的历史变迁》中说："凡是历史上不团圆的，在小说里给他团圆；没有报应的，给他报应，互相欺骗。——这实在是关于国民性的问题。"③ 尤其胡适对"大团圆"传统的批判更为系统。他在《文学进化观念与戏剧改良》一文中说："中国文学最缺乏的是悲剧的观念。无论是小说，是戏剧，总是一个美满的团圆……有一两个例外的文学家，要想打破这种团圆的迷信，如《石头记》的林黛玉不与贾宝玉团圆，如《桃花扇》的侯朝宗不与李香君团圆；但这种表述法是中国人所不许的，于是有《后石头记》《红楼圆梦》等书，把林黛玉从棺材里掘起来好同贾宝玉团圆；于是有顾天石的《南桃花扇》使侯公子与李香君当场团圆！"他还列举了一系列悲剧性的历史事实，却被某些文人改编为团圆之作。例如，汉代朱买臣弃妇，本是一桩"覆水难收"的公案，元人作《渔樵记》，后人作《烂柯山》，偏要设法使朱

---

① 《蔡元培选集》，中华书局 1959 年版，第 47 页。
② 《刘半农文选》，人民文学出版社 1988 年版，第 7 页。
③ 《鲁迅全集》第 9 卷，人民文学出版社 1981 年版，第 316 页。

买臣夫妻团圆。又如，白居易的长诗《琵琶行》的结尾道："今夜闻君琵琶语，如听仙乐耳暂明。莫辞更坐弹一曲，为君翻作琵琶行。感我此言良久立，却坐促弦弦转急。凄凄不似向前声，满座重闻皆掩泣。坐中泣下谁最多，江州司马青衫湿。"元人作《青衫泪》，却硬要那个妓女与白居易结合团圆，实在无聊。尤其如岳飞被秦桧害死这一件千古奇冤的历史悲剧，后人作《说岳传》，偏要说岳雷挂帅打平金兀术，封王团圆！这种"团圆的迷信"，"乃是中国人思想薄弱的铁证"。"作书人明知世上的真事都是不如意的大部分，他明知世上的事不是颠倒是非，便是生离死别，他却偏要'天下有情人都成了眷属'，偏要说善恶分明，报应昭彰。他闭着眼睛不肯看天下的悲剧惨剧，不肯老老实实写天工的颠倒残酷，他只图说一个纸上大快人心。这便是说谎的文学。"①

总之，中国古代许多戏曲小说，其故事情节的结局千篇一律，"大团圆"已经成为艺术创作的"模式""俗套"，这违背艺术创作的特殊规律，充分暴露中国古代文学的历史局限性。

第一，创作公式化、概念化，缺乏独创性。尤其以才子佳人为题材的小说戏曲更突出。因袭、模仿、狗尾续貂，而无创新；千人一面，千部一腔，人物性格极缺乏个性特征。违背历史真实，缺乏批判精神。以历史为题材的小说戏曲，不敢正视历史悲剧，甚至颠倒历史事实，把悲剧演义为喜剧，混淆视听。对于造成历史悲剧的黑暗现实、腐败政治，特别是对于专制主义的最高统治——皇权不敢揭露，不敢批判，甚至加以掩饰与美化。

第二，形式主义，无病呻吟。尤其诗歌，到了现代已经走向没落。胡适在《文学改良刍议》中说："近世文人沾沾于声调字句之间，既无高远之思想，又无真挚之感情，文学之衰微，此其大因矣。"② 刘半农在《诗与小说精神上之革新》一文中说："现在已成假诗世界，专讲声调格律，拘执着几平几仄方可成诗，或引证古今，以为如何能对得工巧的，这种人我实在没工夫同

———————

① 《胡适文存》第1集，远东图书公司1979年版，第151—152页。
② 同上书，第6页。

他说话。"他尖锐地批评一些青年，明明贪爱名利，却故意写些"山林春野的诗"；明明处于有为的地位，却要写出些"颓唐老境"；明明是欲障未曾打破，却喜欢"在空阔幽渺处立论"，说上许多可解不可解的话，弄得诗不像诗，偈不像偈。"诸如此类，无非是'不真'二字在那捣鬼。"① 违背了"写实主义"原则，具有极大的欺骗性。这种"不肯睁开眼睛来看世间真实的现状"，乃是"人生的大病根"。②

（三）借鉴西方悲剧精神以求创新

以上所提出的，正是五四"文学革命"所要解决的问题。如何解决，就是要积极提倡西方的写实主义和悲剧精神。写实主义与悲剧精神二者密切相联。悲剧是写实的产物，其根源是来自人生悲哀苦痛的历史与现实的真实，具有悲痛感的悲剧精神刺激性强，令人震惊，令人沉思，令人猛醒，具有巨大的社会教育力量。这正是五四"文学革命"诸君提倡悲剧精神而否定"大团圆"传统的实质所在。

悲剧是西方美学的重要范畴，也是从古至今西方人极为推崇的艺术形式。亚里士多德在《诗学》中，以悲剧为批评对象，对悲剧进行了系统的阐述。他认为悲剧是"模仿足以引起恐惧与怜悯的事件"，以便"打动慈善之心"。悲剧的根源的是"命运"，"命运"使人犯下他不该犯的错误，而不是他作恶的结果。"命运"是什么？亚里士多德没有解释，因而后人便有各种不同的理解和说法。悲剧艺术发展到现代，一直受到西方人的重视。黑格尔从矛盾论学说出发，认为悲剧的根源是来自人生中两种对立的伦理力量，经过冲突与斗争，而解决矛盾，达到和解，并不是不可捉摸的"命运"。黑格尔认为，促成悲剧的两种伦理力量都是合理的，又都是片面的，经过斗争而否定了各自的片面性，综合各自的合理性而为"永恒正义"。虽然矛盾双方两败俱伤，死的死，亡的亡，这种悲惨的结果，却肯定了"永恒正义"的胜利。叔本华从

---

① 《刘半农文选》，人民文学出版社 1986 年版，第 17 页。
② 《胡适文存》第 1 集，远东图书公司 1979 年版，第 631 页。

唯意志论出发，认为悲剧的根源也是来自人生本身而不是命运，悲剧是描写人生可怕的事件。叔本华认为，悲剧的根源来自人生，是人的生活——欲望——痛苦三者的恶性循环：由于欲望无限而造成痛苦无穷，这就是人生的本质。他反对黑格尔的说法，认为人生没有什么"永恒正义"，没有什么希望，悲剧就是悲观绝望。黑格尔与叔本华的悲剧观很不相同，但都把悲剧的根源视为人生自身而不在人生之外的"命运"。

悲剧的特点是描写人生恐惧或可怕的事件，其结局是生命的死亡、事业的毁灭。正如鲁迅在《再论雷峰塔的倒掉》中所说，"悲剧将人生的有价值的东西毁灭给人看"，借以震慑、刺激、警示观者或读者，以达到教育之目的。这正是中国现代美学家、文艺家批判"团圆主义"，提倡写实主义与悲剧精神的目的所在。王国维认为，在各门艺术中，悲剧最能打破人们的"生活之欲"，使人认清人生苦痛的本质，从而走解脱之路。王国维说，《红楼梦》是"悲剧中的悲剧"，其价值就在于它"大背吾国人之（乐天）精神"，一反"大团圆"传统而作成悲剧，具有重要的美学意义。蔡元培在《以美育代宗教说》的著名美学论文中说："《小雅》之怨谤，屈子之离忧，均能特别感人。《西厢记》若终于崔、张团圆，则平淡无奇；唯有原本之终于草桥一梦，始足发人深省。《石头记》若如《红楼后梦》等，必使宝、黛成婚，则此书可以不作。原本之所以动人者，正以宝、黛之结果一死一亡，与吾人之所谓幸福全然相反也。"总之，悲剧破一己之私、幸福之念，其震撼力量是喜剧所不具备的。胡适说得更详细："悲剧观念：第一，即是承认人类最浓挚最深沉的感情不在眉开眼笑之时，乃在悲哀不得意无可奈何的时节；第二，即是承认人类亲见别人遭遇悲惨可怜的境地时，都能发生一种至诚的同情，都能暂时把个人小我的悲欢哀乐一齐消纳在这种至诚高尚的同情之中；第三，即是承认世上的人是无时无地没有极悲极惨的伤心境地……有这种悲剧观念，故能发生思力深沉，意味深长，感人最烈，发人猛省的文字。这种观念乃是医治我们中国那种说谎作伪思想浅薄的文字的绝妙圣药。"①

---

① 《胡适文存》第 1 集，远东图书公司 1979 年版，第 152—153 页。

中国现代革命的文艺家、美学家、教育家之所以看重悲剧，是因为悲剧比喜剧具有更大的社会教育功能。悲剧敢于直面人生，真实地反映现实，深刻地揭露社会黑暗，不掩饰矛盾，不歌功颂德，因而具有巨大的震撼力量、教育力量。五四新文化运动诸君发动"文学革命"，提倡悲剧精神，反对"大团圆"传统，对于传统的文艺思想是一次重大的冲击，对于创作实践产生了积极的社会影响。从"文学革命"以后至 30 年代、40 年代，现代进步作家创作、出版了一系列的悲剧作品。如鲁迅在其小说中对悲剧形象的塑造，郭沫若的诗与历史剧对英雄悲剧的赞美，茅盾对民族资产阶级悲剧命运的揭示，巴金、曹禺对封建大家庭悲剧冲突及其没落的描写，老舍对城市贫民劳动者悲剧性格的刻画……完全取代了"大团圆"的旧俗套，为中国文学艺术画廊谱写了新篇章。这是"文学革命"所催生的丰硕成果，对于反帝反封建的社会革命也产生了积极影响。

历史经验说明，艺术的历史传统不是一成不变的，而是发展的，也需要新陈代谢。中国戏曲小说习惯于"大团圆"结局，但到了现代却突破了这一模式，创造了许多成功的悲剧性的小说、戏剧作品，并且取得了显著的社会效果。这证明五四新文化运动中的"文学革命"，引进西方悲剧新观念并对旧的艺术旧传统进行批判，起到了积极的推动作用。也证明吸收西方文化的异质因素与中国文化的优良传统加以融化出新是可能的，也是必要的。

四　弱化悲剧性的艺术方法

悲剧与喜剧，是两种截然相反的艺术情感表现。从创作的角度说，艺术方法可以强化人的现实情感，也可以弱化人的现实情感。艺术创作就是要用一定的方法，调节人的现实情感。中国艺术的悲剧性，不及西方艺术悲剧性的强烈、震撼，都是艺术家用弱化方法处理的结果。

（一）用抒情诗体写悲剧题材，避免细节描写

中国的许多悲剧性历史题材多为诗歌创作所选用，而很少表现在戏曲小说创作上，也是有原因的。古代艺术创作，对于可怕可悲的残酷事件（题材）不愿做细节描画与精雕细刻，不愿给欣赏者展示一幅恐怖可惧的画面与残忍冷酷的性格。这样会伤害一个善良的心灵，尤其会伤害一个天真无邪的儿童心灵。以战争厮杀为题材的抒情诗歌，从不渲染恐惧、残酷的情节、细节。中国古代诗人，一般都谴责人类战争，因为战争会造成无数无辜的生命死亡和家庭离散、田园荒凉。杜甫的《兵车行》写道："车辚辚，马萧萧，行人弓箭各在腰。耶娘妻子走相送，尘埃不见咸阳桥。牵衣顿足拦道哭，哭声直上干云霄。"一开始就造成一个悲剧氛围。接着就写兵役之繁，统治者开边征战不断，苛捐杂税重重，造成千村万落荒无人烟。诗的最后写道："君不见青海头，古来白骨无人收。新鬼烦冤旧鬼哭，天阴雨湿声啾啾。"所描写的完全是凄凉惨痛的景象，所抒发的完全是哀、怨、恨的情感。这种描写都会激起怜悯与同情，但却没有产生"恐惧"感、"可怕"感，所以作为悲剧的效果，力度是不够的。因为对这类残酷可怖景象描绘，诗的语言比较概括，与生命的直觉体验还是隔了一层。如果把这首诗改变为戏剧表演或小说的细节描写与性格刻画，观众可以直觉观听到白骨遍野、哭声啾啾，厮杀呼喊震天，再加上阴暗湿冷的环境衬托，生命体验的悲剧效果必然大不相同。但在中国古代，这样描写的诗还有不少，却不见有这样的悲剧表演艺术戏剧或小说。原因是中国古代"和"与"乐"的生命理念，是不准艺术有过度的刺激、过度的震撼；过度的刺激，过度的震撼，对生命不利而有害。人类战争是残害生命的罪魁祸首，但中国谴责战争的艺术多见于诗，很少见于戏剧与小说的表现形式。因为戏剧小说需要细节描写、精雕细刻与具体表演，必然造成"恐惧""可怕"的氛围与不堪入目的残忍的情节、性格。这种具体表演与细节描写，在抒情诗中可以概括性地一笔带过。如李白的《关山月》："明月出关山，苍茫云海间。长风几万里，吹度玉门关。汉下白登道，胡窥青海湾。由来征

战地，不见有人还。戍客望边邑，思归多苦颜。高楼当此夜，叹息未应闲。"
此诗也是表现战争的残酷——"由来征战地，不见有人还。"但很概括，不使
人产生"恐惧""怜悯"感，只使人产生"同情"感，那就是出征战士想家
思归而家人担心叹息。战争所造成的这种离别愁绪的具体描写令人同情，却
不令人感到恐怖、可怕。再如，王翰的《凉州词》："葡萄美酒夜光杯，欲饮
琵琶马上催。醉卧沙场君莫笑，古来征战几人回？"也是概括说战争残酷——
"古来征战几人回"，而具体说饮酒、醉卧沙场，不仅不产生恐惧感，也不产
生怜悯感，而是产生幽默的喜剧感。这些都说明，中国人不喜欢悲剧，而崇
尚喜剧，因而诗人用弱化悲剧的艺术方法，把现实的情景写成雅正的中和
之美。

（二）创造慰情的结局境界，冲淡悲痛情感

中国的诗歌，即使选取悲剧性题材，也不写成西方那种悲剧性的作
品。其情节结构也不是以个体生命结束就戛然而止。而是通过想象、象
征、虚构等手法，创造出一种美满的境界，令人产生希望，使躁动不平的
心理得到抚慰，从而减轻悲痛的强度而渐趋平静，淡化艺术的悲剧性。例
如，汉代乐府诗《古诗为焦仲卿妻作》（又名《孔雀东南飞》），描写、赞
颂焦仲卿与刘兰芝一对青年男女真挚的爱情故事。诗对刘兰芝描写道："十
三能织素，十四学裁衣，十五弹箜篌，十六诵诗书。十七为君妇，心中常
苦悲。君既为府吏，守节情不移。"这样一位心灵手巧，又有文化教养，对
爱情真挚专一的少妇，为什么"心中常苦悲"？主要是她的婆婆看她不顺
眼，说她"无礼节""举动自专由"。事实上并非如此，而是婆婆故意刁
难。兰芝既殷勤又孝顺，"鸡鸣入机织，夜夜不得息。三日断五匹，大人故
嫌迟。非为织作迟，君家妇难为。"婆婆如此百般刁难，兰芝也没有发出一
句怨言，只是含蓄地说"君家妇难为"，这是多么贤惠有涵养！最后阿母竟
强迫儿子把妻子"遣归"。母亲的刁难，儿子心知肚明，便上堂去劝说母
亲，并为妻子辩护。却遭到阿母的训斥，并命他"速遣之""慎莫留"！

"仲卿长跪告，伏惟启阿母：今若遣此妇，终老不复取。"这更激起阿母的大怒，并挥起"父母之命"的撒手锏："小子无所畏，何敢助妇语！吾已失恩义，会不相从许！"府吏毫无办法，只能委曲求全去劝说妻子，暂时归家住些时日，待母亲回心转意，再接你回家。在遣送与分别的过程中，诗进一步描写兰芝的贤惠、孝顺和二人难舍难分的缠绵之情，"举手长劳劳，二情同依依"。

被遣归之后，又相继有县令之子和太守之子托媒人登门求婚，兰芝毫不犹豫地一一拒绝。这不仅表现兰芝的爱情专贞，也说明了兰芝美丽有教养，是远近出名的。不然，如何能促动县令、太守的公子哥之"心仪"，接连托媒上门求婚！同时，又反衬出阿婆的无理、狭隘、凶恶，说明她遣归兰芝完全出于一己之私，是蛮横霸道。封建社会女人被丈夫"遣归"，是一件极不光彩的事情。因此兰芝的父母和弟兄都对兰芝不满，进行无端责备。在无情无爱的氛围中，兰芝感到绝望，因而投水自溺。焦仲卿闻讯，也"自挂东南枝"，为爱而殉情。这是一个彻头彻尾的爱情悲剧故事。现代文学家都说，这场悲剧是封建礼教破坏了一对青年男女的真挚爱情，断送了两条生命。我觉得，这种说法似是而非，既不切合实际，对于礼教也不公平。说造成这场爱情悲剧的主因是礼教，根据何在？破坏二人坚贞爱情、逼迫二人之死的主因不是礼教，而是阿婆。阿婆的行为言语都不是出自礼教，而是违背礼教，是泄一己之私愤才造成了这场爱情悲剧。礼教主张尊老爱幼，父慈子孝；婚姻上是媒婆之言，父母之命。府吏与兰芝之成婚配，也应是"父母之命"。但二人恩爱有加，坚贞如磐石。这一结果应该归功于礼教，而不能归罪于礼教。礼教的"父母之命"使婚姻美满，而破坏这一美好婚姻者，也是假借礼教之名实为泄一己之愤的阿婆。她出尔反尔，一手拆散这一名正言顺的婚姻，逼死了一对青年男女，怎能把罪恶安到礼教头上！儿子与儿媳对阿婆十分尊敬，而阿婆对儿子儿媳却不慈不爱，一再发淫威，行事无诚，故意刁难，这是无礼。礼，理也。以无理破坏有理，是非颠倒，这才造成一对很优秀的青年男女双双而死，怎么能说是礼教造成这场悲剧呢！真挚爱情的毁灭，两条生命无辜而亡，是彻头彻尾的悲剧，令人无限悲愤，令人无比痛恨。但痛恨的是恶婆，而不是礼教。

为保持艺术心境的平和状态，诗的结尾写道："两家求合葬，合葬华山傍。东西植松柏，左右种梧桐。枝枝相覆盖，叶叶相交通。中有双飞鸟，自名为鸳鸯，仰头相向鸣，夜夜达五更。行人驻足听，寡妇起彷徨。多谢后世人，戒之慎勿忘。"有了这样的一种结尾，便冲淡了诗的悲剧成分，悲剧效果大大降低。因为这样的结局给人以安慰，使人产生宽恕之情，把悲愤的情感心理限制在"和"的界限之内。本是悲剧题材，不管历史真实如何，总要加添一个喜剧结局，以表达美好的愿望。这种变悲剧为喜剧的手法，尤其滥用于小说与戏曲中。如古代戏曲《窦娥冤》、民间故事《梁山伯与祝英台》，明明是悲剧结局，作者却不甘心，或者幻化出鬼魂申冤，终于得以昭雪平反；或者转化为一对美丽的蝴蝶，让有情人终成眷属。总之，不要让人绝望。

（三）虚构情节，改变历史悲剧主题

白居易的《长恨歌》，更突出地表现了以绝望的悲剧题材而写成有希望的喜剧结局的作品。《长恨歌》的历史题材，是真正的历史政治悲剧，但作者却写成爱情悲剧，以描写唐玄宗与杨玉环的爱情故事为主要线索。一方面从杨玉环"天生丽质难自弃，一朝选在君王侧"写起，描写她的美丽、妖冶，"回眸一笑百媚生，六宫粉黛无颜色。春寒赐浴华清池，温泉水滑洗凝脂。侍儿扶起娇无力，始是新承恩泽时。云鬓花颜金步摇，芙蓉帐暖度春宵。"因玉环一人得宠，而杨家皆沾风光，"姊妹弟兄皆列土"。尤其玉环的堂兄杨国忠，竟然当上丞相而大权独揽。另一方面，揭露了开元盛世之君——唐玄宗因贪恋女色而走向腐败堕落："春宵苦短日高起，从此君王不早朝。承欢侍宴无闲暇，春从春游夜专夜。后宫佳丽三千人，三千宠爱在一身。金屋妆成娇侍夜，玉楼宴罢醉和春。"唐玄宗的腐败堕落、任用奸小，致使朝野内外的政治矛盾激化，终于爆发了"安史之乱"。安禄山的大军逼近长安，唐玄宗仓皇出逃至马嵬坡，后发生兵谏，以斩杀杨国忠、缢

死杨贵妃为条件，才算解决了朝廷内部的危机。杨贵妃是因为唐玄宗太爱她而死，权力至高无上的唐玄宗却无力保护自己的所爱，所以杨贵妃与李隆基的爱情的毁灭是个悲剧。

这个悲剧题材，是有史可考的。但作者处理这个历史题材，不是按历史事实写成政治悲剧，而是通过想象虚构写成一个君王的爱情故事。故事并不在杨贵妃之死上作细节描写与刻画，情节并不在杨贵妃被缢死时结束，而是继续发展。安禄山叛乱被平定之后，唐玄宗从蜀中经马嵬坡一路返回长安。诗中写道："蜀江水碧蜀山青，圣主朝朝暮暮情。行宫见月伤心色，夜雨闻铃肠断声。天旋日转回龙驭，到此踌躇不能去。马嵬坡下泥土中，不见玉颜空死处。君臣相顾泪沾衣，东望都门信马归。归来池苑皆依旧，太液芙蓉未央柳。芙蓉如面柳如眉，对此如何不泪垂。"可见唐玄宗对杨贵妃的爱情真挚深沉。不仅如此，唐玄宗还派人到处打探杨贵妃魂魄的落脚之处。诗中写道："临邛道士鸿都客，能以精诚致魂魄。为感君王辗转思，遂教方士殷勤觅。"终于在海上仙山找到了已成仙的杨玉环。玉环仙女雪肤花貌，风姿依旧。"闻道汉家天子使，九华帐里梦魂惊。揽衣推枕起徘徊，珠箔银屏迤逦开。云鬓半偏新睡觉，花冠不整下堂来。风吹仙袂飘飘举，犹似霓裳羽衣舞。玉容寂寞泪阑干，梨花一枝春带雨。"杨玉环对唐玄宗同样含情脉脉，无法忘怀。听说他派来使者探问，急忙下殿来见。"唯将旧物表深情，钿合金钗寄将去。""但教心似金钿坚，天上人间会相见。临别殷勤重寄词，词中有誓两心知。七月七日长生殿，夜半无人私语时。在天愿做比翼鸟，在地愿为连理枝。天长地久有时尽，此恨绵绵无绝期。"诗的前半部虽然揭露了唐玄宗政治上的腐败堕落，是造成悲剧的根本原因，同时也表明唐玄宗爱情的专一，"三千宠爱在一身"。后半部则完全表现李、杨的真挚爱情，实际上，也是歌颂爱情永恒。从而也完全淡化了本诗的悲剧色彩。一个政治悲剧的历史题材，却被诗人改造成哀怨缠绵的爱情故事。虽悲哀却不可怕与恐怖，更不绝望。

以上三种弱化悲剧性的方法：一是选择抒情诗体裁；二是创造慰情的结

局境界；三是虚构故事情节。三者都是艺术家创作的自由选择，是艺术创作必用的方法，因而是合法的。但这样创作出的艺术作品，又被视为"撒谎""欺骗"，因为违背了"历史真实"。可见，"历史真实"与艺术的想象虚构方法明显矛盾，而且这种矛盾从古一直延续至今没有解决，也一直是我等艺术理论研究者心中之"惑"，期望方家"解惑"。

五　丰富的精神生活与艺术的多样性

中西艺术的对话交流，是中国现代艺术发展的重要途径。但是，应该注意的是，吸收西方的艺术方法、艺术精神，不是要取代中国固有的艺术历史传统，而是与中国固有的方法、精神交流、碰撞、融化，吐故纳新，使中国艺术传统有新的发展。也就是说，用西方的新方法新精神冲击、改造中国艺术，使艺术的历史传统有新的发展，而不是要中断乃至取代中国艺术固有的历史传统。因此，五四"文学革命"诸君对中国艺术"大团圆"结局的完全否定，也需要重新审视与斟酌。

（一）"大团圆"结局并非一无是处

中国艺术追求"大团圆"的结局，自有它的思想根源，就是先秦生命哲学中"和"的生命理念，完全否定"大团圆"，无异于完全否定"和"的理念。同时，"大团圆"不仅"事出有因"，也有事实根据。第一，人生之事，确有圆满而令人高兴的事件、故事，艺术如是反映无可非议。第二，艺术创造需要想象、虚构与美化，以弥补人生缺陷而表现人生理想。第三，人们对人生并不都抱悲观绝望的态度，抱有希望者乃占有大多数。"大团圆"结局的艺术传统形成并延续千百年，为中国人所喜爱，适应中国人的乐观精神。所以，我们在前面说过，"大团圆"的症结是"公式化"，是"千篇一律"的俗套，缺乏个性与独创。中国艺术的"大团圆"，如能开刀割去前面所说的"症结"，定会发展下去。何况中国艺术的"大团圆"存在有深厚的历史根基，也适应中国人精神生活的审美需要，完全抛弃了，也会使人失望的。艺术活动，是人的高尚的生命活动。所谓"高尚"，就是艺术的生命活动是个体生命与社会生命融和为一，所表现的生命精神是个性与社会性的统一。艺术创造与艺术欣赏活动是离不开个体生命的，而生命个体最直接最明显是直觉观照与情感体验，是情感判断先于反思判断。因而喜剧性、"大团圆"艺术，常常以情感判断遮蔽了对艺术的反思判断。中国古代生命哲学正是从个体生命活动出发，通过对礼乐教化的论述，联系到社会"大生命"，说明个体生命是社会"大生命"的基础。但生命哲学原创论并没有论述个体与社会相互依存的关系，常常把个体生命视为目的。个体生命是艺术活动的出发点与基础，中国古代艺术把个体生命作为目的，正是来自春秋生命哲学原创论的思想影响。仔细分析一下中国艺术，为什么追求"大团圆"结局？还不是因为"大团圆"美满快乐，是平衡心理最有效的"药方"！艺术的和乐境界，最有益于个体生命活动健康向上，符合"养生"之道；反之，艺术活动过于刺激，对于情欲不加节制而狂欢，也会使人生疾的。从审美心理经验来说，"大团圆"结局，使不平的心理得到平衡，哀怨之情得到抚慰，遗憾之感得到补偿，从而感到舒畅快乐。老实说，我从学理上是支持"文学革命"诸君对"大团圆"的批判，赞赏他们的革新精神。但在艺术审美活动中，却又不太喜欢悲剧。因为悲剧太残酷、太可怕；看完悲剧，往往更加深内心的不平，感到压抑，感到恐惧，更谈不上愉悦享受。所以我是既欣赏"大团圆"的结局，又赞成"文学革命"诸君的批判精神，从而在我的身上形成一种悖论，实际上是整个人生中个体性与社会性二者矛盾关系的反映。同时，也说明艺术的悲剧精神和写实主义的人生价值，并不都是正值，它的负值也是很明显的。钱穆说："你若感觉到生活烦闷和不舒服，试去看一场电影吧。你的目的本在消遣解闷，可是结果反而会更增加了你的烦闷不舒服。因为西方的文学与艺术，都是富刺激性的，都像是在鞭策你向前走，指示你一个该向前争取的目标；在批评你的当下生活，批驳得你体无完肤。西方的文学艺术因比较富刺激性、鼓励性、鞭策性，它要你拼命向前走；待你碰到壁，闯到了一鼻子灰，那你只有进教堂，哀告上帝，上帝会安慰你。"①西方艺术的悲剧性倾向有利于锤炼人的社会性，却不利于人的个体性的生养。

（二）艺术中个体与社会之关系

人生是由个体与社会两个方面构成的。整个人生不是一盘散沙似的个体生命的"乌合之众"，而是由个体生命结合而成的一个"类"的"大生命"整体，个体与社会是相互依存的。艺术中的个体与社会的关系也是如此。如果艺术只利于个体生命而无益于社会群体的"大生命"，那也不是完美的艺术。中国古代从儒家开始，那么重视艺术的社会教育和艺术的道德意义，正好弥补了古代生命哲学可能出现的局限性。道家那么重视个体生命的生养，重视生命个体的自由快乐，虽能弥补儒家的局限，却不能不说其生命思想片面而对人的社会性不服责任。当然，这并不是说喜剧艺术没有社会教育作用，而是说喜剧艺术与悲剧艺术教育功能的力度、方向是不同的。喜剧艺术，"大团圆"结局，使欣赏着轻松快乐，一笑了之，没有刺激，没有震撼，不能引起人们的深思，不利于培养斗争精神和献身精神。同时，这种艺术为了"大团圆"，常常利用艺术可以想象、虚构的"合法性"，有意无意地掩饰社会历史与社会现实的矛盾与阴暗面，不利于提高人们的认识，所以遭到新文化运动诸君的批判、否定，也是有理由、有事实根据的。提倡悲剧精神，正是为了培养人勇于牺牲个体生命而为社会大生命的"正义"献身。既爱护生命，又要牺牲生命，二者孰是孰非？实际上，二者各有是非，各有合理性又有片面性。保护个体生命，为社会正义献身，以二者一致为是；而个体无视社会，或社会否定个体，以二者各执一端为非。调节个体与社会的矛盾，使二者和谐一致才是正理。个体与社会的矛盾关系，在艺术—审美活动中，是最值得重视的大问题。艺术—审美活动，绝对不能离开个体，离开个体生命就不成

---

① 钱穆：《中国文化史导论》，商务印书馆 1994 年版，第 250—251 页。

其为艺术—审美活动；艺术—审美活动又不是孤立的个体生命活动，而是一种社会生命活动现象，与社会生命存在着必然关系。因此艺术—审美活动既有益于个体又有益于社会，才是正道，才是完美的艺术—审美活动。时下有人说，艺术—审美活动是个人私事，是个人的感性快乐，不承担什么社会教育。这就是以个体否定社会，否定艺术的普遍社会生命意义，是艺术上的"个人主义"的极端之论。某些历史时期，一些人极力把艺术政治化，致使艺术变成政治"号筒"，变成思想宣传品，从而抽掉艺术—审美活动的个体生命的灵魂，这便是以社会否定个体，其理论同样是一种极端之论。只有避免以上两种极端之论，才能处理好艺术—审美活动中的个体与社会的矛盾关系，才能使二者处于和谐统一状态，才能产生艺术—审美活动应有的价值意义。就艺术部类而言，每一门艺术的人生价值都不是完美自足的，而是利弊兼而有之。价值取向不同，艺术的效果就不一样：西方悲剧艺术倾向社会正义，而中国喜剧艺术倾向于个体生命，二者都不是完美自足的。

由于以上的理由，中国古代艺术所形成的偏重喜剧性的历史传统，一味追求中和之美的境界，也就是皆大欢喜的"大团圆"结局，这个艺术传统既要批判又不应完全抛弃；保留它的片面之"是"，抛弃它的片面之"非"，以容纳全面之"新"，才是正理。而且延续几千年的历史传统，一朝一夕便要一刀两断，似乎也不可能。但吸收不同文化艺术的异质因素加以改革、补充，使之有新的发展，还是可能的，也是必要的。中国现代艺术是中国古代艺术传统的新发展，既继承传统，又不同于古代传统，正是因为吸收了西方艺术的异质因素，弥补了古代艺术传统的缺陷，使中国艺术具有了新的生命活力。

人生所依托的大千自然界无奇不有，人生所创造的文化世界辉煌灿烂，自然与文化是人生可持续生存、发展的根本保障。人生所追求的精神生活无比丰富，所追求的理想境界无限美好，而要兑现这种追求，艺术是绝对不可少的，这正是从古至今各种艺术形式不断地产生，各种艺术理想不断地创造的人生根源。艺术的生命形式的多样性，艺术的生命活动内容的丰富性，才能满足人生精神生活的多样性需要。人有喜怒哀乐爱恶欲之性情，艺术则有各种形式、风格、美、理想来表现人的性情；人的七情六欲作为精神生活欲求，都需要艺术来满足，来调节，来安慰，这又是我们所讨论的悲剧性与喜剧性两个美学范畴所无法涵盖得了的。

第五章　生命整体论与艺术创造

　　王国维在《论新学语之输入》一文中指出，中国人的思想方法与西方人的思想方法迥然不同，这决定于国民性质的不同。他说："抑我国人之特质，实际的也，通俗的也；西洋人之特质，思辨的也，科学的也，长于抽象而精于分类，对世界一切有形无形之事物，无往而不用综括（Generalization）及分析（Specification）之二法，故言语之多自然之理也。吾国人之所长，宁在于实践之方面，而于理论之方面则以具体的知识为满足，至于分类之事，则除迫于实际之需要外，殆不欲穷究之也。"又说："夫抽象之过，往往泥于名而远于实，此欧洲中世学术之一大弊，而今世之学者犹或不免焉。乏抽象之力者，则用其实而不知其名，其实亦遂漠然无所依，而不能为吾人研究之对象。何则？在自然之世界中，名生于实，而在吾人概念之世界中，实反依名而存故也。"王国维认为，中西方的不同思想方法各有优点与缺陷，而不是认为一方先进，另一方落后，更不是正确与错误的不同。

　　王国维指出，中国的思想方法与西方比较不善于抽象、思辨与分类，是符合实际的。因为中国的思想方法受先秦生命哲学的影响，是生命整体论的，不同于西方科学分析方法。生命整体论方法，更接近艺术创作论，因为艺术是有生命的。生命哲学是研究生命的，艺术是创造生命的，都需要生命整体论的把握方式。西方把艺术研究归结为科学研究，艺术理论也属科学理论。西方美学家也认为艺术是有生命的，所以西方艺术家按照科学论的把握方式创造艺术生命,是"克隆"生命,是"主体性"一方"决定"艺术生命。而中国的艺术生命是人的生命之心与外物景象感应交融而化生艺术生命,艺术生命是主观与客观互动而化生的产物。中西方的艺术理论很不相同,根本原因正在于此。

一 时空一体才有艺术生命

中国古代艺术理论,没有西方那种"空间艺术"和"时间艺术"的机械划分。古代艺术理论认为,天地一体,时间与空间密不可分,这是大自然对生命活动所规定的必然法则。人的生命,离开时间就是死亡,离开空间就"无家可归",也是死路一条。时空一体,才有生命,也是艺术生命存在之必然。时空一体的艺术生命创造,才是作家直觉观照体验之真实。

(一) 生命整体把握与艺术的时空一体

时空一体的艺术表现方法,最典型的例证是中国的山水画。中国最早的山水画家,是南朝宋人宗炳。他酷爱山水,以游山涉水为乐。他说,山水之乐既可以从自然美中获得,也可以从艺术美中获得。他一生中游历很多名山大川,晚年走动不便了,叹曰:"老疾具至,名山恐难遍睹,惟当澄怀观道,卧以游之。"(《画山水序》)他的《画山水序》还告诉我们,他画山水不是单纯的"观"(观照)而是"游",是全身心地直观、感受、体验。真山真水要走观,身游,"身可盘桓,目可绸缪";创作山水画,则是为了"卧以游之"。"卧游"就是"心游"。宗炳的"心游"是来自于他的"身游":"凡所游履,皆图之于室"。"卧游"不同于"身游",而是"神游",是心灵的眼睛飘瞥上下,游览四方,是对山水艺术的精神鉴赏;"卧游"是心灵在飞动,而身体处于静止状态,"身游"是全身心地走动。但"卧游"与"身游"又相同,都是"游",都是生命的游览与感受。宗炳对于画山水或欣赏山水之美,提出一个"游"字，最能体现中国画时空一体的生命形式特征。所谓"游"，就是全身心地游走、观感、体验，即整个生命的直觉体验。艺术创造从根本上说，是生命意识的思维创造，要从生命对象那里取得生命形式，才能构成艺术生命。艺术创造的本质关系，就是《乐记》提出的"心"与"物"二元对待关系。随着山水画艺术的发展，唐代画家张璪提出天地自然与人的心灵的关系，这就是："外师造化，中得心源。"（张彦远《历代名画记》卷十）这正是对宗炳"卧游"内涵关系的解释。"外师造化"即学习、模仿自然而得景物形象，是创造艺术的生命形式的素材；"中得心源"即艺术创作的内在根源乃是人的心灵，是人的生命意识与自然的生命形式互动感应、融合化一而产生的艺术生命，这就是山水画艺术创造。

中国山水画论有"三远"说，"以大观小"说，正是对"卧游"及"外饰造化，中得心源"理论的具体化。宋代画家郭熙曰：

> 山有三远：自山下而仰望山巅，谓之高远。自山前而窥山后，谓之深远。自近山而望远山，谓之平远。高远之色清明，深远之色重晦，平远之色有明有晦。高远之势突兀，深远之意重叠，平远之意冲融而飘飘渺渺。其人物之在三远也，高远者明了，深远者细碎，平远者冲淡。明了者不短，细碎者不长，冲淡者不大。此三远也。（《林泉高致》）

"三远"观照法，不是站在一点，只从一个角度观照，也不是同一瞬间的观照，而是多点多角度，又是多单元的不同时间的观照。因此，以生命的直觉观照体验为认识根基的中国绘画，画面不是像西方绘画那样只是空间的一瞬，而是不同时间、不同角度感受到的不同空间的重构，不同的空间已经被起伏流动的情感（时间）融合为一有机整体，有了属于时间过程的节奏、韵律。时空一体作为艺术的表现形式，不是对纯客观的自然形式的模仿，而是人的生命活动与时间空间交融而化生的人文生命形式。这种生命形式是属于艺术的、美感的，它是生命的直觉观照体验的真实，而不是科学认识论所要求的真实。

中国人不是不懂焦点透视法，而是不屑于此种方法。古代有的画家曾用此法作画，反而遭到批评。宋代画家李成"仰画飞檐"，沈括嘲笑他是"掀屋角"，不在行。沈括说：

> 李成画山上亭馆楼塔之类，皆仰画飞檐，其说以谓"自下望上，如人平地望塔檐间，见其榱桷"。此论非也。大都山水之法，盖以大观小，如人观假山耳。若同真山之法，以下望上，只会见一重山，岂可重重悉见，兼不应见其溪谷间事。又如屋舍，亦不应见其中庭及后巷中事。若人在东立，则山西便合是远境；人在西立，则山东却合是远境。似此如何成画？李君盖不知以大观小之法，其间折高、折远，自有妙理，岂在掀屋角也！（《梦溪笔谈》卷十七）

宗白华对沈括"以大观小"法评论说："画家的眼睛不是从固定的角度集中于一个透视的焦点，而是流动着飘瞥上下四方，一目千里，把握大自然的节奏，把全部景界组成一幅气韵生动的艺术画面。'诗云：鸢飞戾天，鱼跃于渊，言其上下察也。'（《中庸》）这就是沈括'折高折远'的'妙理'。而从固定角度用透视法构成的画，他却认为那不是画，不成画。中国和欧洲绘画在空间的观点上有这样大的不同，值得我们注意。谁是谁非？"① 其实，艺术民族风格的不同，不是是非问题，而是价值观与方法论的不同造成的。价值观的内在根源是人的意志、情感，主要表现形态是美的理想与情感态度。价值观也包含着认识，但认识是情理合一的，不同于科学认识论，不是价值中立的。西方艺术家的方法论是建立在科学认识论的基础上，对于客观现象运用分析与综合的方法。艺术创造提倡模仿自然和写实主义，都是强调对客观世界的认识与反映，而中国古代艺术方法论是建立在先秦生命哲学思想的基础上，是价值认识，强调生命整体的直觉观照和体验，艺术生命创造提倡"言志""缘情""写意""传神"等，强调表现人的精神、情趣，而不是认识

---

① 宗白华：《美学散步》，上海人民出版社 1981 年版，第 48 页。

自然。中国和西方的艺术，价值取向不同，方法有别，但都受到各自的民族、人民的欢迎与喜爱，所以不是是非问题，而是文化价值观不同造成的。

沈括的"以大观小"法与郭熙的"三远"法，观点是一致的。都认为，中国的山水画不是机械地模仿自然山水的形貌，不是只画山水某一瞬间、某一角落的横断面，而是用心灵的眼睛全面、深入地直觉观照，全身心地进入山山水水之中去感受去体验，然后把观照、感受、体验的自然山水的独特形貌、神奇魅力、灵气，令人流连忘返的情趣，一一表现出来。古代山水画，一般地说，并不具体描绘那一座山、那一条水，而是从山山水水的题材中提炼而创造的普遍山水，所以，许多山水画对于具体山水来说又似又不似，原因正在于此。

中国画尤其笔墨山水画是线的艺术，线的艺术远源是易象，近源是书法。中国的书法艺术，按照西方艺术分类标准，应是"空间艺术"。但它更能体现"时间艺术"的流动感，它给人的节奏感、韵律感、气势感，更接近所谓"时间艺术"的音乐。中国书法艺术是绘画艺术的根干，绘画中线条用笔、墨色浓淡，完全出自于书法。由于中国艺术超越了时空界限，所以中国绘画与书法、诗常常融为一体，这更突出地体现了中国艺术的民族特色。中国的诗画批评，有"诗中有画，画中有诗"的名言。苏东坡云："味摩诘之诗，诗中有画；观摩诘之画，画中有诗。诗曰：'兰溪白石出，玉川红叶稀。山路元无雨，空翠湿人衣。'此摩诘之诗，或曰：'非也，好事者以补摩诘之遗。'"（《书摩诘蓝田烟雨图》）这是时空一体的艺术表现方法的形象说明。所以绘画、书法、诗三者，终于融为一体。这就是题画诗的产生，即用书法把诗题写在画面上（这是西方油画绝对不允许的），形象、韵味、气势、骨气全出，线的艺术与语言艺术优势互补，相得益彰。宗白华认为："引书法入画乃成中国画第一特点。""中国特有的'书法'实为中国画的骨干，各种点线皴法溶解万象超入灵虚妙境，而融诗心、诗境于画景亦成为中国画第二特色。中国乐教失传，诗人不能弦歌，乃将心灵的情韵表现于书法、画法。"[①] 总之，中

---

① 宗白华：《美学散步》，上海人民出版社 1981 年版，第 102 页。

国的书画，画面不是像西方绘画那样只是空间的一瞬，而是不同时间、不同角度感受到的不同空间的重构与融合。这些都说明，中国艺术的表现方法，不是通过科学分析和科学实证而综合出来的，而是通过对生命活动的"仰观俯察"和整体把握创造出来的，是真正的艺术方法。

（二）时空一体，时间统领空间

中国艺术的时空观更重视时间，以时间统领空间。这也是来自真实的生命的直觉观照与体验。因为生命活动的主要特征是"动"，是"变"，是时间的流动变化过程，而不是固定的空间位置。中国的诗、音乐以及小说、游记散文等，事实上也不是"时间艺术"，而是"时空一体的艺术"。李白的《早发白帝城》最能形象地说明这一点："朝辞白帝彩云间，千里江陵一日还。两岸猿声啼不住，轻舟已过万重山。"白帝城到江陵千里之遥，天空的彩云，两岸的猿声，重叠连绵的山岭，都占有空间。这些空间之物被轻舟航行的飞流变化连接在一起，便构成一幅内涵丰富的美丽山水画卷，的确是"诗中有画，画中有诗"。但时空一体的主因是时间而不是空间，因为时间比空间更能体现生命的律动。空间是静的，方位是固定的，而时间是流动不居的，时间和生命一样总是不停地运动。这正是重视生命精神的中国艺术，更重视时间、让时间统领空间的原因所在。中国艺术重视时间，但绝不舍弃空间，因为时空一体乃是生命活动的依托，没有时空依托艺术生命就无法存在。把生命所依托的时空形式截然分开为"空间艺术"与"时间艺术"两截，无异于把生命整体一劈两半。这样没有生命的"艺术"，中国人是无法理解的。

中国的"时间艺术"都是占有"空间"的，都是时空一体的。山水诗、山水画、游记散文不言自明。就是比较纯粹的所谓"时间艺术"——音乐，也是时空一体的。古曲如《春江花月夜》《高山流水》《十面埋伏》等，都是以时间统领空间的。受这一历史传统的影响，近代兴起的江南丝竹乐、广东音乐等，时空一体的例子举不胜举。我还敢说，凡成功的艺术，其表现形式都是时空一体的。音乐，无论声乐的演唱还是器乐的演奏，都直接表现为人的生命活动，而艺术的生命活动都是从作家生命意识对象化活动得来的，既然是对象化活动，不依托一定空间方位如何可能？其实，只要是人的生命活动，其表现形式都是时空一体的。西方之所以有人把艺术区分为"时间艺术"与"空间艺术"，是受科学认识论影响的结果，没有认识到艺术是有生命的。艺术活动就是人的生命活动的美感表现，艺术创造就是要表现人的生命精神，而生命所依托的形式必须时空一体，缺一则生命就无法存在，这是常识。所以，单纯地模仿自然，单纯地再现客观存在，而不表现人的生命精神，不成其为艺术；单纯的主观意识，而无生命形式的时空依托，也不可能成为艺术。

（三）"空间艺术"也离不开时间

建筑艺术在某些人的眼里，可能是纯粹的"空间艺术"，因为它最明显地占据着空间方位而且又不移动。可是，中国古代先人却不是如此看法。建筑艺术也要创造生命形式，也要表现流动变化的时间过程，也是时空一体的。

建筑的源起是供人居住的房屋，以居住的房屋为标志就是人的"家"；"家"古人称之为"宇宙"。"宇宙"，今解是古往今来，这是古字的引申义。古代"宇"字就是指房屋，人居住于此；"宙"字也是指房屋，宝盖下是"由"字，意思是人由房屋中走出，由外进入房屋中，"宇宙"乃是一家人的起居活动场所，是时空一体的。房屋本来是为了避寒暑遮风雨防野兽侵袭等实用而建造的。但人生以来就具有爱美的天性，一切建筑物都要在形式上加以美化，尤其是公共活动场所如宫殿、会堂、庙观等更要艺术化，自古皆然。美化、艺术化，就是要表现房屋飞舞流动的生命之美，使观照者产生美感。《诗经·斯干》篇说，周宣王的宫殿，建筑在风景美丽的地方，临近河水的岸边，面对南山那茂密的松竹，清静幽美。墙柱端端正正，屋檐翘起如飞。"如跂斯翼，如矢斯棘；如鸟斯革，如翚斯飞。"建筑的空间有人居住，因而有动感。但它的外在表现却是静的，因而人们要为建筑创造生命形式，使其飞舞起来。这样，建筑外观的生命形式，与建筑内在空间人的生命活动便结合化一而为艺术生命。宗白华说：

中国人的宇宙概念本与庐舍有关。"宇"是屋宇，"宙"是由"宇"中出入往来。中国古代农人的农舍就是它的世界。他们从屋宇得到空间观念。从"日出而作，日入而息"（击壤歌），由宇中出入得到时间观念。空间时间合成他的宇宙而安顿着他的生活。他的生活是从容的，是有节奏的。对于他空间与时间是不能分割的。春夏秋冬配合着东南西北。这个意识表现在秦汉的哲学思想里。时间的节奏（一岁十二月二十四节）率领空间方位（上下与东南西北）以构成我们的宇宙。所以我们的空间感觉随着我们的时间感觉而节奏化了、音乐化了！画家在画面所欲表现的不只是一个建筑意味的空间"宇"而须同时具有音乐意味的时间节奏"宙"。一个充满音乐情趣的宇宙（时空合一体）是中国画家、诗人的艺术境界，画家、诗人对这个宇宙的态度是象宗炳所说的"身所盘桓，目所绸缪，以形写形，以色貌色"。[①]

足以说明，建筑艺术也是时空一体的。

综上所述，只有景物（空间）不成为艺术，只有情思（时间）不是艺术，二者相加也不是艺术，只有"情景交融"即生命活动与生命形式结合化一而产生的新生命，才是艺术，才有艺术境界。情与景、时间与空间的关系，乃是艺术的本质关系，是人的主观与物的客观的关系。王国维指出："自然中之物，互相关系，互相限制。然其写之于文学及美术中也，必遗其关系限制之处。故虽写实家亦理想家也。又虽如何虚构之境，其材料必取之于自然，而其构造亦必从自然之法律。故虽理想家亦写实家也。"（《人间词话》）王国维的这段话是在告诉人们，艺术中的主客关系，是你中有我，我中有你，不可把主与客作机械的划分。"情景交融"产生艺术生命，就是主客关系互动相摩而化生的，因而"情景交融"的结果既不是单纯的情，也不是单纯的景，而是一个新生物——艺术生命。艺术生命所依托的形式是时空一体的，因此把艺术划分为"时间艺术"与"空间艺术"没有事实根据，不可取。

① 宗白华：《美学散步》，上海人民出版社1981年版，第89页。

二　心物互动交融而化生艺术生命

中国古代艺术理论认为，艺术产生的根源是心与物的关系，而不是某一个方面决定的。这与中国古代生命哲学一样，既不"唯心"，也不"唯物"，而认为心与物即主观与客观的关系是互动的，并非一方决定另一方。中国哲学史上的"物我为一""以物观物"等命题就是如此。也许因此，人们常常把"物我为一""以物观物"等直觉观照体验的哲学境界，与艺术生命境界相混同，故在这里加以比较、区别。

（一）"物我为一"的哲学境界

"物我为一"本是中国古代哲学命题，与艺术创造有联系，但不能等同于艺术创造命题。它只为艺术生命创造给出主体认识，并没有把这种认识转化为艺术表现，也没有论述艺术表现的具体方法，所以也不是艺术论。天地人三才一体的思想，是在生命哲学原创论解释人与自然万物的关系中产生的，认为人与自然万物不可分离。道家庄子的哲学思想，更突出的表现这一点："天地与我并生，万物与我齐一。"（《齐物论》）这就是"物我为一"命题的来源。"物我为一"，"物"主要是指天地自然之生物；"我"是指人。

如何才能做到"物我为一"？庄子认为，要做到"物我为一"主要是在"我"的方面下功夫。道家认为，人与万物本来混同，由于人有了意识、智慧，才与万物区别开来，使人失去了"真我"。老子说"慧智出，有大伪"（《老子·十八章》），从而产生了一己之私心并形成历史成见。所以要揭去"我"的伪装，呈现出我的真容。这就是《齐物论》中所说的"吾丧我"，去掉"成心"，观照"以明"。首要是"去智"，因为"智"是产生"伪"的根源。庄子认为搞是非成败的辩论，争名夺利，是庸人自扰。天地万物本无是非成败之可言，辩驳是非，争论成败，乃是由人类的智慧产生的。人能去智，回归自然无为，便与万物为一了。"物我为一"是一种什么境界？庄子是这样描绘的："夫至德之世，同与禽兽居，族与万物并，恶乎知君子小人哉！同乎无知，其德不离，同乎无欲，是谓素朴；素朴而民性得矣。""当是时也，山无蹊隧，泽无舟梁；万物并生，连属其乡；禽兽成群，草木遂长。是故禽兽可系羁而游，鸟鹊之巢可攀援而窥。"（《庄子·马蹄》）人兽同游，万物并生，同乎无知，更无君子小人之别，一切都是自然无为的原始状态。这就是道家的生命理想境界。《齐物论》最后说："昔者庄周梦为蝴蝶，栩栩然蝴蝶也，自喻适志与！不知周也。俄然觉，则蘧蘧然周也。不知周之梦为蝴蝶与，蝴蝶之梦为周与？周与蝴蝶，则必有分矣。此之谓'物化'。"所谓"物化"，不是人化物，而是物化人，也就是去掉"人格"而返回"物格"，这样人与物便没有什么界限，就是"物我为一"了。

儒家也赞成"物我为一"，但如何达到"物我为一"？儒家不是以"丧我""去智"以迁就自然，而是提高德性情操去亲近仁爱自然。孔子有"知者乐水，仁者乐山"（《论语·雍也》）之说与游乐山水之美的情趣。儒家以玉"比德"，以松、竹、梅为"岁寒三友"，都是与物为乐的实例。荀子云："子贡问于孔子曰：'君子之所以贵玉而贱珉者，何也？'孔子曰：'恶！赐！是何言也！夫君子岂多而贱之，少而贵之哉！夫玉者，君子比德焉。温润而泽，仁也；栗而理，知也；坚刚而不屈，义也；廉而不刿，行也；折而不挠，勇也；瑕适并见，情也；扣之，其声清扬而远闻，其止辍然，辞也。故虽有珉之雕雕，不若玉之章章。诗曰：言念君子，温其如玉。此之谓也。'"（《荀子·法行》）可见，儒家的"物我为一"境界是把自然之物提升为"人格"，而不是把人格降低为"物格"。儒家从"仁"出发，对于人与万物生命一样抱着同情、爱护的态度，所谓"仁者爱人""爱人及物"即是。为了推行仁爱，要"克己"，要节欲，从而克服利己自私之心而具有超越精神。

儒家与道家的哲学境界显然是不同的，但认为实现"物我为一"境界，决定的方面是"我"而不是物,却是一致的看法。"我"如何才能与万物为一呢?道家主张"丧我",即去掉官能欲望,去掉自私观念,去掉智慧的计较之心,总之是减损"我"的"人为"之性,以实现"无为"境界。而儒家对于"我"是既减损又增益,减损"我"的私欲、私念,增益"我"的德性情操;人格提高了,自然也就与物为一了。这是"有为"境界。道家与儒家都追求"物我为一"境界,但都不是论艺术而是论精神追求。这种哲学精神追求需要有"婴孩"之心(老子)或"赤子之心"(孟子),艺术创造也需要出自赤诚之心。因此,儒道虽然不是谈艺术创作而是谈哲学,却给出了艺术创作的主体条件。这个主观条件只是哲学心理学思想、态度,还不是艺术的具体表现,也不是艺术创造方法论。

(二)"以物观物"的审美观照

"以物观物",是宋代理学的早期代表人物邵雍提出来的。他说:"夫鉴之所能为明者,谓其不隐万物之形也。虽然,鉴之能不隐万物之形,未若水之能一万物之形也。虽然,水之能一万物之形,又未若圣人能一万物之情者,谓其圣人之能反观也。所以谓之反观也,不以我观物也。不以我观物者,以物观物之谓也。既能以物观物,又安有我于其间哉?"(《皇极经世全书解·观物篇内篇十二》)所谓"以物观物",就是"以理观物",就是排除自我的私心偏见而观物的性、命之理。在邵雍那里,性与命,都是先验的,性是道的形体,命即是天命,显然是继承了先秦生命哲学的观点。邵雍认为,而情则是经验的,与现实的利害关系联系在一起。圣人之所以能一万物之情,是因为圣人能反观。所谓"反观",就是能超越现实而反思历史,因而能客观地全面地观照事物。所谓"以物观物",就是超越个人的私欲偏见,以事物之理观物。邵雍的"反观"与"以物观物"是讲如何观照的理或道,是讲理学,不是讲审美。但是,他提倡的观照方法,他要求的观照态度,却是与审美观照相通的。所以现代美学家王国维,在阐述自己的美学思想尤其论述意境时,一再援引、发挥邵雍的"以物观物"与

"反观"的思想观点。王国维在《孔子之美育主义》一文中，把邵雍的"反观"与"以物观物"思想与孔子以及西方的叔本华、席勒的审美观点糅合在一起解释审美观照的境界。他说：

> 且孔子之教人，于诗乐外，尤使人玩天然之美。故习礼于树下，言志于农山，游于舞雩，叹于川上，使门弟子言志，独与曾点。点之言曰："莫春者，春服既成，冠者五六人，童子六七人，浴乎沂，风乎舞雩，咏而归。"由此观之，则平日所以涵养其审美之情者可知矣。之人也，之境也，固将磅礴万物以为一，我即宇宙，宇宙即我也。光风霁月不足以喻其明，泰山华岳不足以语其高，南溟渤澥不足以比其大。邵子所谓"反观"者非欤？叔本华所谓"无欲之我"、希尔列尔所谓"美丽之心"者非欤？此时之境界，无希望，无恐怖，无内界之争斗，无利无害，无人无我，不随绳墨而自合于道德之法则。一人如此，则优入圣域；社会如此，则成华胥之国。孔子所谓"安而行之"，与希尔列尔所谓"乐于守道德之法则"者，舍美育无由矣。

可以看出，用"反观"与"以物观物"的观点所论证的境界是超越现实的，是一种"无希望，无内界之争斗，无利无害，无人无我"的审美境界。王国维在《红楼梦评论》中，也是用"反观"与"以物观物"的观点论述这种审美境界。他说：

> 夫自然之物，无不与吾人有利害之关系，纵非直接，亦必间接相关系者也。苟吾人而能忘物与我之关系而观物，则夫自然之山明水媚，鸟飞花落，固无往而非华胥之国，极乐之土也。岂独自然界而已，人类之语言动作，悲欢啼笑，孰非美之对象乎！然此物既与吾人有利害之关系，而吾人强欲离其关系而观之，自非天才，岂易及此！于是天才者出，以其所观于自然人生中者复现于美术中，而使中知以下之人亦因其物与己无关系，而超然于利害之外。是故，观物无方，因人而变。濠上之鱼，庄、惠之所乐也，而渔父袭之以网罟。舞雩之木，孔、曾之所憩也，而

樵者继之以斤斧。若物非有形，心无所住，则虽殉财之夫、贵私之子，宁有对曹霸韩干之马而计驰骋之乐？见毕宏、韦偃之松而观思栋梁之用，求好逑于雅典之偶、思税驾于金字之塔者哉？故美术之为物，欲者不观，观者不欲，而艺术之美之所以优于自然之美者，全存于使人易忘物我之关系也。

"忘物我之关系"就是忘掉"物"与"我"的利害关系，"观者不欲"便可成为"物我为一"境界。足以说明，邵雍的"反观"与"以物观物"本是个哲学命题，经过王国维的解释、发挥而成为一个审美命题，即"反观"与"以物观物"转化为审美观照。所谓"审美观照"，就主体来说，不抱官能欲望和自私观念，是一种纯粹的精神观照；就客体来说，不观其用，只观其理，也就是叔本华所说的"欲者不观，观者不欲"。这就是西方现代美学所说的"审美态度"。审美态度也是艺术创作的主观条件，而没有论及艺术应如何创造如何表现；要把这种主观条件转化为艺术的表现与艺术的客观存在（作品），王国维说有待于"天才者出，以其所观于自然人生中者复现于美术中"，也就是把审美观照的境界赋予艺术的生命形式，以表现人的生命精神。然而要把审美观照、美感快乐转化为艺术存在，成为人人皆可观赏的审美对象或艺术作品，却又不是人人皆能做到之事。王国维说："境界有二：有诗人之境界，有常人之境界。诗人之境界，惟诗人能感之而能写之。故读其诗者亦高举远慕，有遗世之意，而亦有得、有不得；且得之者，亦各有深浅焉。若夫悲欢离合、羁旅行役之感，常人皆能感之，而惟诗人能写之，故其入于人者至深，而行于世者尤广。"（《清真先生逸事》）这就是说，审美观照所产生的美感境界是内在的，要把这种美感境界表现为艺术的客观存在，还需要艺术家的天才与技巧，需要艺术家用具体的技法造成艺术作品。

（三）"心物化一"的艺术生命

"心物化一"而创造艺术生命，这是从《乐记》的论述中归纳出的命题。

《乐记》最早提出艺术活动是主观之"心"与客观之"物"互动感应交融而产生艺术生命。《乐记·乐本篇》云:"凡音之起,由人心生也。人心之动,物使之然也。感于物而动,故形于声。""心感于物而动"并"形于声","声"就是"心"与"物"感应互动而产生的新生儿。我们正是从《乐记》的这段话,归纳出"心物化一"的命题。心与物结成对象性的关系,是艺术生命产生最关键的环节。艺术家的生命意识与景物未结成对象性关系时,"同归于寂"(王阳明语),各不相干,只有二者成为感应互动的对象才化生出艺术生命。《乐记·乐本篇》接着又云:"声相应,故生变,变成方,谓之音。比音而乐之,及干戚羽旄,谓之乐。"从"声"到"音"到"乐"的变化、发展过程,正是综合体艺术生命形成的具体过程。"声"是自然生命发出的,是艺术创造的素材,经过艺术家的处理,排除噪声,使不同的声相呼应而生变化而成悦耳的乐音,即"变成方谓之音"。"音"是悦耳的音乐,使人产生美感。音乐分声乐与器乐,将二者结合起来进行演奏即"比音而乐之",再配以举着干戚羽旄以及人体舞蹈(手之舞之足之蹈之),也就是把音乐、舞蹈、歌诗按照"美的规律"排列组合起来就是"乐"。古"乐"是综合体艺术,是由绚丽多彩的美感形式所表现的,是人的全身心的生命整体活动状态,也就是艺术生命活动表现。《乐记》的这段论述,正好回答了前面王国维所论述的问题——诗人既能"感之"又能"写之"。面对自然与人生的对象世界,人人都可以"感之"。可是,要把自己"感之"写成艺术作品,却不是人人之所能,只有诗人艺术家才能做得到。因为诗人艺术家既有天赋才气,又有艺术表现技巧的修养,可以把自己所感所想创造成形象生动的艺术生命,从而成为艺术的客观存在,以供人人观赏、享受。对于诗人艺术家来说,最重要的是创造特定的、具有个性特点的生命形式把自己所感所想表现出来。因为艺术生命与自然生命一样,是不可重复的个性、具体、整一。艺术活动乃是表现人的生命精神,因而是高尚的生命活动,不同一般的生命活动。所谓"高尚",有两层含义:一是艺术生命超越自然生命,是感性与理性相统一的人的生命精神;二是艺术生命形式虽来自自然生命却高于自然生命,比自然生命形式完美。所谓艺术生命形式，就是诗人艺术家创造的美感形式。三是艺术生命超越时空的局限，具有永恒的生命魅力。

中国绘画批评有"身与竹化"一语，正与"心物化一"意义相合。作为"岁寒三友"之一的竹，是中国诗画的永久性题材。竹何以为诗人画家所钟爱，以致成为用之不尽、取之不竭的艺术创造素材？因为竹之具象、品格与人的情操、气节很有相似之处。人与竹是"意气相投"的朋友，"身与竹化"是天命作合。苏东坡云："与可画竹时，见竹不见人。岂独不见人，嗒然遗其身。其身与竹化，无穷出清新。庄周世无有，谁知此疑神。"（《书晁补之所藏与可画竹三首》）东坡认为，画竹必先"成竹于胸"，画绘时凭记忆所见者，"急起从之，振笔直遂，以追其所见，如兔起鹘落，稍纵则逝矣"，以求得神似（《文与可画篔筜谷偃竹记》）。东坡的"身与竹化"是一个深刻的美学命题。这里的"身"，实际上不是指人的身体，而是指人的生命；人的生命，不仅是身体，还有生命意识，生命意识与生命机体的和谐一致才是人的整一的生命。具体地说，"身与竹化"是指人的心灵与竹的生命化合而为一新物——艺术生命。艺术生命不是只靠模仿得来的，而是创造生成的。所以东坡才说，画竹若"节节而为之，叶叶而累之，岂复有竹乎！"从认识上说，人与竹可以"合一"；"天人合一"正是人对自然（包括竹在内）的哲学认识。从道德的角度说，竹可以"比德"，比拟人的气节情操。人的认识、道德，都可以与竹结合为一。但这种"一"，只是"结合"而一致，主客依然还是二物，二物是"合一"，而不是"化一"；"化一"是"化合"的结果。艺术—审美中"心物化一"，如同化学中的"化合"，不同分子经过"化合"反应而成为一新物，不同分子皆失去独立身份。艺术—审美中的"心物化一"，类似化学反应中的"化合"，称作"化生"。之所以能"化生"艺术生命，主要是人的情感流动其间。情感最能体现人的生命活动特征。人与竹相遇，由于情感的沟通使二者碰撞、磨合（即经过人的思维、想象、创构）而化生一新的生命——艺术生命。所以东坡说"身与竹化"，而不说"思想与竹化"，因为"身"是生命的具体体现。王国维对"身与竹化"境界的描述细致入微，分析很深刻很精到。他说：

> 竹之为物，草木中之有特操者。与群居而不倚，虚中而多节，可折而不可曲，凌寒暑而不渝其色，至于烟晨雨夕，枝梢空而叶成滴，含风弄月，形态百变。自渭川淇澳千亩之园，以至小庭幽榭三竿两竿，皆使人观之，其胸廓然而高，渊然而深，泠然而清，挹之而无穷，玩之而不可亵也。其超世之致与不可屈之节，与君子为近，是以君子取焉。古之君子，其为道也，盖不同而其所以同者，则在超世之致与不可屈之节而已。其观物也，见夫类是者而乐焉；其创物也，达夫如是者而后慊焉。如屈子之于香草，渊明之于菊，王子猷之于竹，玩赏之不足而咏叹之，咏叹之不足而斯物遂若为斯人之所专有。岂徒有托而然哉？其于此数者，必有以相契于意而言之于表也。善画竹者亦然。彼独有见于其原而直以其胸中潇洒之致、劲直之气，一寄之于画。其所写者即其所观，其所观者即其所蓄者也。物我无间而道艺为一，与天冥合而不知其所以然。（《此君轩记》）

"物我无间而道艺为一，与天冥合而不知所以然"，说的正是艺术生命的产生是自然而然的。

把竹喻为虚心高节的"全德君子"，王国维远非第一人。宋代的文同、苏轼，元代的倪瓒，明代的徐渭，清代的郑板桥等都有论说，而元代的李衎更作了较详细的阐述。除了东坡提出了"身与竹化"的命题外，多侧重于对竹的认识与技法方面立论，阐释画竹之前应如何先"成竹在胸"，即真实、细致地观察、认识，把握竹的状貌、神态，并记忆在心，到动笔时就可水到渠成，一挥而就。这些见解固然有它的历史贡献，但终究没有达到王国维这种生命体验的深刻描述。王国维从审美视角，紧紧抓住审美（包括创作在内）活动中心与物的本质关系及沟通这种关系的中介环节——情感，进行深入的、辩证的分析，由表及里、由此及彼。论证审美中的物已不是纯客观的形式、属性；而审美中的心也不是纯主观的思想、态度，而是你中有我，我中有你，心物化一，天人"冥合"。在这种描述中又十分突出了主观的能动性，"其观物也，见夫类是者而乐焉；其创物也，达夫如是者而后慊焉"。审美愉悦也正是从这种"物我无间"的境界中产生。他还指出，物与我的审美关系绝不等同于以物比附我，或以我寄托于物的譬喻关系，而是通过创造想象与情感活动的沟通，消除了物我对峙和矛盾，成为融合化一的新物即美或艺术。所以王国维才设问道："岂徒有托而然哉？"并且立刻回答说，是我与物"必有相契于意"，也就是我与物两个不同生命情投意合、融合化一，亦即苏轼的"身与竹化"的艺术境界。宗白华说：

> 以宇宙人生的具体为对象，赏玩它的色相、秩序、节奏、和谐，借以窥见自我的最深心灵的反映；化实景为虚境，创形象以为象征，使人类最高的心灵具体化、肉身化，这就是"艺术境界"。①

"肉身化"是宗白华的独特用语，并且多次谈到艺术创造要"肉身化"。何谓"肉身化"？艺术创作真能把人物形象化为"肉身"吗？当然不能。宗白华的"肉身化"与苏轼的"身与竹化"一样，说的是艺术的生命化。"肉身化""身与竹化"都是说要创造艺术生命，以表现人的生命精神。

三 "虚实相生"的艺术生命境界

艺术创造上的"虚实相生"，中国现代美学家宗白华曾有专门论述，如《中国艺术表现里的虚与实》（发表于1961年），如《中国美学史中重要问题的初步探索》（发表于1979年）的长篇论文中又专门论述艺术的虚与实的辩证关系。他认为，虚与实两个方面的对立统一，在艺术活动中是普遍存在的，而且"虚实相生"的理论最具民族特色。我很赞赏宗先生的观点，并且受到

———————
① 宗白华：《美学散步》，上海人民出版社1981年版，第59页。

深刻的启发。但本书无意因袭前人的论说，而是从新的视角再论这一重大问题，以求对"虚实相生"的认识再深入，从而充实、丰富这一理论命题的内涵。

（一）"气"兼"虚""实"二性能

气主要分阴阳两个方面，其性能，阴凝聚、收缩，是虚；阳发散、扩张，是实；其趋向，阴趋向于阳，阳趋向于阴，二者相反相成，对立统一。阴阳二气是连接天地的纽带，是万物生长、四时交替、风雨变化的动力。《易·系辞传》云："天地氤氲，万物化醇。""氤氲"即指阴阳二气弥漫天地之间，天气（阳）下降，地气（阴）上升，阴阳二气相互感应交融而化生万物。"化醇"，"醇"是生命原质，是说阴阳两种性能相摩而化生万物生命。阴气性虚，阳气性实，阴阳二气正是"虚实相生"的关系，是化生万物生命的普遍规律。气是人的生命活动的原动力，是调节人的生命意识与生命机体和谐统一的媒介，气贯穿于人的整个生命活动之中。在人的生命活动中意识为"虚"，机体为"实"，"虚实相生"才有人的自由自觉的生命活动。《易·系辞传》又云，"精气为物，游魂为变"。这是说，气之精粹而成"物"，"物"即人的生命，生命之"变"（死）而为"游魂"；前者有形可见，为"实"，后者无形无象，为"虚"。中国有句俗语："眼见为实，耳听为虚。"眼见的是形体、形象、形式，是"实"，耳听的是声音，声音是气流震动发出的声响，目不见，耳可听，是"虚"。由此可知，"虚"不是"无"，而是"有"，不是"空"，而是"气"。"气"虽看不见，人却可以感觉到它的存在，"存在"就是"实"。所以，气一身兼虚实二重性。

气对于人的生命活动来说，也是"虚实相生"的。气既是人的身体素质，又是人的精神、风度；气在人的生命活动中可以完成从实到虚或从虚到实的转化。气的这种虚实转化，与人的生命中的血液循环联系起来，可以更形象地说明气兼虚实二重性。"气"字与"血"字相连缀，由于次序颠倒，便产生两个意义不同的概念，即"气血"与"血气"。前者是指血液

（如气血凝滞或气血畅通），气血是由虚转化为实的结果；后者是指精神、气度（如血气方刚或血气旺盛），血气是由实转化为虚的结果。气一身兼具二重性；既是实——形质又是虚——精神。它既不"唯物"，也不"唯心"，而是心物一体的。可以设想，"虚实相生"的理念，正是从人的生命活动中"悟"出来的。"虚实相生"作为一种精神观照，是哲学、美学、艺术学普遍适用的命题。但哲学上的"虚实相生"与艺术上的"虚实相生"又是有区别的，不能等同。

（二）儒道哲学之"虚实相生"

儒家道家都谈论"虚实相生"。道家的"虚实相生"论，可以庄子为代表。《庄子·人间世》提出了虚实关系问题："若一志，无听之以耳而听之以心，无听之以心而听之以气！耳止于听，心止于符。气也者，虚而待物者也。惟道集虚。虚者，心斋也。"可见，庄子认为"气"就是"虚"，"虚"就是心胸（心斋，虚静之心）。这里只见"虚"，没有出现"实"，但"物"即是"实"，"虚而待物"乃是"虚"与"实"相对待之义。又说"惟道集虚"，"道"是精神实体，是集"虚"之实体，是神力的集中之所，也是"心斋"（虚）"待物"（实）之源泉。由此可知，庄子的"心斋"，就是虚心所居之斋，虚静澄明，阔大无限。"虚心"可以得道而为"实"，因而"心斋"之"虚"与其得道之"实"，说明"心斋"是"虚实相生"的根源。庄子云：

> 夫虚静恬淡寂寞无为者，天地之平道德之至，故帝王圣人休焉。休则虚，虚则实，实者伦矣。虚则静，静则动，动则得矣。静则无为，无为也则任事者责矣。无为则俞俞，俞俞者忧患不能处，年寿长矣。夫虚静恬淡寂寞无为者，万物之本也。（《天道》）

在庄子的这段话中，"虚"与"实"都是指人的心胸状态："虚"则心怀澄明，是静的；"实"则是道充实于心胸，是动的。"虚实相生"，动静相长，年寿永长。庄子说："立不教，坐不议，虚而往，实而归。"（《德充符》）"虚而往"即从"虚"出发去"闻道","实而归"即得道后心斋充实而归。这里的"虚"与"实",是指心胸的两种状态。心态"虚静"专一才能得道,得道使心胸"充实"才能循道而动。由此可知,"虚"是指人的心胸虚阔而静,"实"是指人的心胸涵道充实而动。道家遵尚自然无为,主张行不言之教,反对有为之举。庄子的"虚静恬淡寂寞无为"是观照天地的出发点。庄子说:"静而圣,动而王,无为也而尊,朴素而天下莫能与之争美。"(《天道》)"天地有大美而不言,四时有明法而不议,万物有成理而不说。圣人者原天地之美而达万物之理,是故至人无为,大圣不作,观于天地之谓也。"(《知北游》)可见,"美""法""理"便是得道之"实";如果心怀不是澄明玄远,而是充满情欲、名誉、地位等名利观念之"实",也就无法观照天地自然之理、之法、之美,无法得道。所以,庄子之"实"不是现实之"实",而是心怀得道之"实"。心怀得道之"实",实际上还是"虚",因为庄子认为"惟道集虚"。所以这里的"实"不是真实存在,而是影、象之"实",是精神之"实",也就是想象之"实"。想象只有虚静而无实动,就无法对象化;只有实动而无虚静,那实动便违背自然无为的合目的性。"心斋"的"虚"与"实"两个方面是矛盾的,又是对立统一的。这一对矛盾是"虚实相生"的,因而才产生独立的生命精神活动,才能观照天地自然之神明与大美。不过,庄子哲学只是神思、想象而"不言""不议""不说",当然只是一种内在的心理活动,而无外在的形式表现。

庄子的"虚实相生"停止在审美观照的界域,接近于艺术创造却不是艺术创造。《人间世》说:"瞻彼阕者,虚室生白,吉祥止止。"庄子的"虚室生白"理论仍是哲学的,停留在对自然无为之大美的观照上面,并没有进一步讲论这种审美观照如何才能表现(创造)为艺术生命存在(作品)。庄子所观照的"实"——是自然无为的"实",并没有转化为"人为"客观存在的"实",没有把审美观照赋予艺术的生命形式。所以,庄子的"虚室生白"是一种哲学境界,却没有为艺术生命表现提供任何方法、任何形式,没有转化为美的艺术生命形象之"实"。庄子没有这种具体论说，是符合他的思想逻辑的。因为他的哲学遵循"自然无为"，反对儒家的有为言说，并且要毁礼乐，灭文章。如果他论述怎样进行艺术创造，怎样化内在的"实"为外在的美的艺术生命形象，那就是有为之举，即与他的自然无为理论相违背；他不把自己的哲学境界转化为艺术生命表现，倒是他的自然无为主张之必然。所以庄子的哲学境界是一种"内美"的自我欣赏，是一种自得其乐，与艺术创造毕竟隔着一条"底线"。要而言之，庄子这一哲学境界乃至审美观照，只为艺术创造提供了哲学心理学的观照方式而非艺术生命创造的方法论。

儒家也是"虚实相生"论者，并且把"虚实相生"的哲学境界转化为美的艺术。孔子的"文质彬彬"（《论语·雍也》），文是美感形式，是实，质是心灵禀性，是虚；"虚实相生"为君子之美。孟子说："充实之为美，充实而有光辉之谓大，大而化之之谓圣，圣而不可知之之谓神。"（《孟子·尽心下》）美、大、圣是实，神是虚。"实"是内在充实，是"内美"或德性，"充实"（内美）而外化为"光辉"就是大美，以大美教化天下万民，就是圣（人之）美；大美、圣美都是光辉四射，是内美外化的感性显现，是"实"。这种"实"的进一步转化，就是不可知的"神"了，神是"虚"。孟子与庄子不同，不是从虚转化为实，而是从实转化为虚；转化的出发点不同，其结果也不一样。

儒家"虚实相生"论，以荀子为代表。荀子说："心居中虚，以治五官，夫是之谓天君。"（《天论》）"心"乃"中虚"之主，是统率"五官"之"天君"。"虚"，也是指人的心胸，同于庄子的"心斋"。荀子又说：

> 人何以知道？曰：心。心何以知？虚壹而静。心未尝不藏也，然而有所谓虚；心未尝不两也，然而有所谓一；心未尝不动也，然而有所谓静。人生而有知，知而有志。志也者，藏也；然而有所虚，不以所已藏害所以将受谓之虚。心生而有知，知而有异，异者也，同时兼知之；同时兼知之，两也；然而有所谓一，不以夫一害此一谓之壹。心，卧则梦，偷则自行，使之则谋。故心未尝不动也，然而有所谓静，不以梦剧乱知

谓之静。未得道而求道者，谓之虚壹而静，作之则。将须道者，虚则入；将事道者，壹则尽；将思道者，静则察。知道察，知道行，体道者也。虚壹而静，谓之大清明。（《解蔽》）

荀子对"虚壹而静"的阐释，与庄子的"一志"说、"虚静"说大同而小异。"小异"的主要表现是荀子没有把"虚""道"与"气"联系起来，但对"虚""实""静""动"等概念及其关系的解释比庄子更清晰明确。荀子曰："君子知夫不全不粹不足以为美也，故诵数以贯之，思索以通之，为其人以处之，除其害者以持养之。使目非是无欲见也，使耳非是无欲闻也，使口非是无欲言也，使心非是无欲虑也。及至其致好之也，目好之五色，耳好之五声，口好之五味，心利之有天下。是故权利不能倾也，群众不能移也，天下不能荡也。生乎由是，死乎由是，夫是之谓德操。德操然后能定，能定然后能应。能定能应，夫是之谓成人。天见其明，地见其光，君子贵其全也。"（《荀子·劝学》）"全"是完整，是生命整一之体，是"实"，"粹"是精粹，精华，是生命精神，是从生命整体即"全"中抽象出来的"不全"，是"虚"，虚实合一才有光辉，才成为人的生命之美。荀子不仅论"虚实相生"为美，更进一步论述美感形式之创造，论述艺术生命精神之表现。他的《乐论》的"美善相乐"境界，正是"虚实相生"而产生的一种美的生命精神境界，也是荀子的艺术生命理想。

宗白华认为，儒道都是"虚实相生"论者，但出发点不同。他说：

虚和实的问题，这是一个哲学世界宇宙观的问题。这可以分成两派来讲。一派是孔、孟，一派是老、庄。老、庄认为虚比真实更真实，是一切真实的原因，没有虚空存在，万物就不能生长，就没有生命的活跃。儒家思想则从实出发，如孔子讲"文质彬彬"，一方面内部结构好，一方面外部表现好。孟子也说："充实之谓美。"但是孔、孟也并不停留于实，而是要从实到虚，发展到神妙的意境："充实而有光辉之谓大，大而化之之谓圣，圣而不可知之之为神。"圣而不可知之，就是虚：只能体会，只能欣赏，不能解说，不能模仿，谓之神。①

儒道的不同，不仅哲学的出发点不同，更是"无为"与"有为"的不同。这种不同，直接影响到对艺术生命创造的不同态度：道家不作为，儒家积极提供艺术创造方法论。儒道都标举"道"，名同而实异。道家之"道"在天地之先，道是"无"，是虚无；儒家之"道"是在天地之中，是"有"，是实有，虚无而静，实有而动。儒道从各自的"道"出发，正是无为与有为的不同。道家之静照是从虚到实，实是眼中之景象，并且停留在实的界限之内，不为艺术创作提供方向及方法；儒家之静照是从实到虚，虚是精神境界。儒家有为，其哲学精神没有停留在审美观照那里，而是又进一步为艺术创造指明方向，提供方法论。

（三）艺术生命的"虚实相生"

艺术的"虚实相生"，不同于哲学的"虚实相生"。艺术上的"虚实相生"不仅要有哲学上的生命观照（审美观照），还需要有艺术家的天才（想象、激情、灵感等）与熟练的艺术技巧，以创造艺术的生命形式，表现人的生命精神。艺术家的天才是虚，学养、技巧是实，艺术生命创造也是"虚实相生"。艺术生命创造离不开想象、虚构，而想象与虚构都不是空来空去，而是要凭借一定的"实"，才能"虚构"，才能"想象"，否则，你用什么去"构"，你的"想象""像"什么，都将落空，必须有一定的"实"才成。"实"就是心灵记忆中的物象、景象、经验，经过联想，构思出有趣的故事来。总之，艺术生命的"虚实相生"，有自己独特的规定性，不能和哲学、心理学上的"虚实相生"相等同。中国艺术批评所形成的许多对偶范畴，如心与物、文与质、形与神、意与笔、意与境、情与景等，无一不是"虚实相生"关系。

艺术生命创造是人的一种生命活动，是人的生命意识的对象化活动，也

---

① 宗白华：《美学散步》，上海人民出版社 1981 年版，第 33 页。

就是艺术家的生命意识（虚）与其观照的客观对象（实）合和而成"虚实相生"的境界，即艺术生命境界。清代山水画家笪重光说：

> 山之厚处即深处，水之静时即动时。林间阴影，无处营心。山外清光，何从著笔。空本难图，实景清而空景现。神无可绘，真境逼而神境生。位置相戾，有画处多属赘疣。虚实相生，无画处皆成妙境。（《画筌》）

笪重光的"虚实相生"是艺术论的，其含义就是人的心灵意识之虚与客观存在的景象之实相遇相感应而产生"神境"。"神境"乃是艺术生命的理想境界，这一境界不是"实景"，而是"空景"，不是"真境"，而是"神境"。一言以蔽之，不是"实"之一端，而是虚实一体的。笪重光所说的"空"与"神"指的就是人的心灵；就是"虚"；而"实景""真境"是"实"。"神无可绘，真境逼而神境生"，神虚无实，就无法绘声绘色；只有真实之景物触发虚怀心灵，才能产生"神境"；"神境"是人们常说的"精神境界"，也是艺术生命的"理想境界"，这种境界是"虚实相生"的，因而是有限与无限的统一。笪重光的《画筌》是专论如何画山水画的，而"虚实相生"是这篇论文的主题。他说："山实虚之以烟霭，山虚实之以亭台。"又说："真境现时岂关多笔，眼光收处不在全图。合景色于草昧之中，味之无尽。擅风光于掩映之际，览而愈新。密致之中自兼旷远，率易之内转见便娟。"全篇论文充满了辩证思想。

艺术生命创造之"虚实相生"，实际上概括了艺术家从审美观照到思维构思及作品完成的整个创作过程。思维（虚）要有对象（实），无对象便无法思维；思维依赖对象（实），又在改变对象，使对象成为精神现象，即人们常说的"境界"。中国最具民族特色的绘画书法两门艺术，对于"虚实相生"更是情有独钟。中国的水墨画必须留空白，有空白精神活动才有空间，才能表现出灵动的艺术生命。西方油画先涂以底色，然后是形象填得满满的，只有形象的真实，而无虚灵，与中国的艺术追求不同。空白是中国画面整体的有机组成部分，不是可有可无的。中国绘画只有形象景物之实，不算上乘，唯有虚实一体的艺术生命境界才是最美的。书法艺术的墨道之间也是空白，有空白才有灵通之气。黑白相间才显得生命结构之均衡，气势之蓬勃，精神之灵通，才能使人产生美感。书法上的"虚实相生"，叫作"计白当黑"。梁启超说："向来写字的人，最主要的有一句话，'计白当黑'。写字的时候，先计算白的地方，然后把黑的笔画嵌上去，一方面从白的地方看美，一方面从黑的地方看美。一个字的解剖，要计白当黑；一行字，一幅字，全部分的组织，亦要计白当黑。"《书法指导》也就是说，书画篇章结构的构思，线条走动的趋向，气势的有无，首尾的呼应等，都与空白有密切关系，都是"虚实相生"的结晶。

"虚实相生"命题的提出，具有重要的艺术价值，也突出地表现了中国艺术理论的民族风格。因为虚实两个概念，都是表现一种精神现象。精神现象不同于物质现象，精神现象是人的生命活动现象，不同于物质机械运动。物质机械运动是实打实着，无所谓"虚"，动物的生命活动是本能，生命与活动同一，无所谓境界。人的生命活动是生命意识与生命机体的"虚实相生"；人的生命活动是在对象性意识引导下进行的，是意识与对象的虚实相生。艺术的"虚实相生"就是把人的生命意识活动与客观对象交融合和而化生一新的生命境界，这就是黑格尔所说的艺术美或称艺术理想；宗白华称之为"艺术意境"。他在《中国艺术意境之诞生》一文中说，艺术意境是"中国文化史上最中心最有世界贡献的一方面"，"艺术家以心灵映射万象，代山川而立言，他所表现的是主观的生命情调与客观的自然景象交融互渗，成就一个鸢飞鱼跃，活泼玲珑，渊然而深的灵境；这灵境就是构成艺术之所以为艺术的'意境'。"这种境界，是"写实主义"无法达到的。"中国艺术家何以不满于纯客观的机械式的模写？因为艺术意境不是一个单层的平面的自然的再现，而是一个境界层深的创构。从直观感相的模写，活跃生命的传达，到最高灵境的启示，可以有三层次。"[①] 也就是说，"写实主义"经过是从实（现实）到实（形象）的思维过程，最后落实到景物形象上。但中国艺术并不于此止步，

---

① 宗白华：《美学散步》，上海人民出版社1981年版，第63页。

而是追求"境生象外",要把景物形象化为无限的情思精神。唐代诗人刘禹锡说:"境生于象外,故精而寡和。千里之谬,不容秋毫。非有的然之姿,可使户晓;必俟知者,然后鼓行于时。"(《董氏武陵集记》) "境生于象外","象"是有限,是实;"象外"是无限,是虚。境是从"象外"生出,是虚实一体的。唐末诗人司空图有言:"戴容州云:'诗家之景,如蓝田日暖,良玉生烟,可望而不可置于眉睫之前也。'象外之象,境外之景,岂容易可谈哉?"(《与极浦书》)。这种艺术境界,正如宋代严羽在《沧浪诗话》中所描绘的那样:"盛唐诸人唯在兴趣,羚羊挂角,无迹可求。故其妙处透彻玲珑,不可凑泊,如空中之音,相中之色,水中之月,镜中之象,言有尽而意无穷。"既是空明晶莹、不见涯涘,又有生动美丽的景象韵味。说的正是中国艺术生命境界乃是以有限表现无限,是有限与无限的统一。

本节所论"虚实相生"与前一节的"心物化一",都是中国古代艺术创作论。但二者相提并论不是重复,而是有所区别。第一,从"心物化一"到"虚实相生",是中国古代艺术创造论发展过程中的前后两个历史阶段。艺术生命创造上的"心物化一"是《乐记》提出来的,而"虚实相生"的艺术创造论是唐代之后提出来的;"虚实相生"是对"心物化一"理论的进一步发展。从概念上说,"虚"是人的心胸,是主观;"实"是"物",是"象",是客观存在,虚与实的关系同心与物的关系一致。但是,心、物概念都比较接近具体,概括性不高,不能满足艺术创作关系层深义广的要求,而虚、实比心、物概括性高得多。如前所论,"心"本身就存在虚实关系,这种虚实关系只有一个"心"字,就无法表示。再如"实",不仅物与象是实,不仅"眼见为实",心中所想也有"实",想象之"象"也是"实",所以"虚实相生"比"心物化一"具有更高的概括性、更广的普遍意义。第二,"心物化一"的目标是创造艺术生命形象。生命形象,观照可以把握,因而是有限的,是实。"虚实相生"的目标是创造艺术生命境界,不仅创造生命形象,还要创造生命形象所依托的天地境界。所谓"境生于象外"的"象外"是什么?就是艺术所表现的天地境界,也就是时空形式。所谓"时空形式"不同于一般形式，一般形式是有限的，人的视听感官可以把握，时空形式是无限的，是人的视听感官所无法完全把握的，只能是人的心灵去"神游"。实际上，时空形式是人的时空意识的艺术表现，也可以称为"天地精神"。中国艺术是以有限的生命形象与无限的时空意识（"象外"）融合化一为最高理想。

余论：主客关系的互动论与决定论
——艺术创造论之中西比较

以上三节，即时空一体才有艺术生命、心物互动交融而产生艺术生命、"虚实相生"的艺术生命境界，贯穿着一条主线就是主客关系。主客关系，是哲学的中心问题，也是艺术的中心问题。如何认识、如何处理这一根本问题，中西方的哲学及其艺术理论是不同的。西方哲学主客对立分离，其关系总是一方压倒另一方而独霸天下。不是主观决定客观，就是客观决定主观。唯物主义与唯心主义的对立争斗，是这种关系的典型表现，并且影响西方艺术理论也是如此。宗白华说："（西方）近代绘风更由古典主义的雕刻风格进展为色彩主义的绘画风格，虽象征了古典精神向近代精神的转变，然而它们的宇宙观点仍是一贯的，即'人'与'物'，'心'与'境'的对立相视。不过希腊的古典境界是有限的具体宇宙包含在和谐宁静的秩序中，近代的世界观是一无穷的力的系统在无尽的交流的关系中。而人与这一世界对立，或欲以小己体合于宇宙，或思戡天役物，伸张人类的权力意志，其主客观对立的态度则为一致（心、物及主观、客观问题始终支配了西洋哲学思想）。"[1] 中国古代哲学是主客齐一，其关系是互动交融为一。中国哲学对主客关系的看法，不是决定论，而是互动论。主客互动感应交融而化一，主客界限泯灭，不见"对立相视"，而是二而化一成一新境界。哲学上这种主客关系，直接影响中国艺术生命理论。本章的三大论题——"物我为一"的哲学境界、"心物化

---

[1] 宗白华：《美学散步》，上海人民出版社1981年版，第110—111页。

一"的艺术生命、"虚实相生"的艺术生命境界，就是证明。中国现代美学，也曾出现过用主客"对立相视"的决定论解释艺术创造。如很多人用西方的"移情"说解释中国古代艺术的情感表现，就是一种主观决定论。这是对中国古代艺术精神的误解。中国古代艺术所表现的情感，不是主体向客体"移情"的结果，而是主客互动感应、情景交融而产生的新境界。这个新境界就是艺术生命。西方的"移情"，是艺术家把自己的情感硬贴在对象上，是主体强迫客观对象把"情感"的帽子戴在自己的头上，主与客仍然是"对立相视"的二物。

第六章 生命之象与艺术批评标准

中国艺术批评和艺术创造一样，也是与生命活动紧密联系在一起。艺术创造要创造出艺术生命来，艺术批评也是以艺术生命的有无作为衡量优劣的根本标准。艺术批评就是看艺术家对于艺术生命塑造得如何，能否充分表现人的生命精神。所用的词汇大多是描述生命之象的概念，如"生动""生气""生意""栩栩如生""生机勃勃""生龙活虎"等，乃是一部成功作品或美的形象最为常用的评语。艺术批评要求艺术家必须创造独特的生命形象，以表现一种具有个性的生命精神。

一　文学批评

要了解中国文学批评，首先要了解"文"这个概念。"文"是个古老观念，含义非常广泛，有天文、地文、人文、鸟兽之文等说法。一切事物所表现的感性形式，可以为人们所观照，都称为文。随着历史的发展，"文"也不断地演变、分化、滋生，因而产生以"文"为词根的许多新概念，如文明、文学、文化、文章、文采、文风、文雅，等等。但"文"一直成为普遍运用的概念，只是含义逐渐变得狭窄一些。汉代之后，"文"多数情况下是指"文学"——这种文学经常被后人称作"古文"。不过，所谓"古文"或"文学"，不等同于现代的文学概念。中国古代，凡以语言文字所写的文章、书册，叙事、说论、历史皆可称为"文学"。

古文批评与古乐批评一样，也是生命论的批评。人与动物的生命器官、生命活动现象，经常成为古文批评的主要用语或各种形象比喻。这一特点，前人早有认识。钱锺书说："余尝作文论中国文评特色，谓其能近取诸身，以文拟人；以文拟人，斯形神一贯，文质相宜矣。"（《谈艺录》）中国古文批评，主要是文质论、文道论、"童心说"。

（一）"文质彬彬"——从人美到文美

文与质两个概念，最早是指人的外在表现与内在禀赋；文质彬彬则是指人的外内表里相一致的感性显现。人的外在表现如容貌、举止、言谈、风度就是文，人的内在心理气质，如心灵、禀性、智慧、情感就是质。文与质两个方面副称和谐表里一致，才是完美的人，也就是孔子所说的"文质彬彬"——君子之美。扬雄说："圣人，文质者也。"（《法言·先知》）圣人表里如一，内在充实而外现光辉，当然是"文质彬彬"了！到了汉代，文与质一对概念普遍运用到古文批评中，认为文的美感形式与文的生命内涵相副称才是美的文章；文章是人的心灵表现。扬雄说："文以见乎质，辞以见乎情，观其施辞则其心之所欲见矣。"（《太玄·玄莹》）又说："故言，心声也；书，心画也；声画形，君子小人见矣。声画者，君子小人之所以动情乎！"（《法言·问神》）王充说："文由胸中而出，心以文为表。"（《论衡·超奇篇》）又说："夫人有文质乃成。物有华而不实，有实而不华。《易》曰；'圣人之情见乎辞。'出口为言，集札为文，文辞施设，实情敷烈。夫文德，世服也。空书为文，实行为德，著之于衣为服。故曰：德弥盛者文弥缛，德弥彰者人弥明。"（《论衡·书解篇》）可见，无论是评论人，还是批评文，"质"都是指人心，"文"都是指美感形式。《文心雕龙》设立《情采》篇，专论文质关系。"圣贤书辞，总称文章，非采而何！夫水性虚而沦漪结，木体实而花萼振，文附质也。虎豹无文，则鞟同犬羊；犀兕有皮而色资丹漆，质待文也。"

发自内心之"情"是质，生命意识是文章的内容，表现于外的"采"是文，美感形式就是文章的生命形式。二者的关系是，文附丽于质，质有待于文的表现。"文因质立，质资文宣"（王夫之《古诗评选》卷五）。文质和谐一致作为批评标准，并非古文批评专用，其他艺术门类也常常运用这一对概念。因为一切艺术创作都是出自人的心灵（质）而追求美的表现（文），因而文质关系在文学艺术领域具有普遍意义。不过，中国艺术批评没有一个普遍适用的统一概念标准，各门艺术都有自己的概念、自己的标准，因而文与质也不是被普遍必用的概念。当然，各门艺术批评也有共同之点，都是以生命论为其思想基础，都取生命之象为衡量标准。

（二）文与道的关系

中唐时期，由韩愈、柳宗元发起的古文运动，一直延续到北宋时期。长达二百多年的唐宋古文运动，是中国文学史上的大事件，对中国文学批评产生了重要影响。所谓古文运动，就是以先秦两汉经史诸子之散文为榜样以复古，反对六朝以来所形成的四六骈俪文。骈俪文体要求作文必须排偶对仗，句型整齐对称，平仄、用典、比喻、夸饰、物色等，也有许多讲究。这种形式主义倾向，不利于心灵情感的自由抒写，尤其妨碍对圣人之道的表达。古文运动所讨论的中心问题是文与道的关系，从而也促使文学批评以文与道一对概念代替了文与质的转变。韩愈说，自己好古也好辞，"然愈之所志于古者，不惟其辞之好，好其道然耳"（《答李秀才书》）。他做《原道》篇、《师说》篇，提倡"尊师重道"，认为要传道、学道必须有老师教导。韩愈说："人非生而知之也，孰能无惑？惑而不从师，其为惑也，终不解矣。生乎吾前，其闻道也固先乎吾，吾从而师之；生乎吾后，其闻道也亦先乎吾，吾从而师之。吾师道也夫，庸知其年之先后生乎吾乎？是故无贵无贱，无长无少，道之所存师之所存也。"（《师说》）有老师才能传道、授业、解惑而培养人才。而文人之才的主要表现就是"明道"，也就是柳宗元提出的"文者以明道"。他说："始吾幼且少，为文章以辞为工。及长，乃知文者以明道，是固不苟为炳炳烺烺，务采色、夸声音以为能也。凡吾所陈，皆自谓近道，而不知道之果近乎，远乎？吾子好道而可吾文，或者其于道不远矣。故吾每为文章，未尝敢以轻心掉之，惧其剽而不留也；未尝敢以怠心易之，惧其弛而不严也；未尝敢以昏气出之，惧其昧没而杂也；未尝敢以矜气作之，惧其偃蹇而骄也。抑之欲其奥，扬之欲其明，疏之欲其通，廉之欲其节，激而发之欲其清，固而存之欲其重。此吾所以羽翼夫道也。"（《答韦中立论师道书》）又说："然圣人之言，期以明道，学者务求诸道而遗其辞。辞之传于世者，必由于书。道假辞而明，辞假书而传，要之，之道而已耳。"（《报崔黯秀才论为文书》）不过，韩柳之"道"不同于刘勰的"自然之道"，乃是"尧舜孔子之道"，即社会人伦之道，含义要狭窄一些。

宋人论文与道的关系者更多了，古文家、理学家，都发表了自己的看法。古文家的"道"与韩柳之"道"同。宋初的古文运动首倡者柳开说："吾之道，孔子、孟轲、扬雄、韩愈之道也；吾之文，孔子、孟轲、扬雄、韩愈之文也。"（《应责》）欧阳修说："君子之于学也，务为道。为道必求知古。知古明道而后履之以身，施之于事，而又见于文章，而发之以信后世。其道，周公、孔子、孟轲之徒常履而行之者是也；其文章，则《六经》所载，至今而取信者是也。其道易知而可法，其言易明而可行。及诞者言之，乃以混蒙为道，洪荒广略为古，其道难法，其言难行。孔子之言道曰：'道不远人。'言'中庸'者曰：'率性之谓道。'又曰：'可离非道也。'"（《与张秀才第二书》）苏轼对道的看法与上述诸人有所不同；他的道不是社会政治之道，而是哲学之道。他感慨地说，"甚矣道之难明也！论其著者，鄙滞而不通；论其微者，汗漫而不可考"，因而离开"圣人之道日以远矣"（《中庸论上》）。又说，"世之言道者，或即其所见而名之，或莫之见而意之，皆求道之过也"。他认为"道可致而不可求"。"何谓致？孙武曰：'善战者致人，不致于人。'子夏曰：'百工居肆，以成其实。君子学以致其道。'莫之求而自至，斯以为致也欤！"（以上见《日喻》）东坡所说的"道"就是《易·系辞传》所说的"一阴一阳之谓道"，规律可认识，功效可见，而本体不可知。东坡说："吾所为文，必与道俱。"（《答王庠书》）也就是说，文与道密切相连互相依存，不可分开为"二"。

理学家重道轻文，与古文家的看法不同。有的理学家甚至把文与道根本对立起来，认为"作文害道"（程颐）。这是极端之例。多数理学家不走这种极端，认为"学者须学文"。但学文的目的是明道进德，认为道本文末。朱熹说："道者，文之根本，文者道之枝叶。惟其根本乎道，所以发之于文皆道也。三代圣贤文章，皆从此心写出，文便是道。"他不赞成东坡的"吾所谓文，必与道俱"的观点。认为这便把道与文看成是两回事，到作文时再去讨个道放进去，此乃正是他作文的大病处。他更不赞成"文以载道""文以贯道"的说法，因为这种观点轻重倒置，颠倒了文与道的关系。他说："文皆是从道中流出，岂有文反能贯道之理？文是文，道是道，文只是吃饭时下饭耳！若以文贯道，却是把本为末，以末为本，可乎？"因为道本文末，道是目的，文是服务于道的。他说："今人作文，皆不足为文。大抵专务节字，更易新好生面辞语。至说义理处，又不肯分晓。观前辈欧苏诸公作文何尝如此？圣人之言坦易明白，因言以明道，正欲使天下后世由此求之。使圣人立言要教人难晓，圣人之经定不作矣。若其义理精奥处，人所未晓，自是其所见未到耳。学者须玩味深思，久之自可见。何尝如今人欲说又不敢分晓说，不知是甚所见。毕竟是自家所见不明，所以不敢深言，且鹘突说在里。"因此，"古人文章，大率只是评说而意自长。如《离骚》初无奇字，只恁说将去，自是好。后来如鲁直恁地著力做，却自是不好。"（以上引文均见《朱子语类》卷一百三十九《论文》）实际上，理学家反对用美感形式做文章，认为这样会喧宾夺主，把鉴赏目光引向美感快乐中，从而遮蔽了道的显现。

（三）"童心说"与文学生命创造

唐宋古文运动，反对六朝以来艺术上的形式主义是有积极意义的。但对后世的影响并不都是正值，尤其是明代文学创作上的复古主义的产生，不能不说与古文运动有直接关系。明代的复古主义者认为，先秦两汉散文，汉魏古诗，盛唐近体诗，都是完美无缺的，因而是学习的楷模，提出"学不的古，苦心无益"（李梦阳《答周子书》）。这就是明代中期在文学创作上的复古主义思潮，也是李卓吾提出"童心说"的历史背景。何谓"童心"？李贽说："夫童心者，真心也。若以童心为不可，是以真心为不可也。夫童心者，绝假纯真，最初一念之本心也。若失却童心，便失却真心；失却真心，便失却真人。人而非真，全不复有初矣。"李卓吾的"童心"，就是"真心""初心"，不杂世俗之念，不图外物之私，没有受污染之心。古文运动以文与道的关系代替文与质的关系，便把文学创作的根源从人的生命之心移到抽象的"道"或"理"那里，便在文与心之间设置了一堵墙，心已无法以文为表，文也失去了生命之心源。李卓吾认为，作文从"道"出发，是"代圣人立言"；圣人之言，非吾心之言。言不由衷，鹦鹉学舌，对于文学创作来说，不是真言而是假言，岂能打动人心！李卓吾说："天下之至文，未有不出于童心焉者也。苟童心长存，则道理不行，闻见不立，无人不文，无一样创制体格文字而非文也。诗何必古选，文何必先秦。降而为六朝，变而为近体；又变而为传奇，变而为院本，为杂剧，为《西厢曲》，为《水浒传》，为今之举子业，皆古今至文，不可得而时势先后论也。故吾因是而有感于童心者之自文也，更说甚么《六经》，更说甚么《语》《孟》乎？"（以上引文均见《焚书》卷三《杂述·童心说》）他认为，文学创作的根源不是"征圣""宗经"，不是为了"明道"，而是"诉心中之不平"，消解胸中之"垒块"。他描述说："其胸中有如许无状可怪之事，其喉间有如许欲吐而不敢吐之物，其口头又时时有许多欲语而莫可所以告语之处，蓄极积久，势不能遏。一旦见景生情，触目生叹；夺他人之酒杯，浇自己之垒块，诉心中之不平，感数奇于千载。"（焚书·杂说）"夺他人之酒杯，浇自己之垒块"，与司马迁的发愤著书说，韩愈的不平则鸣说一脉相承，是对艺术创作规律的真实揭示与论断，发扬了中国艺术的优良传统，也发生了深远的历史影响。

　　李卓吾在文学批评上提出"童心说"，具有重要的价值意义。第一，他继承中国古代文学思想的优良传统，认为文学创作的根源是人的生命之心，为文要真诚，要出于真心，这是创作文学生命必须坚守的理念。李卓吾提出的"童心"，是对老子所说的"婴孩之心"、孟子所说的"赤子之心"的继承与创造性的发挥。提出"童心说"，使文学创作的根源从理学家的"道""理"那里，回归到生命之心那里，也是对中国文学理论的重要贡献。第二，他对圣人之言、《六经》《语》《孟》的真实性提出怀疑，也是有理由有根据有启发意义的。他因此被戴上"离经叛道"的罪名而下狱，并被迫害而死。假道学、伪君子围剿"童心说"，李卓吾先生为真理而献身，令人崇敬。

二　诗歌批评

中国古代的诗歌批评，最早是"言志说"，魏晋时提出"缘情说"，南北朝时提出"滋味说"，宋代有"兴趣说"，明清时期有"性灵说""神韵说"等，都是从主观方面即从人的情感态度方面立论。从唐代开始，佛教思想介入诗歌批评而提出"取境说"，其后有"境界说""情景交融说""意境说"等，使诗歌批评从主观一方转变为主客双方的关系，终于站在全面观察诗歌艺术的立脚根基。

（一）"诗言志"说

先秦两汉时期，受儒家思想影响，"诗言志"说围绕中国第一部诗歌集《诗》所展开的批评，十分强调诗的道德教育作用。《诗》的道德批评，始作俑者是孔子，他把《诗》完全看作道德教科书。他说："《诗》三百，一言以蔽之，曰：'思无邪。'"（《论语·为政》）认为诗的作用是兴、观、群、怨，"迩之事父，远之事君；多识于鸟兽草木之名。"（《论语·阳货》）孔子一而再再而三地敦促他的儿子和他的学生要学《诗》，认为学《诗》能培养语言能力，增长知识，也是为政搞外交不可缺少的修养。汉代经学家，继承了孔子思想，对《诗》进行道德批评，尤为重视对《诗》的解读。据记载，汉人传诗有鲁、齐、韩三家，均立学官。另有赵人毛苌传诗，称为毛诗，未立学官。四家传诗皆有序，而立学官的三家，其序久已失传，唯独未立学官的《毛诗序》尚存，是一篇有系统性的诗论。《毛诗序》载："诗者，志之所之也，在心为志，发言为诗。"认为诗不仅言志，更要表情，"情动于中而形于言，言之不足故嗟叹之，嗟叹之不足故咏歌之，咏歌之不足，不知手之舞之，足之蹈之也。"说明中国的诗，不仅是语言艺术，而是言情歌舞一体化的艺术，中国诗的这种审美表现特点，正体现了诗歌艺术是人的生命活动的一种表现形态。《毛诗序》认为诗歌的功能是人文教化："经夫妻，成孝敬，厚人伦，美教化，移风俗。"儒家的诗歌批评思想影响深远，从古代到明清形成了悠久的历史传统。但中国的诗歌批评并不是单一的儒家传统，在儒家传统的对面还有一条与之既对立又补充的批评传统。这个传统形成的思想之源是来自道家及禅宗思想。

（二）道德批评向审美批评转变

魏晋南北朝时期，是中国历史上改朝换代频发、战乱接连不断、人生多灾多难的时代。然而，又是中华民族热烈执着地追求美的时代，自然美的发现，人格美、艺术美有了新的发展，并取得极高的成就。艺术的繁荣，也促成艺术理论的全面发展。就诗歌批评而言，突破了道德批评的儒家传统，确立了审美批评的新途径，新目标。魏晋时代，"独尊儒术"的思想统治格局解体，道家思想、佛家思想活跃起来，并渗透到诗歌批评中，强调诗歌的美感作用是吟咏性情。曹丕在《典论·论文》中提出"诗赋欲丽"的见解，认为诗赋的根本追求是美。即使是坚持儒家传统的陆机、刘勰，也认为诗歌之功能主要是审美愉悦，道德教育是在审美愉悦中实现的。陆机在《文赋》中说"诗缘情而绮靡，赋体物而浏亮"。认为诗赋要表达真情实感，描写生动形象，语言要优美、流畅、清亮，要有韵律、节奏。刘勰在《文心雕龙》中立专章评论诗歌，这就是《辨骚》《明诗》《乐府》《诠赋》诸篇。另外如《比兴》《夸饰》《声律》《丽辞》《情采》等并非专论诗却又论及诗，内容非常丰富。

这里只能举其要，以见一斑。刘勰不是从语言学的角度论诗，他不重复"诗言志"，而是说诗"吟志"。这是从审美的角度出发，认为诗是吟咏情性，不是道德说教。他说："人禀七情，应物斯感，感悟吟志，莫非自然。"所谓"自然"，是说诗吟咏情性不是外加的，而是人自身的内在需要。当然，刘勰也认为诗有道德教育作用，但这种教育作用，不是靠语言说服，而是靠情性感化。他说，《诗》三百吟咏怨刺，"顺美匡恶，其来久矣"。春秋时代，"风人辍采"，没有自己的诗篇，只好"讽诵旧章"。说明吟咏情性之诗，不可或缺。"逮楚国讽怨，离骚为刺。秦皇灭典，亦造仙诗。"两汉魏晋，四言五言竞相发展，"新声"迭出，或歌或怨，各有千秋，"匡谏之义，继轨周人"。"故铺观列代，而情变之数可鉴。"刘勰的结论是："民生而志，咏歌而含。兴发皇世，风流二南。神理共契，政序相参。英华弥缛，万代永耽。"（以上引文均自《明诗》篇）刘勰在《乐府》篇解释诗与歌与乐的关系，说："凡乐辞曰诗，诗声曰歌，声来被辞，辞繁难节。"他认为，乐府诗歌是语言与音乐的结合，是全身心的审美活动，因而美感力量是巨大的，"乐本心术，故响浃肌髓"，这正是来自于诗歌的力量。"故知诗为乐心，声为乐体，乐体在声，瞽师务调其器；乐心在诗，君子宜正其文。"（以上引文均自《乐府》篇）刘勰诗歌批评，基本上坚持儒家观点，而对诗的美感性质作了深入而系统的论述，弥补了先秦两汉儒家诗学之不足。

齐梁时代，另一位诗论家钟嵘，其论诗专著《诗品》品评历代诗家。钟嵘与刘勰一样，都接受了生命哲学的影响。但刘勰坚持儒家传统，对于生命哲学是全面继承，钟嵘与道家一样有选择地继承。主要表现是：刘勰论诗既求"和"也用"气"，"气"是求"和"与调节"和"的动力，而钟嵘不言"和"，强调悲剧感，只言"气"。《诗品序》开篇说："气之动物，物之感人，故摇荡性情，形诸舞咏。照烛三才，辉丽万有，灵祇待之以致飨，幽微藉之以昭告。动天地，感鬼神，莫近于诗。"钟嵘论诗与儒家诗教传统不同，不言"美教化，移风俗"的社会功用，而只言审美，强调"摇荡性情""感荡心灵"的个体美感作用。他认为诗歌活动是"摇荡性情，形诸舞咏"。其言外之意是作诗为的是抒发性情，而不是道德教育。他对汉都尉李陵的诗评说："生命不谐，声颓身伤。使陵不遭辛苦，其文亦何能至此？""文多凄怆，怨者之流。"钟嵘论述诗的情感特征，更强调人生的悲剧性方面，因而突破了儒家"哀而不伤"的观点。他说："嘉会寄诗以亲，离群托诗以怨。至于楚臣去境，汉妾辞宫；或骨横朔野，魂逐飞蓬；或负戈外戍，杀气雄边；塞客衣单，孀闺泪尽；或士有解佩出朝，一去忘返；女有杨蛾入宠，再盼倾国。凡斯种种，非陈诗何以展其义，非长歌何以骋其情？"十分明显，"嘉会寄诗以亲"的喜剧方面，只有这笼统的一句。其下的具体陈述："骨横朔野""杀气雄边""孀闺泪尽"等，都是悲剧性的方面，"非长歌何以骋其情"？实际上，都是在反对"哀而不伤"的说教。他对《古诗十九首》的评语是："文温而丽，意悲而远。惊心动魄，可谓几乎一字千金！"认为汉婕妤班姬的《团扇》诗："词旨清捷，怨深文绮。"认为曹植诗："骨气奇高，词采华茂。情兼雅怨，体被文质。粲溢今古，卓尔不群。"他提倡悲剧性的"怨"而不言"和"，其实质是主张抒情自由，尽情发泄，不要设置限制，不要"补假"，而要"直寻"。他首倡"滋味说"，认为诗之审美不是认识，不是说教，而是直觉体验。因此，要"穷形写物""干之以风力，润之以丹彩"，而反对"用事"。他说："夫四言，文约而意广，取效风骚，便可多得。每苦文繁而意少，故世罕习焉。五言居文词之要，是众作之有滋味者也，故云会于流俗。岂不以指事造形，穷形写物，最为详切者耶！故诗有三义焉：一曰兴，二曰比，三曰赋。文以尽而意有余，兴也；因物喻志，比也；直书其事，寓言写物，赋也。宏斯三义，酌而用之，干之以风力，润之以丹彩，使味之者无极，闻之者动心，是诗之至也。"诗歌之"意"需要"味之""闻之"即玩味、聆听，才能动心，感到意味无穷，这正是直觉体验，也就是生命体验。钟嵘的诗歌批评另辟蹊径，拓展了被儒家忽视的方面，使古代诗歌理论有了新的发展。钟嵘的《诗品》为诗歌理论自身注入了相反相成的新因素，成为持续发展的新动力。《诗品》是中国古代诗歌理论走向成熟的历史起点。有人认为，《诗品》是中国最早的"诗话"。这种说法毫无意义，且遮蔽了《诗品》的独特贡献。"诗话"是随意言说诗歌，而《诗品》是品评体味诗歌，首先在方法上走的不是同一条路径；认识也有浅深之不同："诗话"创造了中国诗歌的评点形式，随意说诗，杂而肤浅；《诗品》则首创诗歌审美批评的根本方法——直觉体验，深入诗歌的生命本体，二者岂能相提并论！

（三）山水诗的情与景

中国艺术发展到魏晋时期，由于自然美的发现而逐渐产生了山水诗、山水画、山水游记等艺术体裁。从此，艺术创作的题材向"天文"自然方面大大拓展，古代艺术理论所提出的心物关系，其内涵扩大了，艺术批评也不断出现新概念。唐代山水画家张璪提出："外师造化，中得心源"，这是表示艺术主客关系的命题。唐代，诗歌批评多用情境、意境、境界、境象等对偶概念，表示诗歌艺术中的主客关系，从而代替了"诗言志""滋味说"等主体性概念。尤其景、境、象、境界等是山水风景概念，涵盖开阔的空间，其景观是主体性概念无法伦比。"境"字，汉字原义指地域，如边境，境域等，乃有界限之义。佛教传入之后，"境"则演变为精神境界。所谓"精神境界"，是"虚实相生"的境界。这种精神境界可感可观，但又是视听感官无法完全把握的，因为精神境界是无限的。唐代僧人皎然云："取境之时，须至难至险，始见奇句。"（何文焕辑《历代诗话·诗式》）"取境"，即选取创作景物之素材，"境"是思维所用的思想资料。唐代王昌龄的《诗格》分"境"为三："物境""情境""意境"。很显然，王昌龄的"意境"，其义涵比今天的"意境"概念狭窄得多。唐末的司空图论述诗的境界是有限与无限的统一，著有《诗品二十四则》较系统地论述诗的意境与风格。第一则就提出"超以象外，得其环中，持之匪强，来之无穷。"也是论述诗的意境是以有限表现无限。

宋代之前诗歌批评没有统一的固定的格式，多用序跋、书信、语录等形式表达对诗歌的欣赏与批评。这种情况到了宋代有所变化，产生"诗话"体的论诗形式，从此成为诗词批评的主要体式。"诗话"体例的始创者，是宋代大古文家欧阳修。欧阳修写出《诗话》后，接着司马光写了《续诗话》。为了区别起见，人们把前者称作《六一诗话》，后者称作《温公续诗话》。欧阳修说，他写诗话是"以资闲谈"，司马光说，他写诗话是"记事"。可见，诗话从一开始就不是纯正的诗词理论。经过宋、元、明、清的发展，"诗话"终于成为中国诗词批评的主要体式。这种批评体式，不是纯粹的论评，而是论说、记事、欣赏、释辞、考据等融合为一体，一切与诗词创作、审美有关的人、事、物，都在"话"的范围之内。篇幅可长可短，内容可多可少，都无定格。写法随意，论说与描绘，欣赏与体验，抽象与具体，总之，理性认识与感性体验结合为一体。宋代"诗话"很多，理论价值突出者是张戒的《岁寒堂诗话》、姜夔的《白石道人诗说》与严羽的《沧浪诗话》。张戒在《岁寒堂诗话》中提出"言志"与"咏物"的关系，认为言志是诗人之"本意"，咏物是诗人之"余事"，二者兼之是为上乘，而专务咏物之工，"诗人之本意扫地尽矣"。他以"意""味""韵""气"四者，区分诗之风格，认为前二者可学，后二者是天赋。姜夔说："大凡诗自有气象、体面、血脉、韵度。气象欲其浑厚，其失也俗。体面欲其宏大，其失也狂。血脉欲其贯穿，其失也露。韵度欲其飘逸，其失也轻。"他认为诗有四种高妙境界，即"理""意""想""自然"："碍而实通，曰理高妙。出事意外，曰意高妙。写出幽微，如清潭见底，曰想高妙。非奇非怪，剥落文采，知其妙而不知其所以妙，曰自然高妙。"他赞同苏东坡的"言有尽而意无穷"的观点，认为"句中有余味，篇中有余意，善之善者也"（以上《白石道人诗说》）。

（四）情景交融而生艺术意境

明清时代，人们多以情与景一对范畴评论诗，认为情景交融才成为艺术美的境界。明代谢榛有言："作诗本乎情景，孤不自成，两不相背。凡登高致思，则神交古人，穷乎遐迩，系乎优乐，此相因偶然，著形于绝迹，振响于无声也。夫情景有异同，模写有难易，诗有二要，莫切于斯者。观者同于外，感者异于内，当自用其力，使内外如一，出入此心而无间也。景乃诗之媒，情乃诗之胚；合而为诗，以数言而统万形，元气浑成，其浩无涯矣。"（《四溟诗话》卷二）对于情与景的关系，清代王夫之的论述最充分。他认为诗中的情与景是密不可分的，硬要把二者分开，乃是"陋人标陋格"。他说："情景名为二，而实不可离。神于诗者，妙合无垠。巧者，则有情中景，景中情。景中情者，如'长安一片月'，自然是孤栖忆远之情；'影动千官里'，自然是喜达行在之情。情中景尤难曲写。如'诗成珠玉在挥毫'，写出才人翰墨淋漓，自心欣赏之景。凡此类，知者遇之；非然，亦鹘突看过，作等闲语耳。"又说："夫景以情合，情以景生，初不相离，唯意所适。截分二橛，则情不足兴，而景非其景。且如'九月寒砧催木叶'，二句之中，情景作对；'片石孤云窥色相'四句情景双收：更从何处分析？陋人标陋格，乃谓'吴楚东南坼'四句，上景下情，为律诗宪典，不顾杜陵九原大笑。愚不可瘳，亦孰与疗之？"（《薑斋诗话》卷二）王夫之认为，情景交融而产生诗的境界美，这种境界是艺术生命的有机体，情景已化为艺术生命不可分割，有人却机械地指点那是情那是景，王夫之嘲笑这种人是"陋人标陋格"。他说："含情而能达，会景而生心，体物而得神，则有灵通之句，参化工之妙。若但于句求巧，则性情先外荡，生意索然矣。"（《薑斋诗话》卷二）情景交融而生艺术意境。意境是生命的有机整体，不可剖判割裂而观；如若剖判割裂而观，灵魂已失，生命已死，那还有什么可观！也就是王夫之所说的，"若但于句求巧"，断章取义，"则性情先外荡，生意索然矣"！王夫之以上所描绘的境界，正是诗的生命境界——意境，虽然他没有用意境概念。

"意境"概念出现于唐代，到清代才被比较普遍使用，直到现代的王国维，经过他的论述，意境才真正成为中国艺术理论的重要范畴。王国维的意境思想主要表现在《人间词话》。《人间词话》对唐五代两宋的词进行批评，也论及古诗及清代的词。《人间词话》标举意境说，开篇即云："词以境界为最上。有境界，则自成高格，自有名句。五代、北宋之词所以独绝者在此。"又说："境非独谓景物也，喜怒哀乐亦人心中之一境界。故能写真景物真感情者，谓之有境界。否则谓之无境界。"在王国维那里，境界与意境两个概念等同互用。王国维认为，不仅诗词创作要有意境，就是戏曲、小说与绘画，也以有意境为尚。他在《红楼梦评论》中认为，《红楼梦》的成功之处，就在于创造了宏壮的悲剧意境美。他在《人间词乙稿序》中说："文学之事，其内足以摅己，而外足以感人者，意与境二者而已。上焉者意与境浑，其次或以境胜，或以意胜。苟缺其一，不足以言文学。"他在《宋元戏曲考》中说："其文章之妙，亦一言以蔽之，曰：有意境而已。何以谓之有意境？写情则沁人心脾，写景则在人耳目，述事则如其口出也。古诗词佳者，无不如是。元曲亦然。"他认为，"情景交融"或"意与境浑"就是意境，意境乃是文学艺术的本质表现。他说："文学中有二原质焉：曰景，曰情。前者以描写自然及人生之事实为主，后者则吾人对此种事实之精神的态度也。故前者客观的，后者主观的也；前者知识的，后者感情的也。"（《文学小言》）情与景是构成文学的两个基本元素，情与景的关系是文学的本质关系，"情景交融"而为意境，乃是文学追求的最高目标。经过王国维对情与景、意与境以及文学本质关系的论述，意境概念终于成为文学艺术普遍适用的范畴。

三　绘画批评

绘画批评同文学、诗歌批评一样，随着绘画艺术的发展，绘画批评理论也不断地深入。

（一）以形写神，形神兼备

中国绘画批评，最早是以人物画为主要批评对象。人的形体与精神风貌便是构成人物画两大基本方面，因此"形"与"神"便成为绘画批评的一对根本范畴。"形"与"神"二者的关系，要以"神"为主，"形"次之，为的是突出人的生命精神。《淮南子·说山训》云；"画西施之面，美而不可说；规孟贲之目，大而不可畏：君形者亡焉。"只有美的形体外表，没有左右形体外表的内在精神，不能产生美感愉悦。《淮南子》最早提出绘画上的形神关系，并认为神是左右形之主宰。顾恺之提出，要"以形写神"——"写形"是为了"传神"，而传神最主要是画好眼睛。《世说新语·巧艺》载："顾长康画人，或数年不点目精。人问其故。顾曰：四体妍蚩，本无关妙处，传神写照正在阿堵中。"又说："人有长短，今既定远近以瞩其对，则不可改易阔促，错置高下也。凡生人亡有手揖眼视而亡无所对者，以形写神而空其实对，荃生所用乖，传神之趋失矣。空其实对则大失，对而不正则小失，不可不察也。一象之明昧，不若悟对之通神也。"（张彦远《历代名画记》卷五）顾恺之的人物画，不是孤立悬空的人体画像，而是具有生命活动的人物画。人若"生"，若"活动"，必须有依托环境，尤其是自然环境。所以顾恺之不仅提出"传神"要"画龙点睛"，还提出"悟对"（悟通晤）的要求。也就是人物的位置所面对的环境景物，其"远近""阔促""高下"必须适当，否则，"以形写神而空其实对，荃生所用乖，传神之趋失矣"。顾恺之的"悟对"具体阐述人的意识与客观存在的对象性关系，解释艺术的对象化应该如何进行。这说明中国的绘画从一开始就强调，要符合人的生命活动的真实，要真实地表现人生及其相应的环境。

东晋与南北朝时期，是中国绘画发展的创新时代。由于自然美的发现，绘画不仅描写社会人生，自然山水也成为绘画题材；人物画与山水画并驾齐驱地繁荣发展，绘画理论也开始走向成熟。继顾恺之之后的王微、宗炳、谢赫等，都是这一开创时代的重要人物。王微认为绘画并非一种技艺行业，而是与"天地之大德"同功，以"易象"为生命原型，表现生命精神，因此与画地图不同。"夫言绘画者，竟求容势而已。且古人作画者，非以案城域，辩方州，标镇阜，划浸流。本乎形者融，灵动变者心也。灵亡所见，故所托不动；目有所极，故所见不周。于是乎以一管之笔，拟太虚之体，以判躯之状，画寸眸之明。"图画与地图的不同就在于：图画是有生命的，是表现生命的，地图是无生命的"标本"，是山川城镇的抽象符号。绘画之所以有生命，是心灵的眼睛观照天地四方，近取诸身，远取诸物，通过一管之笔，模拟太虚之体，写出生命之情状，描绘出"寸眸"之明亮。总之，人物的五官四肢身体都要描写得栩栩如生，山川景物也要生机勃勃。"横區纵化，故动生焉，前矩后方出焉。然后宫观舟车，器以类聚；犬马禽鱼，物以状分。此画之致也。"（以上见《叙画》）

（二）"气韵生动"，突出神似

山水画的批评，仍然用"形"与"神"一对范畴。但"形"的含义不是形体，而是形状。因为人体、物体都可以用视觉整体把握，而山水景象、自然风光只能看到部分形状，见不到它们的全体，故与人物画的"形"不尽相同。宗炳，最早把气引进绘画批评，认为山水画的创作是以气为原动力。他说："愧不能凝气怡身，伤跕石门之流，于是画象布色，构兹云岭。""凝气"是气聚、气充之义。年轻时气充体壮，气力旺盛。年老时气力不足，需要重新调理。"于是闲居理气，拂觞鸣琴，披图幽对，坐究四荒，不违天励之丛，独应无人之野。峰岫峣嶷，云林森眇，圣贤暎于绝代，万趣融于神思，余复何为哉？畅神而已。"（《画山水序》）"畅神"乃以"凝气"为动力，是"闲居理气"的结果。南朝齐人谢赫总结以往的历史经验，则提出"气韵"的新概念。所谓"气韵"就是气之神韵，乃是绘画美的最高境界。这种境界之所以美，是因为人物的气度神韵显现出生命活力，即"气韵生动"。谢赫的绘画《六法》云："六法者何？一、气韵，生动是也；二、骨法，用笔是也；三、应物，象形是也；四、随类，赋彩是也；五、经营，位置是也；六、传移，模写是也。""六法"虽嫌简略却是系统而全面的，既有宗旨又有实现这一宗旨的具体方法，且适用于人物画与山水画，具有普遍意义。

唐宋时代绘画艺术的繁荣发展，达到了新的历史高峰。在绘画理论方面，唐代的贡献并不突出，但在绘画史的研究上值得一提。这就是张彦远的《历代名画记》，论述绘画的历史源流，搜集、评论、传承绘画的思想史资料。张彦远在《历代名画记》中对谢赫的"六法"进行评述，说："古之画或能移其形似而尚其骨气，以形似之外求其画，此难可与俗人道也。今之画纵得形似而气韵不生，以气韵求其画，则形似在其间矣。"他用"骨气"释气韵而与形似相对，认为"以气韵求其画"，"形似"自然包含在其中。在解释"骨法用笔"时认为，"形似须全其骨气"为目的，"骨气"即神似，形似与神似二者"皆本于立意而归乎用笔"，用笔之工乃来自书法之善。五代山水画家荆浩说："气者，心随笔运，取象不惑。韵者，隐迹立形，备仪不俗。"（《笔法记》）气者，是心灵思维活动的动力，通过运笔表现出来，韵者乃神韵、精神，由构思的形象见出。宋代郭若虚，为续张彦远的《历代名画记》而著《图画见闻志》，目的是"指鉴贤愚，发明治乱"。他说："《易》称：'圣人有以见天下之赜，而拟诸其形容，象其物宜，是故谓之象。'又曰：'象也者，像此者也。'尝考前贤论画，首称像人；不独神气骨法，衣纹相背为难。盖古人必以圣贤形象，往昔事实，含毫命素，制为图画者，要在指鉴贤愚，发明治乱。"他认为："六法精论，万古不移，然而骨法用笔以下五者可学，如其气韵，必在生知，固不可以巧密得，复不可以岁月到，默契神会，不知然而然也。"（《图画见闻志·叙论》）对于形神关系，宋代更加重视"神似"。董逌认为，"形似"是为了表现"神似"，是以"神似"为目的。他批评当时的画师以"形似""为贵"，因而失去了"神似"。他说："则知无心于画者，求于造化之先，凡赋形出象，发于生意，得之自然，待其见于胸中者，若花若叶分布而出矣。然后发之于外，假之手而寄色焉，未尝求其似者而托意也。"由形神兼备走向重神似而轻形似，是宋代文人画的理论。这一理论，尤其得到大文豪欧阳修、苏轼的鼓吹，甚至有些极端。欧阳修说，"古画画意不画形"（《盘车图》）。苏东坡说："论画以形似，见与儿童邻。"（《书鄢陵王主簿所画折枝二首》之一）神似与形似的关系，一直是中国绘画批评的重要问题。

（三）文人山水画的意义

随着山水画的发展，山水画的理论也走向成熟。宋代山水画主要是文人山水画。郭熙的绘画理论，对文人山水画的产生、价值以及山水画创作的具体方法，都有系统的论述。这就是由其子郭思根据父亲绘画实践的心得、经验而写成的《林泉高致》，是中国古代画论的重要著作。郭熙认为，文人山水画之产生，是为了解决游居山水之美与"君亲之心两隆"的矛盾。因为文人士大夫身系事君事亲之义务，不可能久居于山水之间，而山水之乐又是人们时时而不可无有之物，因此以画绘山水美景来解决这一矛盾。《林泉高致·山水训》载："然则林泉之致，烟霞之侣，梦寐在焉，耳目断绝。今得妙手，郁然出之，不下堂筵，坐穷泉壑；猿声鸟啼，依约在耳；山光水色，滉漾夺目。此岂不快人意，实获我心哉？"因此图绘山水之美，以便"坐游"。"坐游"与宗炳的"卧游"，实则一也，都是精神之游。宗炳画山水，是个体"老疾俱至"所促成；郭熙画山水，是由于事君事亲的社会义务所促成。境遇不同，动机不同，但都追求山水之美而进行艺术创作，都为了人的精神生活需要，这又是相同的。郭熙认为，山水画创作必须聚精会神，才能创作山水之"妙品"。他说："凡一景之画，不以大小多少，必须注精以一之，不精则神不专；必神与俱成之，神不与俱成，则精不明；必严重以肃之，不严则思不深；必恪勤以周之，不恪则景不完。故积惰气而强之者，其迹软懦而不决，此不注精之病也。积昏气而泪之者，其状黯猥而不爽，此神不与俱成之弊也。以轻心挑之者，其形脱略而不圆，此不严重之弊也。以慢心忽之者，其体疏率而不齐，此不恪勤之弊也。故不决则失分解法，不爽则失潇洒法，不圆则失体裁法，不齐则失紧慢法。此最作者之大病也，然可与明着道。"（以上均见《林泉高致·山川训》）郭熙还就如何观察如何表现山水之"势"之"质"，以及云气、烟岚、人物、楼观，还有东南山水的特色，西北山水的特色等，都做了细致的分析、论述。

（四）"夫画者，从于心者也"

绘画山水，直至明清一直是中国画的主流。但就山水画的理论来说，清代著名画家石涛的《画语录》是比较深刻的。《画语录》也是以山水画为论述的主要对象，是针对明清以来复古之风而撰写的。石涛从哲学的角度，对绘画的基本理论到方法技巧以及价值意义作了系统的论述，简明扼要而深刻。

他提出"法古而不泥古""师古而化之"的正确见解，强调"有我"，但必须面向自然，"搜尽奇峰打草稿"，使山川与我神遇而迹化。他以"一画"作为绘画创作理论的本体。所谓"一画"来自自然元气，又是人的心灵反映。他说："太古无法，太朴不散；太朴一散而法立矣。法于何立，立于一画。一画者，众有之本，万象之极；见用于神，藏用于人。"其实，这句话正是阐述"外饰造化，中得心源"的道理。又说："夫画者，从于心者也。山川人物之秀错，鸟兽草木之性情，池榭楼台之矩度，未能深入其理，曲尽其志，终未得一画之洪规也。行远登高，悉起肤寸。此一画受尽鸿蒙之外，即亿万万笔墨，未有不始于此而终于此，惟听人之握取之耳。"(《画语录·一画章》)法度规矩从无到有，笔画从一到多，本是自然之理，创作之根。但根是"一"，变化却是无穷的。矩度方法多种多样，不断地变化，不能因循泥古；因循泥古，就是把矩度方法看成是单一的死板的。如此教人，必无个性，无生气，无自我。绘画必须表现"自我"表现个性，才能使人产生美感。"我之为我，自有我在。古之须眉，不能生在我之面目；古之肺腑，不能按在我之腹肠。我自发我之肺腑，揭我之须眉。纵有时触着某家，是某家就我也，非我故为某家也。天然授之也。我于古何师而不化之也？"(《画语录·变化章》)石涛在一则画跋中写道："盖为近世画家专袭古人，论之者亦且曰，某笔肖，某笔不肖，可唾矣。"(《石涛山水册》)又说："画有南北宗，书有二王法。张融有言：'不恨无二王法，恨二王无臣法。'今问南北宗：我宗耶？宗我也？一时捧腹曰：我自用我法。"方法也不是一成不变的，而是不断发展的，因而需要创新。"古人未立法之先，不知古人法何法；古人立法之后，便不容今人出古法，千百年来遂使今人不能一出头地也。冤哉！"(《大涤子题画诗跋》卷一)

石涛的绘画思想对扬州八怪的影响至为明显。扬州八怪之一的郑板桥说："画竹插天盖地来，翻风覆雨笔头栽。我今不肯从人法，写出龙须凤尾排。"[①]又说："掀天揭地之文，震电惊雷之字，呵神骂鬼之谈，无古无今之画，原不在寻常眼孔中也。未画以前，不立一格，既画以后，不留一格。"(《郑板桥

---

① 《郑板桥集》，中华书局 1962 年版，第 212 页。

集》，第175页）他善画兰竹，对于画竹尤有深刻的体会与论述。他说："古之善画者，大都以造物为师。天之所生，即吾之所画，总须一块元气团结而成。此幅虽属小景，要是山脚下洞穴旁之兰，不是盆中磊石凑栽之兰，谓其气整故尔。聊作二十八字以系于后：敢云我画竟无师，亦有开蒙上学时。画到天机流露处，无今无古寸心知。"（《郑板桥集》，第222—223页）"一块元气"是绘画创作的原动力，也就是天才与灵感的"心源"。有了它才能有自己的个性，才能有艺术的独创性。板桥论画竹，与众说不同。他认为画竹要形神兼备，不要片面地追求神似而忽略形似。他说："江馆清秋，晨起看竹，烟光、日影、露气，皆浮动于疏枝密叶之间。胸中勃勃，遂有画意。其实胸中之竹，并不是眼中之竹也。因而磨墨展纸，落笔倏作变相，手中之竹又不是胸中之竹也。总之，意在笔先者，定则也；趣在笔外，化机也。独画云乎哉！"（《郑板桥集》，第161页）所谓"眼中之竹"，是对竹的观照、认识，是创作的准备阶段。而"胸中之竹"是记忆中形象、色彩，"意在笔先定则也"，是凭记忆、联想、想象而构思，创构必然有取有舍。"手中之竹"是将"胸中之竹"赋予形式表现出来，是"趣在笔外化机也"，赋予形式表现出来，也不可能和"胸中之竹"完全一样。三个不同阶段构成艺术创作整个过程。一般论画竹，只说"眼中之竹"与"胸中之竹"的两个不同阶段，把"手中之竹"忽略了，实际上是把"胸中之竹"与"手中之竹"等同了，其实二者是不同的。从"眼中之竹"到"胸中之竹"到"手中之竹"是艺术创作过程中的三个不同阶段，是从"观"（观照、认识，创作准备）到"意"（"定则"，打腹稿）到"作"（"化机"，创作生命形式）以表现的发展过程。三个阶段不能忽略，不能等同。

四　书法批评

书法艺术，是方块汉字的书写艺术，是线的艺术，受易象论的影响最突出。汉字从象形到象意，从模仿到抽象，从篆书到楷书，从楷书到草书，经过悠久的历史过程。中国的书法批评可以上溯到东汉。

（一）从草书之争而开始书法批评

东汉时期，汉字书写出现了草书体。写草书的人有史游、杜度、崔瑗等，而张芝则是写草书的集大成者，被称为"草圣"。草书的出现是书法艺术发展的成果。但有人对草书看不顺眼，加以非难，因而发生了要不要草书的争论。

儒者赵壹撰写《非草书》的文章，认为草书不古，不可学，书写慢，非功令所在。他说："且草书之人，盖伎艺之细者耳。乡邑不以此较能，朝廷不以此科吏，博士不以此讲试，四科不以此求备，征聘不问此意，考续不课此字。善既不答于政，而拙无损于治，推斯言之，岂不细哉！"（张彦远《法书要录》卷一）赵壹认为，写草书是细末小巧之事，无关大局，与社会政治功利无善无损，不可学，书写慢，因而白费功夫，应该废弃。草书家崔瑗写《草书势》，反对赵壹的观点。他说：

> 书契之兴，始总颉皇，写彼鸟迹，以定文章。爰既末叶，典籍弥繁，人之多僻，政之多权。官事荒芜，剿其墨翰，惟作佐隶，旧字是删。草书之法，盖先简略，应时谕旨，周于卒迫，兼功并用，爱日省力，纯俭之变，岂必古式？观其法象，俯仰有仪，方不中矩，圆不副规，抑左扬右，望之若欹；竦企鸟跱，志在飞移，狡兽暴骇，将驰未奔。或黝点染，状似连珠，绝而不离，蓄怒怫郁，放遗生奇。或凌邃而惴慄栗，若据槁而临危。傍点邪附，似螳螂而抱枝；绝笔收势，余绖虬结，若山峰施毒，看隙缘山蠍戏，腾蛇赴穴，头没尾垂。是故远而望之，漼焉若注岸奔涯；就而察之，即一画不可移。纤微要妙，临事从宜。略举大较，仿佛若斯。（《全后汉文》卷四十五）

崔瑗的看法与赵壹正相反。他认为，草书的产生，是由于政务的繁忙，要求书写简易快捷。草书不泥古，突破以往的各种框框，"方不中矩，圆不副规"而自成一体。书写者自由挥洒，最能抒发表现个性情感。同时，崔瑗用各种生命活动之形象，形容、比喻书法艺术龙飞凤舞的韵律、节奏、气势，使人产生美感愉悦。这是以"生生"之象作为标准进行书法艺术批评的开路先锋。

魏晋南北朝时期，书法艺术受到重视，得到发展，走向成熟，书家辈出，楷、行、草都取得很高的历史成就。书法艺术批评，魏晋时提出"意在笔前，然后作字"。"意"者，心意也。强调生命意识是书法创作的先决条件，是左右笔墨的，所以要在动笔之先进行心意构思，然后下笔写字。衡量书法美丑，则以"生生"之象为标准，主要是看其生命精神表现是否生动有力。传为卫夫人的《笔阵图》云：

> 善笔力者多骨，不善笔力者多肉。多骨微肉者谓之筋书，多肉微骨者谓之墨猪。多力丰筋者圣，无力无筋者病，一二从其消息而用之。（《法书要录·笔阵图》）

强调骨力，"患其无骨"。所谓"骨力"，也就是说写字不仅有力度，而且要有韧性，也就是"丰力多筋"，才能达到圆润完美。王羲之论书法完全用人的生命活动现象作譬喻："夫纸者，阵也；笔者，刀鞘也；墨者，鍪甲也；水砚者，城池也；心意者，将军也；本领者，副将也；结构者，谋略也；扬笔者；吉凶也；出入者，号令也；屈折者，杀戮也。夫欲书者先乾研墨，凝神静思，预想字形大小，偃仰平直，震动令筋脉相连，意在笔前，然后作字。若平直相似，状如算子，上下方整，前后齐平，此不是书，但得其点画尔。"（《法书要录·王右军题卫夫人笔阵图后》）南齐书法家王僧虔则提出："书之妙道，神采为上，形质次之，兼之者方可绍于古人。以斯言之，岂易多得。"（《书法钩玄》卷一《王僧虔笔意赞》）南朝梁武帝萧衍，对东汉蔡邕以及魏晋南北朝的重要书法家都有点评。他以人体的肥瘦、骨力的有无为喻评论书家之优劣，认为字体"浓纤有方，肥瘦相和，骨力相称"才有生气。他说，"蔡邕书骨气通达，爽爽如有神力"，"王右军书字势雄强，如龙跳天门，虎卧凤阁"，"索靖书如飘风忽举，鸷鸟乍飞"，"钟繇书如云鹤游天，群鸿戏海，行间茂密，实亦难过"，"王子敬书如河朔少年，皆充悦，举体沓拖，而不可耐"，"羊欣书似婢作夫人，不堪位置，举止羞涩，终不似真"，等等，有褒有贬，都用"生生"之象作喻，很生动。

（二）从"心正气和"到"肃然危然"

唐代，书法艺术与诗歌一样发展、繁荣，并登上了历史的高峰。最高统治者唐太宗对书法艺术的重视、提倡，激发了人们对书法艺术的兴趣，无论是书法艺术的创作，还是书法理论的研究，都得到了超前的发展。唐人论书法，一方面继承了魏晋人标举"骨力"，创作要"意在笔前"的理念，并作出进一步的具体发挥；同时，对于书法艺术发展的历史源流，创作技巧，审美特征以及对历代作品品评等，都有较系统的论述，做出了新的建树，与前人相比，进步是明显的。

唐太宗曾谈到临摹古人之书的体会是：不学其表面的"形势"，而追求其内在的"骨力"；"骨力"有了，"形势"也遂之自生。他尖锐地批评那种无"骨"无"筋"无"丈夫气"的作品，提倡"劲健"而"圆润"的风格，最推崇王羲之。他说："详察古今，研精篆素，尽善尽美，其惟王逸少乎！观其点曳之工，裁成之妙，烟霏露结，状若断而还连，凤翥龙蟠，势如斜而反直。玩之不觉为倦，览之莫识其端，心慕手追，此人而已。其余区区之类，何足论哉！"[①] 唐太宗认为，书法创作必须端正心态。他的《笔法论》开篇云："初书之时，收视反听，绝虑怡神，心正气和，则契于元妙。"《指法论》说："夫心合于气，气合于心。神心之用也，心必静而后已矣。"《笔意论》说："必使心忘于笔，手忘于书，心手遗情，书不妄想。要在求之不见，考之即彰。"也就是说，心神手笔已融为一体，随着情感的流动自然而然地表现，正所谓："心与神会，同乎自然，不知所以然而然矣。"[②] 在《笔髓论·契妙》中曰："欲书之时，当收视反听，绝虑凝神，心正气和，则契于妙。心神不

---

① 《唐太宗集》，陕西人民出版社 1986 年版，第 197 页。
② 《笔法论》《指法论》《笔意论》均见《唐太宗集》，陕西人民出版社 1986 年版。

正，书则欹斜；志气不和，字则颠仆。其道同鲁庙之器，虚则欹，满则覆，中则正，正者，冲和之谓也。"（《全唐文》卷一三八）

书法家孙过庭完全继承了唐太宗的中和之美的观点，认为追求中和之美，必须具有"志气和平"不激不厉的心态。为此，他提出创作要做到"五合"，切记"五乖"。"五合"是："神恬务闲，一合也；感惠徇知，二合也；时和毛润，三合也；纸墨相发，四合也；偶然欲书，五合也。心遽体留，一乖也；意违势屈，二乖也；风燥日炎，三乖也；纸墨不称，四乖也；情怠手阑，五乖也。乖和之际，优劣互差。得时不如得器，得器不如得志。"总之，"合则流媚，乖则雕疏。"是"合"是"乖"，是美是丑，主要决定于三个方面：一是心志；二是用具；三是时机，且前者重于后者。

初唐至中唐，审美观念发生明显的变化。表现在书法艺术上，主要是被唐太宗所推崇为"尽善尽美"的王羲之，其最高的楷模地位逐渐下降，人们开始批评他的缺点与局限；初唐人所追求的中和之美，逐渐被狂放无羁的自由境界所取代。人们不再以中和平正"圆丰妍美"为艺术的最高境界，而是以自由挥洒的狂放风格为最美。也就是说，人们不再推崇真行之体，而是推崇草书。书法家张怀瓘认为，"逸少草有女郎材，无丈夫气，不足贵也！""逸少则格律非高，功夫又少；虽圆丰妍美，乃乏神气，无戈戟铦锐可畏，无物象生动可奇，是以劣于诸子。得重名者，以真行故也。"（《法书要录》卷四《张怀瓘议书》）对于草书的妙处，张怀瓘描写道：

然草与真有异，真则字终意亦终，草则行尽势未尽。或烟收雾合，或电激星流；以风骨为体，以变化为用。有类云霞聚散，触遇成形；龙虎威神，飞动增势。岩谷相倾于峻险，山水各务于高深；囊括万殊，裁成一相。或寄以骋纵横之志，或托以散郁结之怀；虽至贵不能抑其高，虽妙算不能量其力。是以无为而用，同自然之功；物类其形，得造化之理。皆不知其然也。可以心契，不可以言宣。观之者似入庙见神，如窥谷无底；俯猛兽之牙爪，逼利剑之锋芒，肃然危然，方知草之微妙也。

（《法书要录》卷四《张怀瓘议书》）

张怀瓘继承卫夫人的观点，以"肉""筋"等生命器官论述书法之优劣。他说："夫马筋多肉少为上，肉多筋少为下，书亦如之。今之书，人或得肉多筋少之法，熏莸同器，十年不分，宁知不有藏其知能，混其体法，雷同赏遇，或使之然。至如马之群行，骥子不出其外，列拖衔策，方知逸足，含识之物，皆欲骨肉相称，神貌洽然。若筋骨不任其脂肉，在马为驽骀，在人为肉疾，在书为墨猪。"（《书法钩玄》卷二《张怀瓘评书》）张怀瓘还从审美的角度论述书艺之鉴赏，认为"状貌显而易明，风神隐而难辨"，因而要"心追目极"，"冥心玄照，闭目深视"。这就告诉我们，鉴赏书法艺术，不能只是用眼睛观照，更要由"灵台"冥思神会，把心灵的洞观与感知体验连接起来，才能把握书法艺术的"神气"。因为书法艺术的真精神"可以心契，非可言宣"（《法书要录》卷四《张怀瓘文字论》）。唐代书法理论家都是书法家，有创作经验，又有深刻的审美体验，从孙过庭、张怀瓘的论说中可以明显看到这一特点。

（三）"乐心"与"尚意"

唐代是书法艺术发展的历史高峰。唐之后的宋代书法虽不及高峰，却是新峰，仍然具有唐代书法所不及的时代特点。历史过程不是一条线，也不是一条河，更不是一座山，而是上下四方"六合"所涵盖的一切。只有高峰而无群峰拥抱、衬托，高峰也不显得高，更不见其丰美了。书法批评也一样，各个时代都有自己的价值追求。五代书画家荆浩发挥了卫夫人的观点，并对书法上的"骨""肉""筋"作了解释，同时增加了一项"气"。他说：

> 凡笔有四势：谓筋、肉、骨、气。笔绝而不断谓之筋，起伏成实谓之肉，生死刚直谓之骨，迹画不败谓之气。故知墨大质者失其体，色微者败正气，筋死者无肉，迹断者无筋，苟媚者无骨。（《中国画论类编·笔法记》）

荆浩所谓"气"，主要表现在用墨是否匀称得当。用墨过大伤质实，墨色微茫又不见神气。宋代苏东坡云："书必有神、气、骨、肉、血，五者阙一，不为成书也。"（《东坡题跋》）东坡的说法，比卫夫人、荆浩二人增加了"神""血"二项而缺少了"筋"。这也无关紧要。因为这种批评都是"立象以尽意"，是用"生生"之象比兴、譬喻，不是抽象的定义、界说，没有一定的客观尺度、界限，而意出自个体，各有自己的"意象"，并无固定的标准。艺术表现生命精神，也无法确定一个固定的客观格式、标准。唐人视书法艺术为严正的教化，强调书法艺术的文化意义，而宋人多从个体涵养性情方面着眼，认为书艺是一种正业之余的玩好。最有代表性者是欧阳修与苏东坡二人的观点。欧阳修说："有暇即学书，非以求艺之精，直胜劳心于他事耳！以此知不寓心于物者，真所谓至人也；寓于有益者，君子也；寓于伐性汩情者，愚惑之人也。学书不能不劳，独不害情性耳！要得静中之乐者，惟此耳。"（《学书静中至乐说》）他认为，学书不是为了成名成家，而是为了自娱，为了身心健康。如果为了成名成家，不仅得不到快乐，还有可能把身体累坏了。他举例说，有人为了成名成家，为自己立下规定：单日学草书，双日学真书，真书兼行，草书兼楷，十年不倦，当得书名。"然虚名已得而真气耗矣！万事莫不皆然。有以寓其意，不知身之为劳也；有以乐其心，不知物之为累也。然则自古无不有累心之物，而有为物所乐之心。"（《学真草书》）也就是说，如果是为物而乐，而不是为心而乐，那就必然"伐性汩情"，乃至累及生命健康。对此，苏东坡有同样的看法。他说："凡物之可喜，足以悦人而不足以移人者，莫若书与画。然至其留意而不释，则其祸有不可胜言者。钟繇至以此呕血发冢，宋孝武、王僧虔至以此相忌，桓玄之走舸，王涯之复壁，皆宜儿戏害其国、凶其身，此留意之祸也。"（《宝绘堂记》）钟繇、宋孝武、王僧虔、桓玄、王涯五人，都有一个对于书法态度的历史典故，详说起来很麻烦。这里只能概括地说，他们都"留意"于书法之名利，最后伤害了自身。苏东坡所说的"留意"与欧阳修所说的"寓其意"是一个意思，都是指对"物"抱着功利目的态度，而不是抱着"乐心"的审美态度，因此终于祸及身心。"物"对于人是"累心"还是"乐心"，是"祸"还是"福"，取决于人是否抱着审美态度。

（四）从继承到"尊南北朝而卑唐"

明清书法批评与唐宋相比，广度不广深度不深。明代值得一提的是徐渭与董其昌二人。徐渭曰："自执笔至书功，手也；自书致至书丹法，心也。书原，目也。书评，口也。心为上，手次之，目口末矣。余玩古人书旨云：有目蛇斗、若舞剑器、若担夫争道而得者。初不甚解，及观雷太简云听江声而笔法进，然后知向所云蛇斗等，非点画字形，乃是运笔。知此，则孤蓬自振惊沙坐飞，飞鸟出林，惊蛇入草，可一以贯之而无疑矣。惟壁拆路、屋漏痕、拆钗股、印印泥、锥画沙，乃是点画形象。然非妙于手运，亦无从臻此。以此知书，心手尽之矣。"（《徐文长集》卷二十《玄抄类摘序又》）他论真行之美感，也很有独到之处。他说："真行始于动，中以静，终以媚。媚者，盖锋稍溢出，其名曰姿态。锋太藏则媚隐，太正则媚藏而不悦，故大苏宽之以侧笔取妍之说。赵文敏师李北海，净均也。媚则赵胜李，动则李胜赵。夫子建见甄氏而深悦之，媚胜也。后人未见甄氏，读子建赋，无不深悦之者，赋之媚亦胜也。"（《徐文长集》卷二十一《赵文敏墨迹洛神赋》）董其昌评书涉及的范围较广，但多是序跋赞之类的点评，没有系统的理论，观点很零散。他论书强调"用笔"。他说："作书之法，在能收纵，又能攒捉。每一字中，失此两窍，便如昼夜独行，全是魔道矣。"又说："作书须提得笔起，自为起，自为结，不可信笔。后代人作书皆信笔耳。信笔二字最当玩味。吾所云须悬腕，须正锋者，皆为破信笔之病也。"他反复强调："作书须提得笔起，不可信笔。盖信笔则其波画皆无力。提得笔起，则一转一束处，皆有主宰。转束二字，书家妙绝也。"他所说的"主宰"就是"宗旨"，同于前人所说的"意在笔前"的"意"。"提笔时，须定宗旨。若泛泛涂抹，书道不成形象，用笔使人望而知其为某书，不嫌说定法也。"（以上引文均见《画禅室随笔·论用笔》）

清代书论的突出者为包世臣，他著有《艺舟双楫》，专论文与书。他的书论内容主要分三部分：一是总结自己学书的经验；二是考订碑帖，泛论历代书家风格及其优劣；三是评断"国朝书品"，分为神、妙、能、逸、佳五等。他提出以"气"主书之大局，"气得则形体随之"，"无不如志"，"字有骨肉筋血，以气冲之，精神乃出"（《附旌德姚配中仲庆和作》）。他推崇北朝而贬唐，认为"北朝人书，落笔峻而结体庄和，行墨涩而取势排宕"。"北朝字有定法，而出之自在，故多变态。唐人书无定势，而出之矜持，故形刻板"（《历下书谭》）。这一观点完全被康有为所接受。康有为著《广艺舟双楫》一书，进一步发挥"尊南北朝而卑唐"的观点。他说："国朝多言金石，寥论书者。惟泾县包氏（世臣）钊之扬之。今则挐之衍之，凡二十七篇。"对于包氏提出的"尊南北朝而卑唐"的思想，形成推波助澜之势。

五 小说批评

中国的小说发展到元、明时代，已经成熟并取得卓越的成就。艺术实践的发展，艺术批评也必然随着发展，这是历史规律。中国小说的批评是"评点"式的，兴起于明末清初，以金圣叹为代表——他既是"评点"的始创者，又是"评点"成就最高者。在他影响下，有清一代小说评点成风，其中毛宗岗评点《三国演义》，张竹坡评点《金瓶梅》，脂砚斋评点《红楼梦》，都取得杰出的成就。小说评点的体例是这样的：开始是"序"，接着是"读法"。提纲挈领地列出几条、十几条或几十条甚至上百条，作为评点的总纲。每一回的回前或回后有"总评"，抓出几个问题加以议论。每一回中，又有"眉批""夹批"和"旁批"，对于小说的具体描写进行鉴赏和臧否。此外，认为重要或精彩的句子加上"圈点"，以引起读者的注意。这种"评点"，把评论、欣赏、点赞、臧否，形象感染与思想认识融为一体。

金圣叹不仅评点小说、戏曲，还评点《庄子》《离骚》《史记》、杜诗，加上《水浒传》《西厢记》，合称为六才子书。现流传的著作除《第五才子书施耐庵水浒传》与《第六才子书王实甫西厢记》外，还有《金圣叹全集》。

这里只介绍金圣叹对《水浒传》的评点。金圣叹非常重视小说、戏曲的教育作用，尤其对儿童教育，小说、戏曲是必不可少的。他批评有些人不准自己的孩子读小说，只读科考之书，这是束缚儿童"神智"发展的。他认为，艺术的根本特征可用一个字来概括："乐"，诵诗读小说皆"可乐也"。金圣叹是"寓教于乐"的热心倡导者。他认为，小说教育有它独特的优越性。第一，写小说是随心所欲之事，可以虚构，可以夸张，可以形容，与写历史不同。写历史必须服从客观事实的制约，作者是被动的，因而觉得苦。而写小说不仅不感到苦，相反感到快乐。他说："《史记》是以文运事，《水浒》是因文生事。以文运事，是先有事生成如此如此，却要算计一篇文字来，虽是史公高才，也毕竟是吃苦事；因文生事却不然，只是顺着笔性去，削高补低都由我。"（《读第五才子书法》）第二，人们之所以喜爱小说、戏剧，是因为所写的人物都有个性，表现方法多种多样，不同一般，能满足人们的好奇心理。《水浒传》叙述一百单八人，都有个性。"人有其性情，人有其气质，人有其形状，人有其声口。"（《第五才子书序三》）"一样人，便还他一样说话，真是绝奇本事。"而且，表现方法多种多样，能创造出丰富的个性形象。例如描写人物性格粗鲁："便有许多写法，如鲁达粗鲁是性急，史进粗鲁是少年任气，李逵粗鲁是蛮，武松粗鲁是豪杰不受羁勒，阮小七粗鲁是悲愤无说处，焦挺粗鲁是气质不好……"正因如此，《水浒传》才有无限的魅力，是其他书所无法企及的。"别一部书，看过一遍即休，独有《水浒传》，只是看不厌，无非为他把一百八个人性格都写出来。"（以上引文均自《读第五才子书法》）第三，《水浒传》不仅人物性格塑造鲜明生动，而且细节描写细腻真实，令人信服。例如武松打虎一节，金圣叹批道："耐庵何由得知踢虎必踢其眼，又何由得知被人踢便爬起一个泥坑，皆未必然之文，又定必然之事，奇绝妙绝。"（第二十二回批语）第四，故事情节既要合情合理，又要曲折变化，才能引人入胜。他说《西厢记》："文章之妙，无过曲折。诚得百曲千曲万曲，百折千折万折之文，我纵心寻其起尽以自容其间，斯真天下之至乐也。"（《第六才子书》卷三）以上四点，是金圣叹评点《水浒传》《西厢记》的主要思想观点。

这里要特别说明的是，这种思想观点的表达，自然要论理证明，以理服人。但金圣叹的评点不仅如此，还诉之以情感态度，以情感人。例如，他在评点《水浒传》时，在许多回的"眉批""夹批""旁批"发出："令人大哭，令人大叫""使我敬，使我骇，使我哭，使我思""快活""快极"等赞叹。把以理服人与以情感人结合起来，这是撰写论说文很少见的事。还有一点，评点是对小说、戏剧的评论，却没有自己独立存在的形式，而是寓于小说、戏剧的文体之中。他的小说、戏剧批评理论叫作《第五才子书施耐庵水浒传》《第六才子书王实甫西厢记》，就是证明。

结论：感性与理性的真实关系
——美感论及艺术批评之中西比较

中国艺术批评的主要概念，文学是文与质，绘画是形与神，诗歌是景与情，书法是笔与意，都是围绕人的主观心灵与客观表现的本质关系进行论述，都和人的生命活动密切相连。若说中国艺术批评的统一标准，这个标准却不是道德政治概念，而是生命之象，也就是对各种生命活动所描述的感性形象，以此生命之象描绘的如何，判断作品之优劣。同时，艺术批评，并非单纯地解说、评论，还有欣赏、记事、杂谈与情感判断等。因此中国的艺术批评，是感性与理性结合为一体的。不同于西方那种"纯粹理性"的抽象论证与逻辑体系建构。

（一）中国古代美感论不排斥生理快感

中国古代的美感论不是理性主义的，而是生命整体论的，是理性与感性融和为一体，因此不排斥生理快感。

康德认为"人是理性的动物"，言外之意，人的感性与动物性没什么区别。他分析美感的构成与性能，既排斥人的生理快感，又不包容道德快感；

对于人的五官感觉，认为只有听觉、视觉属于审美感官，嗅觉、味觉、触觉不能与美感活动沾边，使美感成为纯而又纯的"精神愉悦"。这样的结论，并不是在事实、经验基础上总结出来的，而是为了满足理性主义美学的理论需要，一厢情愿地炮制出来的。中国古代美学与之相反，认为美感的产生不是纯粹的心理根源，作为美感的根源，心理与生理密不可分；作为精神快乐，美感快乐与官能快乐、道德快乐是融为一体的，"精神愉悦"是这种综合快乐基础——生命的升华，而不是挖掉这个"基础"。中国艺术批评从人的生命论出发，认为感性与理性不能截然分开，因此理性不是嫌弃感性、排斥感性，而是提升感性，使之与理性一致。中国古代没有理性与感性概念，与之相近是理与欲相对待。理就是人的理性或理智，欲就是人的情欲。从儒家的《乐记》与荀子的《乐论》《礼论》开始，美感论都是生理感官与心理感官相提并论。《乐记·乐象篇》载："使耳目鼻口心知百体，皆由顺正以行其义。"人的禀性是由血肉之躯与心灵精神共同形成的，艺术活动是人的整个生命活动，不只是单纯的意识活动。因此生理快感、道德快感与精神愉悦是密不可分的。荀子在《礼论》中提出，礼教主要是"养"；而"养"是"养耳""养眼""养鼻""养口""养体"与"养心"相提并论。荀子认为，解决理与欲的矛盾，不是以理压制欲、排斥欲，而是由美来"养"欲。所谓"养"欲，就是视情欲是天然合理的，应给予一定的满足，然后节制情欲"淫"的一面。节制不是禁止，而是引导调节，使情欲在合理的限度内。礼乐相济的教化，就是"养"的举措。礼乐教化的具体实施，就是把外在的"礼法"藻饰以美感形式并结合艺术活动进行教育，实际是美感－艺术教育，把外在的"礼法"转化为个体生命的内在需要，经过潜移默化的过程而养成一种敬礼守法的心性习惯。在这种转化过程中，理性脱掉抽象形式，渗透于以美感形式显现的生命活动中与感性和谐一致并提升感性。朱良志说："中国美学在谈审美快感时总是把它和'味'联系在一起。味为五觉之一，属于一种生理体验。味有多种，以甘为主，所谓甘味、美味。先秦时代，就以'口好味'（《荀子·王霸》）作为高级的感官享受，味是口舌快感，又是一种微妙的可以持续一定心理时间的体验，其感无迹，其味悠长。古代美学正是从这种现实的生理体验出发，来探讨审美的心理快感。"① 西方现代美学分析美感现象，并不是从生命活动的实际出发，而是主观的想当然，故意抽掉艺术审美活动的根本——生命个体，认为审美观照主体不是感性的生命个体，而是无生命的抽象的"认识主体"，客体对象也不是具体对象而是普遍的"理式"。叔本华说："我们已经发现在审美的观照状态中有两个不可分离的成分：对象的认识，这对象不是作为个别的事物，而是作为柏拉图的理式，亦即这整类事物的永远不变的形式；其次是认识者的自觉，认识者不是作为个别的人，而是作为纯粹无意志的认识主体。"② 对象是"永远不变的形式"，主体是"认识主体"即理性的抽象主体。如此僵死的形式对象，抽象的"认识主体"，怎么产生席勒所说的"活的形象"？黑格尔所说的"艺术生命"？把艺术生命活动中的生理快感、道德快感与美感的联系完全割断，因而美感成为纯而又纯的精神愉悦，此乃是叔本华等人的主观想当然，并非美感的真实。

（二）中国艺术批评方法是理性与感性相结合

中国古代艺术批评是生命整体论的方法，既有欣赏、体验与情感判断，又有评论、推理与概念判断，不是纯粹的理论抽象与逻辑体系。这种批评生动，活泼，画龙点睛，但思想观点松散、随意，缺乏严密的逻辑体系。这是中国艺术批评不同于西方艺术批评的突出特点——长处与短处都包含在这种"特点"之中。

中西方艺术批评的这种不同，是其哲学理论基础不同造成的。西方哲学是"纯粹理性"，是抽象思辨，哲学研究的最终目的是概念、结论与逻辑体系。因而排斥感性具体，感性与理性对立。中国先秦生命哲学是整体论哲学，以直觉的观照、感知、体验来把握世界，是感性认识与理性认识结合为一体的。中国先秦生命哲学的表达方法，是思辨与寓言、抽象与具象、说理与表

---

① 朱良志：《中国艺术的生命精神》，安徽教育出版社 1995 年版，第 405 页。
② 《西方美学家论美和美感》，商务印书馆 1980 年版，第 225 页。

情经常结合、互用，不以抽象的理为尚，而以既合理又合情为最高境界。这种思想方法，直接影响艺术的理论建构。中国最有系统性的艺术理论著作《文心雕龙》，不是纯粹的抽象逻辑体系，而是理性与感性融合互补，抽象与具象并驾齐驱，情理并茂，气势充沛，读起来音调铿锵，韵味十足，如同朗读一篇艺术散文。首先，《文心雕龙》批评的对象是文学，是中国古代的文学，包括文史哲理、政论奏议等在内，既有文学艺术，又有哲学历史，形象创造与理论建构并存一体，不同于现代从西方引进的"文学"概念。其次，它与现代的文学批评也有相同之处，那就是从审美的角度进行批评，要求不管是艺术之文还是理论之文都要语言有文采、韵律，篇章结构优美讲究气势，既说理又含情，情理融和，使人阅读而产生美感。《文心雕龙》有《神思》《夸饰》《情采》《比兴》《风骨》《丽词》《声律》等篇目，都是论文学的审美要求。不管是文学艺术还是哲学、历史、政论、日用文章，都应该具有审美价值。

当然，普遍的审美要求，对于论理之文与历史之文不尽适用，是很明显的。《文心雕龙》的《神思》《夸饰》《隐秀》等篇，对于艺术是非常必要的，然而对于论理之文、历史之文却不适用。写历史要以事实及其过程为依据，必须写真实，而不能虚构、夸张与想象；论理要以实证为根据，道理正确与否，要接受实践的检验，也不允许虚构、夸张与想象。《神思》《夸饰》不符合历史、论理之文的要求是很明显的。《文心雕龙·隐秀》篇云："夫心术之动远矣，文情之变深矣，源奥而派生，根盛而颖峻，是以文之英蕤，有秀有隐。隐也者，文外之重旨者也；秀也者，篇中之独拔者也。隐以复义为工，秀以卓绝为巧，斯乃旧章之懿旨，才情之嘉会也。夫隐之为体，义主文外，秘响旁通，伏采潜发，譬爻象变互体，川渎之韫珠玉也。故互体变爻，而化成四象；珠玉潜水，而澜表方圆。""隐"即"含蓄"，好文章要"余味曲包"。受这一思想影响，中国古代即使是纯粹的论理之文，常常也是"点到为止"，有结论而不见分析、阐释、推导、论证，缺少应有的逻辑环节。这种缺少逻辑环节，是为求"隐秀"之必然。正如晚清经学家刘熙载在他的艺术批评著作《艺概》自序中所说：他的书为什么称"概"？"举此以概乎彼，举少以概乎多"，"以明指要"，不屑于"殚尽无余"；"盖得其大意，则小缺为无伤，且触类引申，安知显缺者非即隐备者哉！"因为"含蓄"，才能言有尽而意无穷，给读者留有想象、领会、体味的余地。这对艺术欣赏，的确是一大优点。但是对于论理之文，"含蓄"也常常使人的理解产生多义、歧义，这又是论文所不情愿得到的结果。

　　总之，受先秦生命哲学的整体论的把握方式与"立象以尽意"的表现方法的影响，中国古代艺术理论不是纯粹的抽象理论和逻辑体系，而是抽象理性与具体感性相结合，理性中有感性，感性中有理性，批评中有论证、推理，又有欣赏、体验、情感、赞叹等。小说与戏曲批评理论，甚至没有自己的独立体式、形式，而是夹杂在艺术作品之中。例如，金圣叹的小说评论叫作《第五才子书施耐庵水浒传》，戏曲批评叫作《第六大才子书王实甫西厢记》，顾名思义，这无论如何是"思"不出真"义"的！中国艺术批评与西方艺术批评最明显的不同在于，不是纯粹理论理性，极缺乏逻辑形式建构。但读起来生动感、趣味感比较强，引人入胜。孰是孰非，中西方的艺术批评难以做出绝对的判断。

第七章　人生理想与礼乐相济的教育传统

中华民族的人生理想，是古代礼乐相济的教育思想培养出来的，是对礼乐相济的教育传统坚持、发展的结果。礼乐教化，使中华民族很早就抛弃了对神话、宗教的迷信与依赖，而培养属于人类自己的人文精神，走自己的人生之路，信仰自己的人生理想。

理想是人的一种思维构想，是对现实社会人生缺陷的弥补美化。理想属于哲学价值观，是人的意志、情感所追求的最高鹄的。通达这个最高鹄的，靠科学技术，靠物质生产实践是达不到的，只能靠人的思维想象的创构，靠直觉的精神观照与生命体验。理想，不是经验对象，而是信仰对象。理想属于人文学而非科学，一种文化理想是文化精神所追求的最高境界。文化是民族创造的，不同的民族文化，具有不同的理想追求。大而言之，西方的文化理想是宗教的，其最高境界是在上帝神灵居住的"天堂"那里，是在人生世界的"彼岸"或死后的"来世"。中国的文化理想是人生理想。人生理想是在人类的生命活动（机体活动与精神活动两个方面）范围之内，不同于宗教理想，不追求人的生命活动之外的空幻世界。人生理想，来自现实人生又超越现实人生，是一种完美的人生精神家园，人的生命活动可以直接观照它、体验它，因为它是一种真实的精神境界。

中国艺术，从古至今的发展也不断地受神话、宗教的影响，甚至在某些历史阶段宗教艺术很发达，如南北朝与隋唐时代的佛教艺术。但主流仍是人生艺术，并且随着历史的前进，宗教艺术也逐渐被中国艺术的人文主义倾向所淹没。中国艺术的人文倾向，根源于中国文化的基本精神，也是儒道互补的思想传统在艺术领域中的突出表现。中国艺术生命思想，主要来源于春秋生命哲学及其主要继承者儒家思想。但中国艺术生命的思想来源又不是独此一家，别无分店。儒家思想在艺术领域一直受到道家思想的制约与补充，并且不断地吸收周边少数民族国家的艺术经验与方法，因而才使中国艺术思想没有走向极端，没有走向死胡同，而是不断地发展，不断地走向正确道路。中国的艺术思想很开放，不仅儒道互补，不仅学习近邻，更从遥远的域外民族国家吸收异质因素以发展自己。最突出的例子是吸收印度佛教思想与西方艺术思想，经过批判地选择、吸收与消化而发展自己的艺术及其理论。

一　中国文化的基本精神及其人生理想

有人认为，"文明""文化"两词，都是从西方移译过来的。这种说法值得商榷。"文明"概念在《周易》及《易传》中多次出现，实际运用也不罕见。至于"文化"概念，汉代已经形成了。刘向说："圣人之治天下也，先文德而后武力。凡武力之兴，为不服也，文化不改，然后加诛。"（《说苑·指武》）"文化"一词，主要含义是文治教化。中国古代文化概念与西方现代文化概念，都是文明教化之义。经过现代文化交流汇通，使产生中西方两地的两个概念不谋而合。所以不能说中国的文化概念是从西方移植过来的，而无视中国文化概念早已存在的历史事实。

文化是什么，说法多种多样，至今没有统一的定义。现在流行的说法，主要有物质文化、精神文化、非物质文化三种。这种区分都不是性能的、本质的，而是从文化载体、表现形态的不同所做的分类。以物质实体为载体的称为物质文化，如机器、器物、工具、各种物质装备等；所谓"物质文化"中的"物质"是文化的产品或文化的载体，而不是文化本身。以人的生命活动的现实行为表现为载体的，称为非物质文化，如生产技术活动、工艺美术活动、审美活动及艺术表演等；"以人的生命活动"为载体的文化，为什么不称"物质文化"而称"非物质文化"？因为人的生命从本质上说是精神而不同于物质。以某种客观的物质形式为载体的，如书本、艺术作品、各种符号等，称为精神文化。物质形体之所以能与文化联系在一起，因为它是人造的，它的性能表现出人的精神力量。人的生命活动是在生命意识引导下进行的，必然表现出一种生命精神，将人的这种生命精神通过物质形式转化为客观存在就是文化。文化的本质是精神性的，但其表现必须以有形的物质（如形体、形式等）为媒介。所以，研究文化主要是研究人类的意识、思想、观念、精神，研究人类是怎样认识与利用、改造自然，在利用、改造自然过程中同时也改造自己，改造社会。文化是人与自然、社会以及人与人之间相联系的纽带。

文化是民族创造的，是民族精神的表现。中国文化是以汉族为主体的中华民族创造的，是讲"和"的文化，讲"人道"的文化，讲"自律"与"天下为公"的文化。这就是中国文化的基本精神。

（一）天人合一，乐天精神

中国文化的乐天精神，来自于"天人合一"的哲学世界观。"天人合一"的"一"在哪里？如何达到"一"？从先秦生命哲学可知，"天人合一"，不是"一"在人生方面，而是"一"在天地自然方面。因为天地自然是自在的，是人生的根源。天地自然的运动变化，具有不可违抗的规律性，"天命"就是如此。人之为人从根本上说都是由"天命"决定的，因此要达到"天人合一"境界，需要靠人的能动性去顺从去适应自然的必然性。道家之所以提倡"自然无为"，正是因为"自然无为"才是通向"天人合一"的途径。庄子提出"以天和天"，人要"和天"，就要遵循自然规律。但如何遵循自然规律做到"以天和天"，却存在着两种完全相反的理解与态度。一是道家以"无为"的态度去"和天"，完全听从自然的摆布，这是消极、被动的态度。这种

"以天和天"与动物的生命活动没有什么区别。与此相反，是儒家的"有为"态度，是积极、主动地去"和天"。荀子说："大天而思之，孰与物畜而制之！从天而颂之，孰与制天命而用之！望时而待之，孰与应时而使之！"（《荀子·天论》）也就是说，人对于自然不能只是被动地顺从，还要主动地进取，按照自然规律主动进取。也就是在不违背自然规律的条件下利用自然、改造自然，发挥自然的巨大潜力，以发展自己。因此，不能像道家那样完全"自然无为"，还需要人的"有为"；"有为"才能认识自然，改造自然，从而创造"第二自然"，为人生谋利益。中国哲学的"天人合一"理念，是儒道互补（无为与有为互补）的产物；儒道互补才能达到自然合目的与人生目的的一致。由此也说明，儒道互补的"天人合一"精神是"自他两利"的，完全符合自然生态平衡与人生可持续发展。"天人合一"的哲学理念告诉我们，处理人与自然的关系必须采取天人两利的原则。人对自然不能敌视，不能自私利己，不能一味地向自然索取，而不想想应该向自然给予、奉献什么。中国古代文化是一种生态文化，也是中国文化历史悠久从未中断的根本原因。一向鄙视中国文化的西方哲人们，到了 20 世纪后现代主义兴起，由于面临世界生态失衡现状而发现中国古代"天人合一"理念的价值，因而屈尊向中国古代的老子、孔子、庄子等取经学习，"天人合一"思想成为他们批判现代人类中心主义的思想资源与理论根据。

中国人的乐天精神是来自于"天人合一"思想。所谓"乐天"，就是以天为乐，以遵循自然秩序为乐。"自然秩序"就是古代生命哲学所说的"天命"。"乐天知命"，就是以认识天命因而顺从天命为快乐。这就中国人的乐天精神。先秦生命哲学认为，天地人"三才"本是一体同命运的。天地自然是人类的根源，是人生的依靠。天地自然是永恒的，因此人类才能子子孙孙无限传承下去。乐天精神是一种朴素的生命精神，因为人的生命是父母给的，而归根结底生命是来自天地自然，因而对天地自然便像对待父母一样产生一种敬爱感恩之亲情，因敬爱而激动，因感恩而欢乐。同时，从社会人生方面说，有了"天人合一"，才有人间的长治久安，安居乐业，才有人生的幸福欢乐，这便是乐天精神的实质所在。"天人合一"，是中国文学艺术创作的重要理念。中国文学艺术服务于人的生命健康需要，服务于人伦社会关系和谐的需要，服务于人身自由快乐的需要。中国文学艺术以中和之美为理想，追求圆满完美，表现乐天精神。

（二）内向务实，人文精神

中国文化的学术思想奠基于先秦时代，其学术研究的历史背景就是五帝三王的传说与历史。这是一个真实的可观可感的人生世界，吸引着学术研究的目光"务实"而不是"务虚"。"务实"的文化，所观照、思考的是现实存在与发展的远景，而首先是自己的生命从何而来，又去向何方。人的生命应该如何"生活"、成长：如何处理人的生命与其所依赖的社会环境、自然环境，如何进行文明教育，使社会统一秩序；如何进行生产劳动，使生活幸福，安居乐业；如何防灾治病，趋利避害、逢凶化吉，使民人安康。从五帝三王时代的治国养民一直到先秦生命哲学，中国古代文化的眼光与思虑，正是集中在人的生命之生养、情欲、德性、人格，以及人的生命活动与社会现实、与天地自然的关系，人生之外的虚幻鬼神世界存而不问。说明中国文化活动于人生世界之内，因而是内向型的。与内向型密切关联，是中国文化的人文倾向突出，注重研究人自身如何修养，如何做人，具有自律精神。先秦生命哲学的养生论、情欲论、道德论、价值论以及艺术中的抒情诗、山水画、语言修辞等很发达，且起步较早。中国古代也有科学，如四大发明都在西方之先。但中国古代的科学以实用为满足，停留在技术、知识层面，对于技术、知识后面与实用距离尚远的奥秘之理，缺乏进一步思考、探究。对于人生世界之外的鬼神世界与天地自然的玄妙奥秘，则搁置不论或浅尝辄止。我们所说的中国文化是"内向型"的，与某些人所说的中国文化是"内向型"等同于"保守型"的含义完全不同。中国文化不仅不保守，反而很开放，善于吸收其他民族的异质文化以发展自己，也很愿意输出自己的先进文化，以同化其他民族，达到共同前进的目的。中国几千年的文明发展史已经证明了这一点。中国文化如若封闭保守，没有异质因素加入，没有新鲜血液流淌，文化传统早就该中断了，岂能从古一直发展到今，如此"长生不老"！

欧洲文化的学术思想奠基于古希腊，其学术研究的历史背景是一个由神话（所谓"史诗"）所展现的众神争斗的世界。这个众神争斗的世界，吸引着古希腊人的学术眼光指向人生世界之外的虚幻世界。以古希腊文化为出发点的欧洲文化，其发展方向不是指向真实的人生世界，而是指向一个未知世界。一是受柏拉图的影响而有神学，指向宗教；二是受亚里士多德的影响而有科学，指向宇宙自然的奥秘。二者皆是指向人生之外，是外向型的，与中国文化的走向不同。钱穆在《中国文化史导论》中用赛跑作譬喻说，中国文化传统是一个人跑在辽阔的大地上，从古跑到今。这个文化主体一直是以汉族为主导的中华民族，传播、影响的方式，是随着时间的延续而扩大、久远。欧洲文化传统则是多人接力赛跑，第一棒是希腊人，接着是罗马人，然后是北方野蛮民族日耳曼人，现代是法国人、英国人、德国人。传播、影响的方式从一点扩展到四方，希腊时期是从雅典扩展到各城邦，罗马帝国则从罗马城扩展到四方，现代是从巴黎、伦敦、柏林向各自的四周发生影响。这种传播方式是后者（新兴民族）推翻或消灭前者（原先民族），利用与改造原有的文化。欧洲文化的眼光一直向外，指向玄虚，"追求无限"，"无限追求"（宗白华语），不断地向外扩张。这是欧洲文化富于侵略、掠夺、占有、称霸的历史与思想根源。

中国文化精神，虽也"追求无限"，却不是"无限追求"。中国艺术最能表现中国文化的这种精神。宗白华说："中国人于有限中见到无限，又于无限中回到有限。他的意趣不是一往不返的，而是回旋往复的。"而西洋人的文化精神则完全不同："西洋人站在固定地点，又在固定角度透视深空，他的视线失落于无穷，驰于无极。他对这无穷空间是追寻的、控制的、冒险的、探索的。"[①] 中国文化，对处理民族之间、国家之间的关系，不主张征服、扩张、侵略，而是"己所不欲，勿施于人"，是和睦相处，友好往来，互利双赢、融

---

① 宗白华：《美学散步》，上海人民出版社 1981 年版，第 95、94 页。

通共进。这种文化精神，是中华民族发展、壮大的根本动力。中华民族大家庭从古至今，是融合多少个民族形成的，恐怕谁也说不清楚。但以汉族为主导的中华民族从古至今滚雪球式的发展、壮大的四五千年漫长过程，却是一部清晰、真实的人文历史。中华民族是以汉族及汉族文化为主体，不断地吸收、融合、同化他周边的少数氏族、部族、民族而发展起来的。汉族形成之初，居住在"中国"，地盘很小，族群规模与今天不成比例。主要通过通婚、贸易、文化交流、友好往来等，才扩大到今天这样宏伟壮观的世界最伟大的民族。这是中国文化"同化力"促成的结果，是战争征服所达不到的。钱穆说："中国人始终不肯向富强路上作漫无目的而又无所底止的追求。若论武力扩张，依照唐代国力，正可尽量向外伸展。但即在唐太宗时，一般观念已对向外作战表示怀疑与厌倦。中国人对国际，只愿有一种防御性的武装。唐代虽武力赫奕，声威远播，但中国人的和平头脑始终清醒。在唐代人的诗里，歌咏著战争之残暴与不人道的，真是到处皆是，举不胜举。"① 钱先生的论述是有历史根据的，也很有说服力。中国文化历来反对以强凌弱、以众暴寡，所以中华民族从不以人多势众、武力强大去欺负别人，反而常常被少数民族或小国欺负、压迫。

（三）人道观念，和平精神

人道观念，是中国文化的核心观念。这种观念认为，人与人之间应是仁义、诚信、忠恕、爱敬，是和谐相处、四海一家。这是中国文化的灵魂。人道观念与"和实生物"的生命理念，是一脉相承的。古圣先贤很早就认识到，人与人之间，人（个体）与社会之间，人与自然之间，其关系必须和谐一致，而不是敌对相残，才能使生命生长、发育、壮大。因此，人与人之间实行人道观念，互相关爱，和平共处。钱穆说："中国文化是一种现实人生的和平文化，这一种文化的主要源泉，便是中国民族从古相传一种极深厚的人道观念。"他所说的"人道观念"，并不指消极性的"怜悯与饶恕"之类，而是指

---

① 钱穆：《中国文化史导论》，商务印书馆 1994 年版，第 163 页。

其积极方面，如孔子所说的"忠恕"与孟子所说的"爱敬"。这种观念主张："人与人之间，全以诚挚恳悫的忠恕与爱敬相待，这才是真正的人道。"钱穆认为，从实践方面说，人道观念是来自上古三代的家族观念。中国的家族观念更有一个特征，就是"父子观"之重要性远超过"夫妻观"。因为父母子女，乃是自然生命之绵延。短生命融于长生命，家族传袭，"几乎是中国人的宗教安慰"。"夏朝王统是父子相传的，商朝王统是兄弟相及的。父子相传便是后世之所谓'孝'，兄弟相及便是后世之所谓'弟'。孝是时间性的'人道之直通'，弟是空间性的'人道之横通'。孝弟之心便是人道之'核心'，可以从此推扩直通百世，横通万物。中国人这种内心精神，早已由夏、商时代萌育胚胎了。"① 由于人道观念的加强，原始宗教观念、民族观念逐渐淡薄。中国民族之间、教派之间，界限不像西方世界那样严格。不同民族、不同教派，可以杂居、通婚、融合，没有西方那种民族冲突与宗教战争。钱穆说："《诗经》和《左传》，大体是西周下及东周与春秋时代的，我们由此可以上推夏、商时代。他们应该早有像《诗经》里的家族情感与家族道德，那种人与人之间的忠诚恻怛，温柔敦厚。这便是中国民族人道观念之胚胎，这便是中国现实人生和平文化之真源。"② 又说："我所说的中国传统和平文化，决不是一种漫无目的，又漫无底止的富强追求，即所谓权力意志与向外征服；又不是一种醉生梦死，偷安姑息，无文化理想的鸡豕生活；也不是消极悲观，梦想天国，脱离现实的宗教生活。中国人理想中的和平文化，实是一种'富有哲理的人生之享受'。深言之，应说是富有哲理的'人生体味'。那一种深含哲理的人生享受与体味，在实际人生上的表达，最先是在政治社会一切制度方面，更进则在文学艺术一切创作方面。"③

以汉族为主体的中华民族创造的"和平文化"，具有悠久的生命活力。首先，汉民族依靠自己所创造的"和平文化"生存、繁衍、成长、壮大。汉民

---

① 钱穆：《中国文化史导论》，商务印书馆 1994 年版，第 50—51 页。
② 同上书，第 54 页。
③ 同上书，第 164 页。

族的人生道路虽曲折、艰难、漫长，却是可持续发展的，不断壮大的，从而创了世界上最悠久的民族历史。其次，汉族依靠自己的"和平文化"吸引、融合、同化了其他民族而成为自己一族的成员，既壮大了汉族的队伍，为汉族的发展不断地提供新鲜血液，又提携了文化上的后进民族走向先进。汉族的血缘早已不是单一的，而是多缘的；不是"同"，而是"和"。最后，要说这种文化的缺陷，就是自我保护精神不足，只反对众暴寡、强凌弱，无视寡暴众、小凌大的一面。汉民族的"和平文化"讲"和"，讲"人道"，总有一些人（包括汉族的邻居少数民族）不听你这一套，专用野蛮、强暴来破坏你的"和平"与"人道"，因而汉民族在古代地缘历史上多次吃了大亏。尤其是最近一二百年来，西方列强抓住中华民族"和平文化"的弱点，用野蛮的战争征服、屠杀中国人民，借贸易、贩毒进行掠夺，使中华民族多次遭受欺凌、屈辱，都是以寡暴众、以小凌大，是野蛮文化破坏"和平文化"，野蛮民族压迫坚守人道的汉民族。这是值得认真思考的。

中国文化与欧洲文化相比较论贡献，科学技术方面自愧不如，差距很大，而在人文精神、和平精神方面，其贡献不仅过之，而且对欧洲文化不人道的方面具有批判、遏制的力量。西方现代也讲人道，即法国大革命提出的"人道主义"，标榜自由、平等、博爱。但这些口号被欧洲统治者接过去就变成是说给他人听的美丽词句，是要求他人对我实行人道而我仍在反人道。"人道主义"产生于现代欧洲，可是现代世界最不人道的事情都根源于欧洲。发动战争，残杀无辜，凭借武力霸占港口、侵占他族国土、强行贸易、贩毒、掠夺，无恶不作；凭借先进技术武器向外扩张，侵略亚洲、非洲、美洲、大洋洲，霸占殖民地，屠杀土著人民，建立"日不落帝国"，所犯的反人类罪，罄竹难书。在20世纪的前50年，从欧洲接连发动两次世界大战，战争灾难殃及整个世界，屠杀无辜生命的残忍手段与规模乃是人类历史之最。更可恨的是，直到今天，欧美的统治者不反省自己的罪恶历史，继续搞扩张、侵略、掠夺，干涉他国内政，随意轰炸他国领土人民，继续走着反人道、反和平的霸权主义行径。

中国文化不是孤立存在的，而是处于世界各种"文明冲突"之中。虽然讲"自律"，讲"生态平衡"，追求"和"的境界，具有普世的人类价值，但世界上还存在着与中国文化的价值取向正相反对的文化，因此中国的"和平文化"必须加强实力精神，增强自我保护意识，具有反制各种敌视中国"和平文化"的强大力量。

（四）游乐人生，审美精神

很多人认为，中国文化是"重实际""乐感"的，这种看法是有历史根据的。但是，中国文化所看重的"实际"在哪里？而"乐感"又是一种什么境界？"重实际"与"乐感"的思想之源何在？对于这些问题，需要进一步思考、分析与论证。

中国文化观所注重的"实际"或"实用"，并不是物质生产与物质生活实际，并不是官能欲望所追求的实际，而是社会人伦道德政治的实际。道家不关心现实的社会人伦道德政治实际，而是要超越这种实际去追求山林中的悠闲生活，至于社会的物质生产与物质生活更不在其视野之内。墨法二家是政治与功利主义并重，但对中国文化精神的发展影响不大，可以略去不谈。中国文化"重实际"的思想倾向主要是来自儒家。儒家重视道德政治与人伦情感生活，是很突出的。儒家所谓"知行合一"，并不是理论与社会劳动生产实践的合一，而是人的道德意志与践履行为的合一。孟子说："仁之实，事亲是也；义之实，从兄是也，智之实，知斯二者弗去是也；礼之实，节文斯二者是也；乐之实，乐斯二者，乐则生矣；生则恶可已也，恶可已，则不知足之蹈之手之舞之。"（《孟子·离娄》）孟子所说的"实"际，就是"事亲""从兄"与礼乐教化，而不是种地、做工、经商。孟子以尽心尽性于道德义务为自慰，为快乐，也是中国文化"重实际""乐感"的表现之一。他说："君子有三乐，而王天下不与存焉。父母俱存，兄弟无故，一乐也；仰不愧于天，俯不怍于人，二乐也；得天下英才而教育之，三乐也。"（《孟子·尽心》）可见孟子的志向，不是发家致富、称王称霸，而是育人——修身、齐家、治国、平天下，这就是儒家所最关注的具体"实际"。当然，儒家思想也要涉及物质财富与王霸事业。对于王霸的威武荣耀，孟子是藐视的。之所以要藐视，因为那些称王称霸的人没有德性，无耻，贪图吃喝玩乐。对于金钱财富，儒家也是以维持生命的温饱清贫为满足，并不宣扬大富大贵。对于为了富贵而进行的竞争比拼、投机取巧，反而有些瞧不起。孔子说过："饭疏食饮水，曲肱而枕之，乐亦在其中矣。不义而富且贵，于我如浮云。"（《论语·述而》）钱穆说，中国的诗歌文艺绝不歌颂财富，对于大食、波斯商人在中国经商财力积资钜万并不欣羡，中国人的一般心理，也不肯在这方面奋斗。① 这的确反映了中国文化心理特点，与西方那种贪婪金钱财富的文化心理明显不同。

人们都说，中国文化的另一个特点是"乐感"的。这也需要分析，需要具体化。因为，凡文化都有"乐感"的一面，哪个民族文化不包含有艺术与审美？艺术与审美就是"乐感"的。说中国文化是"乐感"的，不仅指根源于艺术与审美的"乐感"，主要是指根源于功利活动、道德活动、认识思维活动所追求的自由快乐境界。首先，中国文化"重实际"与"乐感"紧密联系在一起，"重实际"成为"乐感"的原因。前面所说的孟子"三乐"，就是由于尽了道德义务、担当社会责任而产生的快乐。其次，儒家道家都主张把功利活动、道德活动转化、提升为乐的自由境界。孔子说："志于道，据于德，依于仁，游于艺。"（《论语·述而》）把这段话与他的"知之者不如好之者，好之者不如乐之者"（《论语·雍也》）结合起来，意思更清楚。即是说，一个人的志向、学问，必须以道为方向，根据德性原则，依靠仁的理念，把志向、原则、理念融于游艺活动即自由活动中，那才是最高成就，才是最大的快乐。"游"就是游戏、悠游、自由，内涵趣味、快乐。"游"是中国文化中"乐感"的重要表现。庄子的《庖丁解牛》中，把庖丁的技术活动譬为音乐、舞蹈，并借庖丁的话说"臣之所好者道也，进乎技矣"。庄子更是潇洒地游，与天地万物进行更广阔的交游——"逍遥游"。孔子的"游于艺"，庄子的"逍遥游"，提倡现实人生中的功利活动、道德活动、技术活动都要转化为游

① 钱穆：《中国文化史导论》，商务印书馆1994年版，第164页。

乐即自由快乐境界，才是人生的最高鹄的。最后，教育是文化传承、发展的根本，是人之为人的自律成长的根本措施。人的生命活动本来是自发的，而教育活动需要有父母、老师的教导，需要一定的组织机构（学校）与设施，需要有规章制度与纪律，这些都是外在强加的，因而使人感到被动不自由。要把被动的教育转化为主动的教育，把外在强加的种种约束转化为内在的自由的动力，因而教育要美感化、艺术化，使人乐于接受。中国古代从有教育开始是"先王乐教"，后来发展为礼乐相济的教育，再后来是诗教，并形成悠久的历史传统。这个教育传统是以艺术教育为主干，是"乐感"的教育，是中国文化"乐感"特点的突出表现。

综上所述，中国文化精神扎根于现实人生世界那里，而又以反观现实人生世界为满足。中国文化的基本倾向是从现实人生出发，追求无限的人生精神世界，同时这种精神追求得到满足后又返回到现实人生。中国人就是在人生世界的有限的物质生活与无限的精神生活中循环往复，没有出征人生世界之外的"野心"。因此，中国文化精神所追求的理想境界是人生的，是在人生精神境界之内。对于人生精神境界之外的神话宗教世界，视而不见，存而不论。中国文化的理想追求，不在金钱财富与称王称霸的现实占有那里，也不在虚构空幻的鬼神世界那里，而在自由快乐的人生体味与精神享受那里。这种人生理想，既根源于现实人生又超越现实人生，是一种既真实而又高尚的审美境界。从这种审美精神出发而创造的艺术，是真实的人生艺术而不是空幻的神话宗教艺术。因而中国人所创造的艺术理想，与中国人所信仰的人生理想是合一的。

二　守望人生精神家园的思想传统

世界各个民族都有宗教，中国也不例外。中国五帝三王时代，原始宗教已经式微，到西周时代原始宗教已经退出历史舞台。到了汉代产生道教，又从印度传入了佛教，道教与佛教一直流传至今。在中国，宗教虽然也常被政治所利用，但却从未成为国家政治的统治思想。从汉代到明清二千多年，除魏晋时期情况比较复杂一些外，儒家思想一直是国家的统治思想。道家思想既是儒家思想的反对者又是补充者；儒道互补则是中国思想传统的主流。

（一）儒家关注现实人生，悬隔"怪力乱神"

儒家的仁义观念、中庸之道、礼乐教化等思想，是对五帝三王以来的历史传统的继承与理论发挥。远古时代的仁义观念、中庸之道（舜教禹"允执厥中"）、礼乐教化，通过儒家的思想弘扬而贯穿中国古代文明社会的始终。儒家学派的创始人孔子，是一位伟大的人文主义者。他的观照视野与思虑所及都在人生之内历史之中，人生之外的鬼神玄虚世界以及宇宙的奥秘，因为不可知，便搁置不论。他的弟子曾问他鬼神生死之事，他回答说：不知事人，焉知事鬼神；不知生，焉知死。他不语怪力乱神，对鬼神敬而远之。在他的思想中，仁是最高级别的理念。仁，就是"爱人"，就是人文关怀。他坚持礼乐教化，以"六艺"——礼乐射御书数，教授学生，这是对西周教学科目的继承，并扩大到平民社会。

孔子继承并发展了古圣先王的"允执厥中"思想，提倡中庸之道，高扬人文精神。林语堂认为，中庸之道并不是高深的理论，而是指导道德实践的普遍适用的信条。中庸之道就是"庸见或曰通情达理精神"，而"通情达理基本上是直觉所使然"，"是儒家人文主义的组成部分"。中庸之道"淡化了所有的理论，摧毁了所有的宗教信仰"。[1] 可见，儒家的人文主义思想与宗教思想是根本对立的，是宗教迷信思想传播的最大障碍。林语堂说："要了解中国人的人生理想，就必须先了解中国的人文主义。'人文主义'这个词含义模糊含混，然而中国的人文主义却有它明确的界说。它的意思是：第一，对人生目的的确切认识；第二，为实现这一目的而行动；第三，实现的方式是心平气和，即中庸之道，也可称作'庸见的崇拜'。"（《中国人》，第109页）林

---

① 林语堂：《中国人》，学林出版社1994年版，第117—119页。

语堂说，在中国人看来，人生在世并非为了死后来世的幸福，因而对于西方基督教的说教大惑不解。人生的真谛就在于享受淳朴的生活，尤其是家庭生活的欢乐和社会诸关系的和睦。这才是中国人所陶醉的幸福与理想。中国的诗歌与绘画，就是歌颂与美化这种平凡而朴素的生活。中国人的想象力，"不过是被用来给世俗生活罩上一层诱人的漂亮面纱而已，而不是用来摆脱它。毫无疑问，中国人热爱生活，热爱这个尘世，不情愿为一个渺茫的天堂而抛弃它。他们热爱生活，热爱这个痛苦然而却美丽的生活"（《中国人》，第112页）。林语堂援引宋代程颢的一首诗："云淡风轻近午天，傍花随柳过前川，时人不识余心乐，将谓偷闲学少年。"然后说："在中国人看来，这不仅代表片刻诗意般的快乐心境，并且是追求人生幸福的目标。中国人就是陶醉在这样一种人生理想之中，它既不暧昧，也不玄虚，而是十分实在。我必须说，这是一种异常简单的理想，简单到非中国人老实巴交的头脑想不出来。"（《中国人》，第110页）总之，"中国人生理想的这种现实主义，这种对世俗生活恋恋不舍的情感，来源于儒家学说。儒家不同于基督教，它是脚踏实地的学说，是有关尘世生活的学说。""儒家学说如此忠实于人本主义的天性，以至孔子及其弟子都从未被尊崇为上帝，尽管中国历史上不少比他们逊色的文学家、军事家都被适当的列入了圣徒名单，甚至被奉为神明。一个普通的民家妇女，如果受辱蒙冤，不得不以死表明自己的清白，那么她会迅速变成一位受人尊敬的地方女神，受到所有村民的奉祀。"（《中国人》，第113—114页）

林语堂认为，儒家的人文主义思想，特别是它的人道观、情理观、中庸之道作为国家政治的正统思想，对社会历史所起的作用并不都是积极的、正面的，其负面的消极影响也是明显的。首先，从思想方面说，满足于"庸见"，停留于生活知识层面，不语怪力乱神，无视鬼神的玄虚，不探索自然的奥秘；满足于人伦情理的实用，懒于逻辑推理与抽象思辨，从而妨碍了中华民族思维方式的健全发展，妨碍科学精神的培养。其次，从治国理民的社会实践方面说，妨碍法制的建立，纵容个人权力。正如林语堂所说："中国人追求情理的精神以及由此产生的对逻辑感到的极端痛苦，导致一种不良后果：

中国作为一个民族很难对一种制度树立起任何信心。因为一种制度，一种机器，总是非人道的东西。""另一方面，中国的人文主义者宣传个人政权，中国人民也一直在个人政权统治之下，于是制度，亦即'经术'的不足，就可以由其他手段，或曰'权术'来弥补。中国人不接受法制，总是喜欢'仁'政。""可见，中国人之所以犯错误是由于他们太讲人道。"（《中国人》，第121—123 页）林语堂认为，严格的儒学是太正统、太讲情理、太正确了。没有考虑到人类天性还有放荡不羁、追求自由自在的一方面。因而才有道家以及道教的产生，以弥补儒家思想之不足。

（二）道家及道教对人生境界的拓展

道教是中国特有的宗教，不同于西方的基督教与印度的佛教。道教的思想来源主要是道家学说，道家把人生理想寄托于自然界，与儒家一样是生命世界而不是鬼神世界。许地山说："道教的渊源非常复杂，可以说是混合汉族各种原始思想所成的宗教。但从玄想这方面看来，道教除了参合了些佛教思想与意识外，几乎全是出于道家的理论。"① 道家学说与儒家学说一样，不是凭空幻想出来的，而是现实人生的反映。他们都面对"礼崩乐坏"的现实社会政治而开出的救世之"药方"。儒家认为，"礼崩乐坏"乃是政治腐败、社会混乱的原因，因此要克己复礼天下归仁，要通过礼乐教化恢复社会秩序。道家则认为，礼乐教化是掩饰社会政治腐败混乱之物，是圣人多此一举，"礼崩乐坏"，是大好事。应该彻底抛弃礼乐教化的现实社会，恢复远古时代那种"小国寡民"、人与禽兽同游的生活秩序。道家的态度是"自然无为"，与儒家"入世"相反，是"出世"。道家"出世"的地方不在生命死后的"来世""彼岸"，而是隐居"仙山洞府"，在清静无为的自然美景之中。所谓"入世""出世"，都在人生天地中。而且，"入世"与"出世"往往表现在同一个人身上：成功时是"入世"的儒家，失败时是"出世"的道家，这又是儒道互补的明显例证。

---

① 许地山：《道教史》，华东师范大学出版社 1996 年版，第 179 页。

　　林语堂说，道教接受"道家养生思想，进一步便成为神仙信仰。神仙是不死底人，求神仙便是求生命无限底延长"①。道教所追求的最高境界，仍在人生之中。而基督教的最高境界，是死后升入天堂。佛教的最高境界是"涅槃"，是脱离人生的"苦海"，也是生命之死才能得到的幸福。生命与"死"是道教与基督教、佛教相区别的根本分界线。基督教与佛教都幻想出一个人生世界之外的"彼岸世界"的幸福，这对于关切人生生活实际的中国人来说，是一种渺茫无望的空洞承诺，是不可信的。林语堂认为，道教的追求、信仰，是对中国人的日常生活领域的拓展、扩大。这种拓展、扩大表现在如上山采药、炼丹、魔法、巫术、占星术、符咒、春药、气功、拳术、神仙谱系、美丽的神话等。其中固然有许多宗教愚弄与迷信，但所有这些科目，都是为人生而设，是为了养生、健康、治病、自卫，为了益寿延年，为了人身自由快乐，而不是为了死后的什么幸福。

　　林语堂认为，道教的真正力量，就在于它为人们提供了一个充满未知的自然界。这个世界，儒家却把它排除在自己的思想范围之外。儒家解决了人性中的各种问题，却没有想到人还有好奇探秘的天性，因此宇宙自然的奥秘，成为儒家哲学的空白。道家及道教之起，正是为了充实儒家留下的空白。道家的自然主义，正是用来慰藉中国人受伤的心灵的止痛药膏。林语堂说："有趣的是，道教与儒教相比，更像中国人自己的发明创造；老子的自然主义哲学通过老百姓的心理反应而与中国人对灵魂世界的解释结合了起来。老子自己并没有炼长生不老之丹，或施行什么道家的巫术。他的哲学，是政治上实行放任主义，在伦理上实行自然主义的哲学，他相信清静无为的政府是最理想的政府。人需要被允许停留在那种原始的自由状态中。老子认为文明是人类退化的开始，认为儒家的圣人都是使人民腐化的元凶，正如尼采认为苏格拉底是使欧洲腐化的元凶，用他辛辣机敏的话说就是'圣人不死，大盗不已'。庄子继承了老子的思想，继续对儒家的虚

---

　　① 林语堂：《中国人》，学林出版社 1994 年版，第 135 页。

伪与无用进行了辛辣巧妙的讽刺。"① 道家崇尚自然无为与放任主义，正是针对儒家思想局限而发，同时也启发了道教的产生与发展，从而拓展了中国人的精神生活领域。林语堂认为，中国文学艺术中的田园理想，是中国文明的重要特征，这主要是来自道家对自然的感情。中国人的生活理想，表现在立轴与瓷器的画面上不外两个主题，一个是家庭生活的幸福，画中往往有悠闲的妇女和小孩；另一个是田园生活的乐趣，画中一个樵夫，或渔夫，或道士，在松树下席地而坐。

当然，对中国文学艺术所表现的生活理想，儒道的思想影响是不能截然分开的。陶渊明的《桃花源记》，正是儒道思想融合而产生的人生理想的一例。陶先生官至彭泽令，人格自尊，不肯"为五斗米折腰"而弃官退隐田园，以农耕为生活计。他的《归去来兮辞》说："归去来兮，田园将芜胡不归？既自以心为形役，奚惆怅而独悲！悟已往之不谏，知来者之可追；实迷途其未远，觉今是而昨非。"因此，他挂冠离开官场这个是非之地，而回到自家的田园耕种隐居。他撰写的《桃花源记》，营造了这种生活图景，也表现了中国古代农业社会的一种理想追求。《桃花源记》，借误入桃花源的一位渔人的眼光，描写桃花源的优美环境："土地平旷，屋舍俨然。有良田、美池、桑竹之属。阡陌交通，鸡犬相闻。其中往来种作，男女衣着，悉如外人。黄发垂髫，并怡然自乐。"这是一幅安居乐业的图景。渔人"问所从来，具答之"："先世避秦时乱，率妻子邑人，来此绝境，不复出焉，遂与外人隔绝。问今是何世，乃不知有汉，无论魏晋。"村民们对外来的客人很热情友好，并请渔人到家做客，"为设酒杀鸡作食"。村中其他人，也"各复延至其家，皆出酒食"。渔人住了数日，才辞去。这是多么和美的人际关系！仁爱礼让，亲如一家。在环境优美的"桃花源"里，没有剥削，没有压迫，没有政府，也无宗派，没有天灾人祸。人民安居乐业，天下太平。这是人生的"乌托邦"，令人百读不厌。《桃花源记》成为古代中国人的精神家园，农业社会的人生理想境界。

---

① 林语堂：《中国人》，学林出版社 1994 年版，第 125—126 页。

（三）禅宗从佛的"来世"返回人生

印度佛教传入中国后，为中国人的精神追求开辟了新境界，同时也受到中国文化精神的改造，使其价值取向远离"轮回转世"而回归人生世界。佛教在汉代传入中国，从魏晋开始至唐宋时期，逐渐产生多个佛教的中国宗派，如天台宗、华严宗、净土宗等，而影响最大、流传最久、中国化最彻底的是禅宗。印度佛教崇拜佛，佛是皇子释迦牟尼死后（涅槃）而成的人格神。神与上帝一样都是站在现实人生的对立面，主宰、管教现实人生。他们向人生所宣教的幸福承诺，都是在人的生命死后。这与"贵生""务实"的中国文化精神相关。禅宗受儒道思想影响，大胆地对印度佛教进行改造，彻底加以中国化。

首先，禅宗把对佛陀、如来的崇拜彻底搬倒，并发出一系列"呵祖骂佛"的激烈言论，甚至高喊"逢佛杀佛，逢祖杀祖"的仇杀之语。这在《坛经》《五灯会元》等佛学著作中多有具体记载。这里援引一例，以见一斑。德山宣鉴禅师早年出家，精究律藏，于性相诸经，贯通旨趣，常讲《金刚般若》。听说南方禅席颇盛，心气不平，乃曰："出家几千劫学佛威仪，万劫学佛细行，不得成佛。南方魔子敢言直指人心，见性成佛，我当搂其窟穴，灭其种类，以报佛恩。"可是，他到了南方，经过龙潭崇信禅师一番点化之后，竟然"大悟"，遂成为"呵祖骂佛"的一个突出者。在他的座前竟允许说："这里无祖无佛，达摩是老臊胡，释迦老子是干屎橛，文殊普贤是担屎汉，等觉妙觉是破执凡夫，菩萨涅槃是系驴橛，十二分教是鬼神簿，拭疮疣纸，四果三贤，初心十地是守古冢鬼，自救不了。"（《五灯会元》卷七）用离奇古怪的行为、狂傲不逊的话语，发泄他们"无法无天"的思想情绪。凡宗教都有崇拜，崇拜上帝神灵，但禅宗的崇拜不是崇拜他人，而是崇拜自我。宣称"天上天下，唯我独尊"（《五灯会元》卷六）。禅宗也标榜修成正果是"佛"，但佛不是如来，也不是他人，而是自己。直言不讳地说，要成佛不能靠如来，而是靠自己。《坛经》说，"佛性"即"自性"，"佛是自性作，莫向心外求"。心是性的根源，性是来自心，"识心见性，自成佛道"。禅宗把心提高到至高无上的本体地位，从而融和、发展了儒（孟子）、道（庄子）心性论。禅宗既然反对崇拜外在的人格神，其修身成佛的方法，理所当然是出自"自身"。"故知一切万法，尽在自身中，何不从于自心顿现真如本性"，"我心自有佛，自佛是真佛，自若无佛心，向何处求佛"（《坛经》）！向外求也求不到，"心外无别佛，佛外无别心"（《五灯会元》卷三）。心佛为一，从而否定了印度佛教心外之佛。佛是生命之心的灵动"顿现"，修身养性，对心佛的崇拜，都在人的生命活动之中。

其次，禅宗所说心性，是寄寓于人的血肉之躯的心性，是生命之心性，不仅与鬼魂、神灵根本对立，也与宗教教义（经典）、教规、戒律不相容。入教出家，本想超脱现实中的等级、制度、压迫、剥削而获得清静自由。可是宗教世界也如现实世界一样，有偶像崇拜，有清规戒律而不得清静自由。因此，禅宗才要打倒一切偶像崇拜，突破一切清规戒律，追求人生的自由快乐。人生的自由快乐，从社会现实中得不到，从宗教世界也得不到，唯有返回自身"识心见性"，才能体验到这种自由快乐。所以禅宗才把自己的生命之"心性"，作为修为的唯一根源与目的。这种理想、信仰是在自己的生命活动之中，而不是在自己的生命死后。这是中国的宗教（包括道教）与印度佛教、基督教相区别的根本之点。禅宗也讲功德圆满和涅槃境界，而涅槃境界就是生命结束时的一霎间，表明功德圆满，而无涅槃之后（来世）之事。张节末说："禅宗在佛教中是一支'教外别传'，它要突破现有经论束缚来求得人的解脱。慧能宣布：诸佛和诸经，人性中本自有。习佛的功德何在？在法身，不在修福的诸行为，如造寺、布施、供养均不是功德。'自修身是功，自修心是德。功德自心作，福与功德别。'《大乘起信论》也要求人们'自身己心有真如法，发心修行'。"[1] 禅宗师徒这种狂狷行径与造反精神，最明显地表现出其理想是人身自由，而不是印度佛教的来世幸福。"同时禅宗兴起，佛教教理更是中国化了，中国人更把佛教教理完全应用到实际人生伦常日用方面来，

---

① 张节末：《禅宗美学》，浙江人民出版社1999年版，第89页。

再不是印度原来的佛教了。"①

最后，禅宗的人生理想，主要来自于儒道互补思想的影响。儒道都以"乐"为人生最高的精神境界。禅宗既接受儒道思想影响而改造印度佛教向人生转化，同时又拓展了儒道的人生境界。儒道禅的汇通融合，是通过艺术表现出来的。禅宗的心性活动，其出发点与归宿都在人生世界之中，既超越现实界的功利关系，又没有脱离人生世界，所以"禅"的境界与中国艺术境界存在于同一界域，其理想是相同的。宗白华说："禅是中国人接触佛教大乘义后体认到自己心灵深处而灿烂地发挥到哲学境界与艺术境界。静照的观照与飞动的生命，构成了艺术的两元，也是构成'禅'的心灵状态。"② "禅"的"心灵状态"，实际上是一种"审美态度"，禅的"识心见性"活动，是一种直觉体验活动，禅的观照法以及禅的境界的生成是"顿现"或曰"顿悟"，这些都与中国艺术观照法与表现法融而为一。从而拓展了中国艺术境界，使艺术境界更加空灵玄远，最明显的实例是唐宋的诗词与山水画。"晚年惟好静，空知返旧林"的王维，其诗经常出现"空"字，以静谧的境界凸显生命的灵动。宋代大文豪苏东坡说："欲令诗语妙，无厌空且静；静故了群动，空故纳万境。阅世走人间，观身卧云岭。咸酸杂众好，中有至味永。诗法不相妨，此语当更清。"(《送参廖师》) 中国古代用"气"形容艺术生命之动，气是艺术生命的内在发动力。总之，用"空""静""气"来衬托艺术生命之动，正是"虚实相生"的艺术生命之天地境界，从而使中国艺术精神指向玄远与无限。禅宗思想与中国艺术融合，也丰富了中国艺术理论。禅宗的一些用语，如境、境界、静照、顿悟、心源等，成为中国艺术理论的根本概念。宋代诗论家严羽"以禅喻诗"进行诗歌批评。他说："大抵禅道惟在妙悟，诗道亦在妙悟。且孟襄阳学力下韩退之远甚，而其诗独出退之之上者，一味妙悟而已。惟悟乃为当行，乃为本色。"(《沧浪诗话·诗辨》) 宋人戴复古说："欲参诗律似参禅，妙处不由文字传。个里稍关心有悟，发为言语自超然。"

---

① 钱穆：《中国文化史导论》，商务印书馆1994年版，第149—150页。
② 宗白华：《美学散步》，上海人民出版社1981年版，第65页。

（《论诗十绝》）清代词论家沈祥龙说："词能寄言，则如镜中花，如水中月，有神无迹，色相俱空，此惟在妙悟而已。"（《词论随笔》）清代画家王时敏谈到创作体会时说："犹如禅者彻悟到家，一了百了，所谓一超直入如来地，非一知半解者所能望其尘影也。"（《西庐画跋》）总之，禅家说禅，诗人吟诗，画家作画，都是"妙悟"所得到的境界，难分彼此。

综上所述，儒、道、禅的思想追求，所行的路径，所用的方法，各不相同。但它们在人生的终极关怀那里汇合了，并融而为一。这个"一"，就是真善美融化为一，成为中国艺术圆融境界的思想基础。

三　继承优良传统，构建现代人生理想

中国文化与西方文化的理想追求、信仰目标很不相同。这种不同，在古代自生自长，各不相干。到了近现代，随着中西文化交流的历史潮流，西方文化的宗教理想与中国文化的人生理想也面对面了，因而开始对话、碰撞与竞争。

（一）抵制宗教插手政治的现代思想壁垒

中国古代几千年的文明历史，人文主义思想，牢牢占据着中国社会政治地盘，不容宗教插手。汉代以来，印度的佛教，阿拉伯的伊斯兰教，波斯的摩尼教，西洋的基督教、天主教等，不断地向中国输入或被中国引进，世界各大宗教，在中国几乎都有流传。和尚、阿訇、传教士频繁往来，在中国建寺庙，盖教堂，办学校，表示慈善，大张旗鼓地宣讲教义，千方百计地浸润渗透，可谓煞费苦心。例如，明代来中国传教的利玛窦等人，来时可谓"一腔热忱"，结果并不如愿。钱穆说，耶稣教"偏重对外信仰"，不如佛教"偏重自心修悟"较合中国人的胃口，因此中国人对耶教总是有几分轻蔑。利玛窦想利用传播西方的天文、舆地、历法、算数的知识，吸引中国人的宗教兴趣，但中国人因怀疑他们的宗教信仰因而把他们的天算、舆地之学也一并冷淡了，始终没有取得多少好成绩。① 中国人文主义教育的历史传统，早已清除了盲从迷信、好高骛远的社会心理。尽管和尚、传教士把"轮回""来世""彼岸""天堂"说得天花乱坠，中国大多数人皆视为痴人说梦，不信也不感兴趣。

在中国历史上，任何宗教都没有征服中国人的绝大多数，任何宗教思想都没有成为中国社会政治的统治思想。特别值得一提的是，1911 年辛亥革命胜利后，建立了资产阶级民主共和国。可是，不久袁世凯就篡夺了革命成果，大搞封建复辟，总统摇身一变而成为皇帝。为配合袁世凯封建复辟的政治需要，有人提出要把西方的基督教搬进来立为"国教"，企图利用西洋"上帝"的招牌让中国人顶礼膜拜，从而主宰、管教中国人。也有人提出以孔子为我国之基督，组建"孔教"，企图把一个伟大的开明的教育家变成宗教教主，把他的人文主义教育蜕化为宗教愚弄主义。宗教愚弄主义与封建专制主义，本来就是一家眷属。他们企图用宗教迷信，维护袁世凯的封建帝制，这是一种政治阴谋。他们的阴谋，立刻激起国人的愤怒反对，既口诛笔伐又兵戎相见，醒狮怒吼，此起彼伏。在全国一片讨伐声浪中，袁世凯这个封建余孽忧惧而死，"基督教""国教"之梦遂成为泡影。

（二）"世界观与美育主义"

1911 年辛亥革命推翻中国最后一个封建王朝，于 1912 年建立了民主共和国临时政府。蔡元培任教育总长，在上任演说中提出新式教育方针，即"军国民主义"（国防体育）、"实利主义"（智育）、"公民道德"（德育）、"世界观及美育主义"（美育）。他的新式教育方针否定了清王朝教育宗旨中的"忠君""尊孔"两项，认为"忠君"与民主共和抵触，"尊孔"与信仰自由不合。实际上是否定中国封建社会准宗教的理想信仰，为树立现代中国新的理想信仰扫清道路。他继承中国古代"乐教""诗教"传统，吸收了西方现代

---

① 见钱穆《中国文化史导论》，商务印书馆 1994 年版，第 209—210 页。

美育的经验，构建了中国现代"美育"的独立体系。通过美育涵养道德情操，培养健全的人格精神，追求超越现实、超越功利的人生理想境界。他的人生理想境界，就是人道主义的终极关怀。他说："循思想自由言论自由之公例，不以一流派之哲学一宗门之教义梏其心，而惟时时悬一无方体无始终之世界观以为鹄。如是之教育，吾无以名之，名之曰世界观教育。"（《对于新教育之意见》）人道主义的主要内容是自由、平等、博爱，也是蔡元培道德教育之"要旨"。也就是说，人道主义把道德教育与世界观教育联系在一起，道德教育既与人生的政治功利实业联系在一起，道德教育的宗旨又是人生所追求的理想境界。蔡元培把自由、平等、博爱与儒家的义、恕、仁对应互释，阐述他的人道主义教育，说明人道主义教育"则立于现象世界，而有事于实体世界者也"（《对于新教育之意见》）。"现象世界"就是现实世界，"实体世界"就是观念世界。他强调道德教育是整个教育的"中坚"或"中心"，与智育、美育紧密联系在一起。他说："夫人道主义之教育，所以实现正当之意志也。而意志之进行，常与知识及感情相伴。于是所以行人道主义之教育者，必有资于科学及美术。"（《华法教育会之意趣》）世界观教育是理想教育，不同于知识传授，不同于道德说教，不是靠干巴巴的抽象的概念与逻辑演绎所能成事的。蔡元培说："虽然，世界观教育，非可以旦旦而聒之也。且其与现象世界之关系，又非可以枯槁单简之言说袭而取之也。然则何道之由？曰美感之教育。美感者，合美丽与尊严而言之，介乎现象世界与实体世界之间，而为津梁。""在现象世界，凡人皆有爱恶惊惧喜怒悲乐之情，随离合生死祸福利害之现象而流转。至美术则即以此等现象为资料，而能使对之者，自美感以外，一无杂念。"（《对于新教育之意见》）又说，"人道主义的最大阻力为专己性，美感之超脱而普遍，则专己性之良药也"（《哲学大纲》第四编《价值论》）。总之，蔡元培认为道德教育是理想教育的现实基础，而美育则是通向超现实的理想境界的必由之路。

（三）"以美育代宗教"

在新文化运动的大潮中，北京基督教青年会发起了"宗教运动"，引诱、拉拢青年学生加入基督教，企图扩大宗教势力，改变新教育所树立的理想信仰。蔡元培作为新文化运动的领导者，及时给予迎头痛击，并提出"以美育代宗教"的主张，从历史事实与科学认识两个方面论证"美育代宗教"的必然性。

第一，针对"宗教运动"，蔡元培发表了《以美育代宗教说》的演讲，及时地进行思想批判，消除影响。蔡元培历来反对教会插手中国的教育，理由有三：一、任何宗教信仰都是建立在"神话"的基础上，对于宇宙人生的各种现象的解释，都是以"神道为其唯一之理由"，迫使人盲从、迷信。二、宗教在思想上专断、保守，绝不允许任何人提出怀疑和异议，毫无自由之可言。制定一系列清规戒律，要求信教之人绝对服从教义，否则即被严惩。"譬如一部圣经，那一个人敢修改？"三、凡是宗教都是唯我独尊，具有"扩张己教攻击异教"的侵略性。"回教之穆罕默德，左手持可兰经而右手持剑，不从其教者杀之。基督教与回教冲突，而有十字军之战，几及百年。基督教中又有新旧教之战，亦亘数十年之久。至佛教之圆通，非他教所能及。而学佛者苟有拘牵教义之成见，则崇拜舍利受持经忏之陋习，虽通人亦肯为之。"（以上均见《以美育代宗教说》）宗教的本性如此，如果由它来掌管教育事业，将把人类拖向何方？所以，蔡元培一贯反对宗教插手现代教育事业，反对"教会之人"为学校之教员。

第二，蔡元培认为，"以美育代宗教"是历史发展的必然趋势。"宗教本旧时代教育，各种民族，都有一个时代，完全把教育权委托于宗教家，所以宗教中兼含着智育、德育、体育、美育的原素。说明自然现象，记上帝创世次序，讲人类死后世界等等是智育。犹太教的十戒，佛教的五戒，与各教中劝人去恶行善的教训，是德育。各教中礼拜，静坐，巡游的仪式，是体育。宗教家择名胜的地方，建筑礼堂，饰以雕刻图画，并参用音乐舞蹈，佐以雄辩与文学，使参与的人有超尘世的感想，是美育。"（《以美育代宗教》）随着社会的进步和哲学、科学的发展，教育中的智育、德育、体育完全脱离宗教，如中国的西周时代之后，欧洲的中世纪之后就是如此。唯有美育没有完全脱离宗教，但最终摆脱宗教的控制，乃是必然之势。

第三，"以美育代宗教"，其实质是以什么样的文化理想来吸引人们的信仰。蔡元培认为，信仰应建立在"哲学主义"的基础上，而不应该信仰宗教的"神话""天国"。他说："中国自来在历史上便与宗教没有甚么深切的关系，也未尝感非有宗教不可的必要。将来的中国，当然是向新的和完美的方面进行，各人有一种哲学主义的信仰。在这个时候，与宗教的关系，当然更是薄弱，或竟至无宗教的存在。所以将来的中国，也是同将来的人类一样，是没有宗教存在的余地的。"（《关于宗教问题的谈话》）

蔡元培在中西文化交流的现代语境中，进一步发挥了古代美感教育、艺术教育的历史经验，继承了中国文化的优良传统，从西方借鉴现代美育思想，排除落后的宗教观念，进一步充实中国人生理想的内涵，创设了理想教育的独立体系——"美育"。蔡元培所说的"美育"包含艺术教育，与我们所说的美感－艺术教育完全相同。

（四）"人生的艺术化"与"艺术的人生化"

与蔡元培"以美育代宗教"的思想密切相关，中国现代许多学者认为，中国的文学艺术已经成为中国人的人生精神家园，是信仰的人生鹄的，因而代替了宗教作用。现代许多美学家、教育家提出的"人生的艺术化"与"艺术的人生化"命题，同"以美育代宗教"的目的是一致的。所谓"人生的艺术化"，就是以现实人生为题材创作艺术，通过艺术教育，使人生世界成为人生精神生活家园，成为人们信仰的理想。艺术生活、艺术理想信仰，在上古时代，是属于社会上层的贵族士大夫的，随着历史的发展，从中古到近古才逐渐走向平民社会。"艺术化的人生"，说的正是艺术生活、艺术理想信仰普及到平民社会，也就是艺术的人生化、普遍化。林语堂、钱穆二位先生，对此有深入而系统的研究。林语堂是从人生哲学的角度，钱穆是从文化史的角度，二人共同论证了中国的文学艺术代替了宗教作用，进一步充实了蔡元培"以美育代宗教"的历史根据。尤其钱穆提出"艺术的人生化"，别有一番意味。

　　林语堂在《中国人》一书中认为，中国人的人生理想是人文主义的，既不暧昧，也不玄虚，真诚实在。他说："在中国人看来，人生在世并非为了死后的来生，对于基督教所谓此生为来世的观点，他们大惑不解。他们进而认为：佛教所谓升入涅槃境界，过于玄虚；为了获得成功的欢乐而奋斗，纯属虚荣；为了进步而进步，则是毫无意义。中国人明确认为：人生的真谛在于享受朴素的生活，尤其是家庭生活的欢乐和社会诸关系的和睦。"① 这种欢乐与和谐正是通过文学艺术表现出来。林语堂说："诗歌教会了中国人一种生活观念，通过谚语和诗卷深切地渗入社会，给予他们一种悲天悯人的意识，使他们对大自然寄予无限的深情，并用一种艺术的眼光来看待人生。诗歌通过对大自然的感情，医治人们心灵的创痛；诗歌通过享受简朴生活的教育，为中国文明保持了圣洁的理想。它时而诉诸浪漫主义，使人们超然于这个辛勤劳作和单调无聊的世界之上，获得一种感情的升华，时而又诉诸人们悲伤、屈从、克制等感情，通过悲愁的艺术返照来净化人们的心灵。""如果说宗教对人类心灵起着一种净化作用，使人对宇宙、对人生产生一种神秘感和美感，对自己的同类或其他生物表示体贴的怜悯，那么依著者之见，诗歌在中国已经代替了宗教的作用。"②

　　林语堂认为，在中国，佛教的影响比基督教大得多。但佛教影响之大，并不是来自于佛教的吸引力，而是来自于中国人对自然美景的热爱，来自于要求人性解放的思想冲动。佛教寺庙大都建立在山清水秀的自然环境中，对于中国人来说这才是极大的诱惑力。信佛可以走出家门去观赏大千世界，游览自然山水之美，从而形成了男女老少初一、十五朝山进香的风俗习惯。这不仅促进旅游事业，也具有妇女解放的意义。旧社会的妇女，特别是富贵人家的小姐贵妇人，被封闭在自家的小庭院中，见不到或很少见到自家庭院之外的广阔天地，因而积聚了很强的内在冲动。朝山进香走出家门，正好满足了这种强烈欲望。朝山进香的队伍，主要目的不是向佛表示虔诚，而是借朝

---

①　林语堂：《中国人》，学林出版社 1994 年版，第 110 页。
②　同上书，第 240 页。

山进香之机会进行旅游、社交、欣赏大自然之美。佛教借山水美景吸引中国人，中国人专注自然美景而对佛视而不见。

钱穆与林语堂一致认为，中国的艺术文学的性能，替代了宗教功用，成为人生的精神追求与理想信仰。中国古代也有宗教，古礼本来是宗教祭神的仪文，至西周则完全政治化。钱穆在《中国文化史导论》中描述说，"宗教政治化""政治伦理化""伦理艺术化""艺术人生化"，这是中国文化发展的大趋势。中国人的宗教观念随着这一发展趋势而逐渐淡薄，以至于消失。"如此则人类生命只限于现世，没有过去世与未来世。换言之，人生只有历史上即文化界的过去世与未来世，没有宗教上即灵魂界的过去世与未来世。故人类只当在此现实世界及其历史世界里努力，不应蔑去这个现世与历史文化世界而另想一个未来世界，如此则人生理论之归宿，势必仍走向儒家的路子。"①钱穆用"伦理艺术化"，说明艺术文学"替代宗教功用"。所谓"伦理的艺术化"，主要是指用诗一样的生活趣味，解除道德观念的种种束缚，享受人生的自由。钱穆说："中国人生可说是道德的人生。你若做了官，便有做官的责任，又不许你兼做生意谋发财。做官生活，照理论，也全是道德的、责任的。正因中国社会偏重这一面，不得不有另一面来期求其平衡。中国人的诗文字画，一般文学艺术，则正尽了此职能，使你能暂时抛开一切责任，重回到幽闲的心情、自然的欣赏上。好像'采菊东篱下，悠然见南山'这种情景，倘使你真能领略欣赏的话，似乎在那时，你一切责任都放下，安安闲闲地在那里欣赏着大自然。中国的艺术文学和中国的道德人生调和起来，便代替了宗教的作用。"②

钱穆所谓"艺术的人生化"，针对两种历史事实而言：第一，宗教家创作的艺术，本该属于宗教艺术，但禅宗的诗人、画家创作的艺术是从宗教返回到人生，属于人生艺术。钱穆针对唐代艺术思潮说："无怪那时的禅宗要抢先在宗教氛围里突围而出。禅宗便是由宗教恢复到人生的大呼号，由是文学艺

---

① 钱穆：《中国文化史导论》，商务印书馆1994年版，第145页。
② 以上见钱穆《中国文化史导论》，商务印书馆1994年版，第249—250页。

术，如风起云涌，不可抑勒，而终成为一个平民社会日常人生的大充实。"①
第二，中国艺术从贵族社会走向平民社会。钱穆认为，特别是宋代以后的文学艺术，都已平民化了，每一个平民家庭厅堂墙壁上，总会挂有几幅字画，上面写着几句诗，或画上几根竹子，几只小鸟之类，幽雅淡泊。甚至家庭日常用的一只茶杯、一把茶壶，一边总有几笔画，另一边总有几句诗。房屋建筑，只要经济上稍稍过得去的家庭，在院子里总要留有一块空地，栽几根竹子，挖一个小池，种几株荷花，或养几条金鱼。这些艺术化的生活点缀，当你去沉默欣赏时，心中自然会感到轻松愉快，一切功名富贵都将化为乌有。钱穆说："这里要特别提醒大家的，如我上面所说，日常家庭生活之文学艺术化，在宋以后，已不是贵族生活才如此，而是一般的平民生活，大体都能向此上进。"② 这种生活，单纯，淡泊，和平，安静，让你沉默体味，教你怡然自得。总之，无论是禅宗师徒还是世俗艺术家创作的文学艺术，都普及到平民社会人生，成为一般的人民大众普遍信仰的理想境界。

四　人生理想与美感 – 艺术教育

一个民族的文化理想，就是这个民族精神追求的最高境界。人类童年的精神追求，都是神话的、宗教的，也是迷信的。随着社会的发展，文明程度的提高，人类才逐渐地抛弃神话的、宗教的信仰，而以自己的人文精神创造为理想追求。中华民族早熟，在全世界宗教盛行的时代，便勇敢地冲出神话的魔圈，创造自己的人生世界，追求一种属于人类自己的生命精神家园，这就是被世界称为"礼义之邦"的上古三代社会文明。从那时起，中华民族的理想信仰，就不是神话的、虚幻的，而是人生的、真实的。中华民族的人生理想，是人类生命活动的精神家园，是艺术生命美的境界理想。也就是说，

---

① 钱穆：《中国文化史导论》，商务印书馆 1994 年版，第 172 页。
② 同上书，第 249—250 页。

中国人的理想追求，主要是通过艺术创造与审美活动所达到的真善美的圆融境界。这种圆融境界，无矛盾、无差别、和谐、自由，人们可以直觉观照与生命体验，从而获得无限快乐。

（一）古代理想教育之中西比较

中西方的古代，其理想教育都是通过美感－艺术教育途径实现的。但中西方古代的美感－艺术教育的思想根源与发展方向很不同。概括地说，中国古代是人生历史的政治、道德与人文理想教育，古希腊则是虚构夸张的众神称雄、争霸、扩张的宗教理想教育；教育的出发点与最终鹄的皆不相同，甚至相反。

中国远古时代的宗教神话很简单，零散、片断、个案，分别记载于各种典籍上，看不出它们之间的联系，没有形成谱系和一个完整的宗教神话世界，对中国文化的发展没有产生多大影响。中国从公元前 21 世纪之前的五帝时代，就开始了实施人文教育，而到公元前 11 世纪的西周时代，人文教育就完全代替了原始宗教教育。在此后的三千多年的历史过程中，宗教虽然存在，却无力左右国家的政治与教育。五帝三王都实施乐教，他们都有自己的乐章。黄帝主要是《咸池》，颛顼是《承运》，帝喾谓《九招》《六列》《六英》，尧谓《大章》，舜谓《韶》，禹谓《夏籥》，商汤谓《大濩》，武王谓《大武》。这些乐章都是歌颂开国帝王创业立国的功德，而不是崇拜敬畏神灵。周公"制礼作乐"实施礼乐教化，乃是"先王乐教"的典范。礼乐教化，实际是美感－艺术教育。"礼"本来是政治制度，是道德规范，是抽象的"理"，但礼仪形式却是美感的，并与乐舞艺术活动紧密结合。一次礼乐活动便造成盛大浓郁的美感氛围，令人既肃穆又敬爱，既激动又舒畅，从而把外在的礼法、制度、规范转化为内在的心理欲求，经过潜移默化演练，便养成守礼的心性习惯。这正是礼乐教化之目的。美感－艺术教育是身心一体、感性与理性相统一的生命整体教育。中国古代非常重视人的道德培育、人格修养，然而道德培育、人格修养却没有自己的独立的教育形式，完全寓于美感－艺术教育之中。"礼崩乐坏"之后，"诗教"逐渐取代"礼乐教化"而形成新的艺术教育传统。"诗教"也不是单纯的"情感教育"，而是人性的综合教育。诗，西方人说是"语言艺术"，但对中国古代的诗这样说似乎不符合"国情"。因为中国古诗本身既有"言说"（语言）性能，又有"吟""唱"（音乐）表演（"手之舞之足之蹈之"）性能，是说唱表演兼具，其名多称"诗歌"。中国古代诗歌，在艺术领域中处于中心地位。它与音乐、舞蹈密切联系在一起（如乐府、戏曲），其功能同于古乐；它与绘画、书法联系在一起，时空、气象便有无限开拓；它与戏剧、小说等紧密相连，叙事，抒情，故事情节，时空画面，便气象万千，情思无限。中国的戏剧、小说不仅演绎故事，因诗歌而更加抒情、通常，从而加强了故事情节的节律、韵味，使情感恻怛缠绵，余味无穷。如果《红楼梦》只有"言说"而无诗歌，它的艺术效果能如此深沉而强烈吗？所以，诗教实际上也是综合体艺术教育。

古希腊民族从野蛮走向文明，也是靠诗乐艺术教育，主要是神话题材的荷马"史诗"与悲剧。古希腊人的理想是来自于宗教教育，而不是人文教育。古希腊是世界古代文明的发祥地之一，大约在公元前二千多年，已经成为恩格斯所说的"真正的工业与艺术产生的时期"（《家庭、私有制和国家的起源》）。根据就是考古发现的宫殿、神庙遗迹与雕塑艺术已经达到文明社会的水平。但是，直到公元前12世纪至公元前9世纪，希腊仍然是个神话传说世界，没有真正的人生历史。公元前8世纪，诗人荷马以神话传说为题材所创造的所谓"史诗"，代表作是《伊利亚特》与《奥德赛》，生动地描写与展现了诸神之间的战争场面和英雄人物的故事情节。王柯平说，荷马史诗"充满战争、仇杀、历险、除魔、斩妖、神恩等伟业与奇遇"，表现"高傲的个性、坚韧的意志、自我的尊严、家族的荣誉以及政治的野心等诸多方面"，是"古希腊社会上层的生活与理想"的反映。"这两部史诗奠定了古希腊教育、文化与宗教的根基，直接影响了古罗马文化与基督教文化的传播以及整个西方人文传统的发展。"① 从文明的起源看，古希腊晚于中国古代的五帝时代，比夏

---

① 王柯平：《法礼篇的道德诗学》，北京大学出版社2015年版，第219页。

朝开国时代也稍晚一点，但实施古代文明的艺术教育比中国古代晚一千多年。尤其不同的是，中国的先王乐教是历史教育，是人文教育，而古希腊的"史诗"、悲剧教育是宗教教育，是神对人的奴仆教育。"荷马史诗"是欧洲的"元艺术"，其影响经过柏拉图的神学理论化与道德实用化的哲学阐释，直接与宗教衔接起来。王柯平教授指出，柏拉图在《法礼篇》颂扬神明而贬低人类的同时，有意将人与神联系起来并要求人必须认同是神的"玩偶"，因而有机会参与神的"最高贵的消遣游戏"。他说："根据柏拉图言说的语境，我认为该部分既是'人'与'神'产生关系的契机，也是'人'完善自身和成就德行的基础。因为'人'正是作为'神的玩物'或'玩偶'，才使'人'攀上了'神'，从而结成三种关系，即：操控关系、游戏关系、教育关系。"（《法礼篇的道德诗学》，第115—116页）人与神的这三种关系，实际上是古希腊社会现实关系的反映：第一种是奴隶社会的政治统治与被统治关系，第二种是奴隶主与奴隶生活役使关系，第三种是宗教教主对教徒管教关系。宗教上帝是人生世界的外来主宰者，人没有自主权，人心向善只能靠"神的启示"而不是人类自我教育。宗教上帝要求"人向神生成"，人却永远成不了神。因为神是永恒的，人是要死的。古希腊人的理想就是柏拉图的"理想国"，是众神居住的"天堂"，与人生是无缘的。人只能按"神的启示"，"依样画葫芦"式地观照"理想国"，却无法亲身感受体验。因为"理想国"与现实人生隔了一道"鸿沟"，神与人的对立是必然的。由神主宰的世界，人不过是神的奴仆与附庸。古希腊艺术的神话世界，渲染的不是人道、亲爱、和平等观念，而是众神与英雄争斗杀伐、称王称霸的业绩与奴役精神。这种艺术理想是宗教境界而不是人生境界，与中国古代艺术理想截然不同。中国最早的一部诗歌集——《诗经》，所产生的历史时代与荷马"史诗"产生的历史时代差不许多，虽然不配称作"史诗"，但的确是中国人生历史的真实写照。荷马"史诗"之"史"是谁的史？不是古希腊人的，而是神灵的，是虚构的，而《诗经》是中国人的人生真实。钱穆说："在这三百首诗中间，虽有许多宗庙里祭享上帝鬼神和祖先的歌曲，但大体上依然是严肃与敬畏心情之流露，亦有一种'神人合一'的庄严精神与宗教情绪，但却没有一般神话性的玄想与夸大。中国亦有许多记载帝王开国英雄征伐的故事，但多是些严格经得起后代考订的历史描写，亦随附有极活泼极真挚的同情的想象，但绝无像西方所谓史诗般的铺张与荒唐。中间亦尽有许多关涉男女两性恋爱方面的，以自见其自守于人生规律以内之哀怨与想慕，虽极执著极诚笃，却不见有一种狂热情绪之奔放。中间亦有种种社会下层以及各方面人生失意之呼吁，虽或极悲痛极愤激，但始终是忠厚恻怛，不致陷于粗历与冷酷。"① "忠厚恻怛"是克己的，而"粗历与冷酷"是放纵的。

　　理想的树立与信仰，靠的是美感－艺术教育，中西方皆是如此。古希腊的"史诗"、悲剧是美感的艺术的，中国古代的礼乐教化与诗教也是美感的艺术的。这都说明美感教育是古代教育的生命灵魂，艺术教育是古代教育的骨干，美感－艺术教育乃是理想教育的主要通途。但是，由于美感的根源不同，艺术的价值取向不同，教育所追求的鹄的不同，因此理想教育所得成果却大不一样。一个是人文的，通向"厚德载物"的大地上的人生境界；一个是宗教的，通向虚构的高高在上的"天国"。进而言之，古代中国的美感－艺术教育，美感的根源是真实的人生，艺术是表现真实人生的艺术，而古希腊的美感－艺术教育，美感的根源是虚构的神话，艺术所表现的是空幻夸张的宗教艺术。中西方两种不同的艺术精神，培养着两种截然不同的国民性格：一个忠厚诚恳情真，讲礼义，爱和平，守人道——人性自律；一个则张狂虚夸，冷酷无情，争强斗狠，假神道奴役人道——人性扩张。

（二）人生理想与宗教理想的根本区别

　　人生理想与宗教理想的根本分界线，是人的生命活动。人生理想是在人的生命活动之中，人可以进行生命体验；宗教理想是"人死理想"，是在人的生命活动之外，人无法进行生命体验。人生艺术是以现实人生为根基而想象构思的美感境，以人生艺术为理想是在人的生命活动的时空范围内。宗教理想与人

---

　　① 钱穆：《中国文化史导论》，商务印书馆1994年版，第66—67页。

生理想恰恰相反，是在人死后的"彼岸""来世"，生与死之间隔着一条不可逾越的鸿沟。从理想的构想的角度说，中国人的思维想象是实想，是感想，而不是空想、幻想。因为空想、幻想，都无现实根据。宗教理想是所谓"上帝之子"空想、幻想的产物，是"上帝"强加给教众信徒的，教众信徒无法产生身临其境之实感。对于中国人来说，毫无身临其境之实感，如何去信仰？也许有人会说："宗教也是人创造的，宗教理想也应是人生的一部分。"是的，宗教是人创造的。但宗教不是"人生的一部分"，而是"人死的一部分"，是人生的"异化"。宗教理想是"人死理想"，其性质与人生根本对立，二者不能同日而语。宗教理想在哪里？在众神居住的"天堂"，在人死后的"来世""彼岸"。人要到"彼岸""来世"，必须"灵魂出窍"或"涅槃"，即必须停止生命活动，才能"升天堂"，才能获得"来世幸福"。一言以蔽之，宗教理想都是人的生命无法到达的"无何有之乡"（庄子语）。马克思说："在宗教中，人的幻想、人的头脑和人的心灵的自我活动是不以个人为转移地作用于个人的，也就是说，是作为某种异己的活动、神灵的或魔鬼的活动作用于个人的。"① 宗教活动不是个体自发的生命活动，而是"神灵的或魔鬼的活动"强加给生命个体的，因而个体没有生命感知与体验，只凭他人空幻地说教而信仰。这是对人的生命活动的根本否定，因而"贵生"的中国人不肯接受。

中国人的文化理想是人生的，中国人的文学艺术也是人生的，因此人生理想与艺术理想是合一的。这种合一，前面所介绍的中国思想史论与教育历史传统，已经有了充分证明。这里再从个体生命感知体验的角度作出论证，说明中国的艺术理想与人生理想的合一，而与宗教理想有本质的区别。王国维说："夫人之心力，不寄于此则寄于彼，不寄于高尚之嗜好，则卑劣之嗜好所不能免矣。而雕刻、绘画、音乐、文学等，彼等果有解脱之能力，则所以慰藉彼者，世固无以过之。何则？吾人对宗教兴味存于未来，而美术之兴味存于现在。故宗教之慰藉，理想的；而美术之慰藉，现实的也。"（《去毒篇》）他所说的宗教"理想""存于未来"，正是指个体生命死后，因而生命

---

① 马克思：《1844 年经济学哲学手稿》，人民出版社 1979 年版，第 48 页。

个体是无法体验感受这种"理想"。王国维所说的"理想的"与"现实的"是指信仰的两种不同状态：宗教理想虽可望可想却无法感受体验，因为空幻的"理想"，与现实人生没有联系而且根本对立。而中国的雕刻、绘画、音乐、文学等所表现的艺术理想，都在人生境界之中，不仅是可望可想，还可以产生身临其境的感受，进行生命体验，从而获得精神享受。所以王国维说"艺术之慰藉现实的也"，所谓"现实的"正是指这种"慰藉"是在人的生命活动中。宗教理想是外在强加的，与个体生命活动相隔一道不可逾越的鸿沟（死），生命无法产生亲临其境的感受，无法进行生命体验。如果说艺术与宗教都有体验的话，艺术体验是主动的、自发的，而宗教体验是按照神的旨意去体验，是被动的、外在强加的，无法与自己的人生经验相衔接。因此，对于中国人来说，只有艺术的人生理想才能得到慰藉。朱光潜说："我们有美术的要求，就因为现实界待遇我们太刻薄，不肯让我们的意志推行无碍，于是我们的意志就跑到理想界去寻求慰情的路径。美术作品之所以美，就美在它能够给我们很好的理想境界。"（《无言之美》）总之，一向受"务实的""乐感的"文化熏陶的中国人，对于宗教家所编造的虚幻故事和许诺，因怀疑而不信仰，宁愿在美感－艺术活动中通过生命活动的直觉观照与生命体验，来瞻仰与体味人生的理想境界。

历史的经验告诉我们，人类的理想信仰不是一成不变的，而是随着历史的延伸、文化的发展以及人类认识的不断提高，而不断地进退变化。人类进入原始社会，都信仰原始宗教，进入文明时代，原始宗教逐渐分化并逐渐淡出世俗社会。在人类文明时代，随着不同民族的产生，各民族都有自己独特的宗教崇拜。但是，随着历史、文化的发展，人类文明的提高，宗教的影响力越来越萎缩。许多民族逐渐觉悟，不信仰宗教，而信仰自己的人生。中华民族，早在四千年前就开始走自己的人生之路，追求真实的人生理想。人生理想与宗教理想，其发展趋势正相反对；人生理想随着历史前进的步伐而不断地发达、充实、完美，如旭日东升，风光无限，而宗教理想却是反向发展，随着历史的延伸而逐渐式微，如日落西山，风光不再。

主要资料

一 本书内容来源的主要典籍

《国语》《左传》《尚书》《周易》及其《传》《周礼》《礼记》《论语》《孟子》《荀子》《墨子》《老子》《庄子》《晏子春秋集释》《吕氏春秋》《乐记》《全上古三代秦汉三国六朝文》之《全后汉文》《文心雕龙》等。

二 本书撰写的主要参考文献

马克思：《1844 年经济学哲学手稿》，人民出版社 1979 年版。

席　勒：《美育书简》，中国文联出版公司 1984 年版。

黑格尔：《美学》第一卷，商务印书馆 1979 年版。

金景芳、吕绍纲：《周易全解》，吉林大学出版社 1989 年版。

宗白华：《美学散步》，上海人民出版社 1981 年版。

吕　澂：《美学概论》，商务印书馆 1923 年版。

吕　澂：《美学浅说》，商务印书馆 1931 年版。

林语堂：《中国人》，学林出版社 1994 年版。

钱　穆：《中国文化史导论》，商务印书馆 1994 年版。

朱良志：《中国艺术的生命精神》，安徽教育出版社 1995 年版。

王珂平：《法礼篇的道德诗学》，北京大学出版社 2015 年版。

后　记

本书所论"先秦生命哲学"一题，主要依据中国几部较早的古典文献《国语》《左传》《易传》《周礼》《礼记》以及儒道墨诸子及《吕氏春秋》等。这些古典文献，平生读过多少遍已说不清楚。我所写的几部专著与许多文章，经常援引这些古代文献，像史伯的"和实生物，同则不继"的著名论断也不止一次的征引。说来奇怪，如此频繁地与这些古典文献"打交道"，却从来没有发现中国古代有"生命哲学"。直到退休之后多年，已经决定"封笔"了，不知何故却想到"生命哲学"这个题目值得研究。

2014年上半年，我应约撰写两篇长文，按约定如期交稿。交稿之后才感到有些疲劳，心想，我已快到八十了，该养老了，何必还要沉思默想大费脑筋，于是把电脑关闭，无事安闲。半年时间，不思考学术问题，不阅读大块理论文章，也不写作。整天无所事事，并未感到安闲自在，反而觉得有些无聊。我所在的哲学所退休人员的党支部，经常组织学术讲座，进行思想交流。我退休之后，一直忙于自己的学术研究，并没有参加这些活动。在我"无所事事"的日子，党支部又要组织学术讲座并邀我主讲，这一次我没有推辞。2014年秋天，党支部组织退休人员去京郊游览，下午返回。临分手时，支部书记对我说，下月开讲，你的讲题是什么？我未经思考，脱口而出"中国古代生命哲学"。说完后立刻觉得自己太贸然，没有准备，未写讲稿，一个月来得及吗？不过，说出来的话，不能吞回去。一个月时间，先翻书，重研读。

所幸，研读之后，觉得"中国古代生命哲学"命题成立，值得研究，值得弘扬。已经关闭半年多的电脑，又打开了。经过一个月的准备，讲稿也写成了，题目是"古代生命哲学与中国艺术"。十几个人围坐在一起，我讲了两个钟头，得到大家的首肯与鼓励，也激发了我的研究兴趣，并把讲稿修改成论文。2015 年 4 月，《美与时代》杂志向我约稿，我说手头有一篇现成的论文，就是太长了。我把论文题目说了，他们很欢迎。论文寄去，主编审读后，认为有新意并决定下一期全文（18000 字）发表。这个讲稿与刊发的论文，就是本书写作的详细提纲。

中国古代生命哲学的研究，使我对中国学术思想史与艺术史的历史源头有了新的认识。第一，古代生命哲学原创论是中国的元哲学，是中国学术思想产生的源头。写中国学术思想史应从古代生命哲学原创论写起，而不应从战国诸学派（包括儒道）写起；古代生命哲学原创论是中国学术思想的"源"，儒道等战国诸学派是"流"，是对生命哲学原创论思想的继承与发展。第二，礼乐教化是古代生命哲学论述的主要对象，因为礼乐教化是人的生命活动，并且是人的高尚的生命活动，对人的一般生命活动起调节与引领作用。第三，礼乐教化是中华民族走向文明的主要教育举措，使中华民族性格得到定向发展。过去完全否定古代礼教，说礼教"吃人"的论断，是极端、片面的思想观点，应当重新认识。第四，人的生命活动把古代生命哲学与礼乐教化密不可分地联系在一起；生命哲学是人的生命活动的理论概括，礼乐教化是对人的生命活动的培养教育实践，并导引人的生命活动走向文明高尚境界。以上四点，都说明艺术是有生命的。艺术生命是人的生命精神表现，艺术教育是人的生命教育。现代人把教育区别为体、智、德、美四个方面，正是生命活动把四个不同方面联系为一有机整体。艺术生命论是真理，说艺术是对现实的反映，说艺术是人的情感表现，说艺术是感性而否定艺术理性，说艺术是理性而否定艺术感性，等等，都是片面之词，都不符合艺术生命论的真理。中国艺术生命论具有悠久的历史传统，值得我们继承并发扬光大。

礼乐教化与古代生命哲学，从实践上与思想上最早奠定了中华民族整体把握世界方式与象思维方法。这种整体把握世界方式与象思维表现方法都是生命论的,与科学的分析方法不同。西方人曾是科学万能论者,认为他们的科学分析、抽象思维是先进的、唯一的,因此说中国古代这种生命整体思维是"儿童思维",是幼稚的、低级的。这是西方人蔑视中国人的偏见,是不实之谰言。他们的偏见、谰言,早已受到他们的后继者的批判、否定。生命论的整体把握方式与象思维方法同科学论的把握方式与思维方法,二者产生有先后,性能有区分,但二者不是先进与落后的区别,不可相互替代。二者的不同,不是对立、矛盾,而是相辅相成,也是相反相成。如同人的左右两腿,都是人的生命活动需要,缺谁都是一种缺陷、残疾,无法走向完美的人生。

本课题得到中国社会科学院老年科研基金的资助。课题研究结项时,恳请王柯平研究员、徐碧辉研究员审读并鉴定研究成果,得到他们的肯定与鼓励并提出修改意见,在此表示衷心感谢。

此书稿又送我的同行专家王德胜教授审读,请他批评。他读后给予鼓励,并表示愿意支持此书稿的出版。我非常高兴,又很感激。同行专家的肯定、支持,说明书稿有出版价值,可以问世,不会"胎死"。但我没有立即把此稿送出版社,而是用半年多的时间进行修改。再从头开始校阅,边校阅,边斟酌,边思考。尤其对"古代生命哲学"部分即第一章、第二章,是我提出的新课题,更是严肃认真地审视。当我校阅完第二章之后,觉得儒家、道家、墨家的生命哲学思想,写得比较草率,缺乏条理,也不够深入。儒道墨的思想观点及其有关资料我比较熟悉,因此写起来随便,没有进行认真的考虑构思。尤其墨家"非乐"思想,我比较轻视,因而写得不仅草率,而且疏漏。发现书稿的重大缺陷,感到惭愧,也认识到学术研究时时处处都要严肃认真。因此决定这三部分重写,重新翻阅原始资料,重新斟酌、思考,调整结构,充实内容,加强理论辨析与论证。经过一番努力,终于修改成现在的样子,才使自己感到满意、心安。上述的教训,促使我认真地把全书校阅、修改一遍,的确又查出不少毛病。我想,再读一遍,恐怕还会查出毛病来——那就再读一遍。

　　书稿送出版社前，我觉得，"古代生命哲学"这一题目笼统，所以改成"先秦生命哲学"，用"春秋"与"战国"两个历史概念，把"古代生命哲学"区分为两章两部分。尽管自己做了最大努力，但由于学识浅薄，此书稿可能还存在许多不足乃至错误，欢迎批评指正。

　　此书稿的出版，得到首都师范大学美育研究中心科技创新服务能力建设项目经费的支持，谨此表示感谢！

作者

聂振斌